幼稚園・保育所実習

実習日誌の書き方

相馬和子・中田カヨ子●編

中田カヨ子・相馬和子・遠藤良江・小櫃智子
寺田清美・福山多江子・菅野陽子　共著

萌文書林

まえがき

　実習に行った学生たちに、「一番大変だったことは？」と聞くと、「実習日誌を書くことだった」という答えが返ってくることが多い。事実、夜中の1時、2時までかかって日誌を書いている学生も少なくないようである。

　なぜ、実習日誌を書くことがそんなに大変なのか。それは、学生が記録を取ったりまとめたりすること自体に慣れていないということもあるが、一番大きな理由は、「日誌に何を書いてよいのかよく理解できていない」ということであるようだ。実習日誌に何を書いたらよいのかわからないということは、実はこれは大変な問題である。それは、その日一日の実習で行われていたことの意味をよく把握できていないということであり、実習で何を具体的に学んでよいのかが理解できていないということになるからである。このことは実習指導に携わっている私たち教員にとっても現場の指導者にとっても大きな問題である。

　そこで、今回、実習日誌の内容を検討することを通して、実習で具体的に何をどのように学ぶのかということも解説する目的で本書を発刊することになった。したがって本書では、実習の各段階に沿って、その日の実習でのねらい（課題）をどう考えるのか、何をどのように観たらよいのか、保育に参加するときには何を学ぶのか、自分が保育を担当したときには何を考察すべきなのかということを含めて、その記録の書き方、まとめ方を具体的に解説することを編集方針とした。

　序章では、まず実習の意味を確認し、PART 1では、実習日誌とは何かということと、それにはどのようなことをどのように記録するのかという基本論を、各実習の段階に応じてていねいに解説した。またPART 2では、その基本論に沿って、先輩の実習日誌の実例を通して、その実習の内容にもふれながら、何をどのように書くのかを具体的に徹底解説した。またその際、実例に取り上げた日誌の内容に問題があるものはその点を解説したうえで修正した日誌の例を掲載し、良く書けているものについてはどこを参考にすべきかをコメントした。

　多くの先輩保育者が「実習日誌は宝物です」と言う。たしかに、自分が保育者としてのスタートを切ることになった日々の貴重な学習の記録は宝物であるが、その宝物を書くために疲労し翌日の実習に影響が出たのでは問題である。事前に実習日誌について学習し、できるかぎり短時間で、的確にポイントを絞った、簡潔で明解な、内容の濃い実習日誌を書いてほしい。毎日、実習の場に元気に向かえてこそ、書いた実習日誌が本物の宝物になるのではないだろうか。本書がそういう意味で実習生のみなさんのお役に立つことができたなら、この上ない幸いである。

2004年3月

編　者

もくじ

まえがき 1

序章　実習とは何か

1. カリキュラムのなかでの「実習」 9
2. 実習の意議と目的 10
   - （1）授業で学んだことを現場で体験する 10
   - （2）保育者の職務を理解する 10
   - （3）幼稚園・保育所の生活を体験し、理解する 10
   - （4）子どもと関わり、子どもと遊ぶ 11
   - （5）園の目標、方針を知る 11
   - （6）観察、記録を学ぶ 12
3. 実習には、どんな心がけでのぞめばよいのか 12
   - （1）遅刻をしない、休むときはかならず連絡をする 12
   - （2）子どもの前では「先生」だが、あくまで実習生の自覚をもつ 12
   - （3）園の生活、そこにいる子どもを知る 13
4. 一日の生活の流れを知り、参加する 13
5. 何を体験するのか 14
   - （1）子どもと遊ぶ 14
   - （2）毎日繰り返し行われる活動を見る 14
   - （3）保育の具体的な事柄を体験する 14

PART 1　実習日誌とは

1章　実習日誌とは何か 21

1. 実習日誌とは何か 21
2. 実習日誌はいつ書くのか 22

（1）所定の事項は事前に記入しておく 22
　　（2）実習園でのオリエンテーション時には 22
　　（3）実習が始まったら 22
　　　　① 見学・観察実習時には 22
　　　　② 参加実習、部分・全日実習時には 23
　　　　③ 実習日誌を書く時間について 23

3. なぜ実習日誌を書くのか 24

4. 日誌を書くときに注意したいこと 25

2章　実習日誌には何を書くのか 27

1. 実習日誌の欄の項目について 27

「出席児数」について　28／「備考」について　28／「今日の実習のねらい」について　28／「時間」について　29／「環境構成」について　29／「子どもの活動」について　29／「保育者の援助・留意点」について　30／「実習生の動き・気づき」について　31／「感想・反省」について　31

2. 各実習段階での日誌の書き方 32

　　（1）オリエンテーション時の日誌の書き方 32
　　　　① オリエンテーション前に記入しておくこと 32
　　　　② オリエンテーション後に記録すること 32
　　（2）見学・観察実習時の日誌の書き方 36
「今日の実習のねらい」について　39／「環境構成」について　39／「子どもの活動」について　40／「保育者の援助・留意点」について　40／「実習生の動き・気づき」について　41／「感想・反省」について　43

　　（3）参加実習時の日誌の書き方 43
「今日の実習のねらい」の書き方　45／「実習生の動き・気づき」の書き方　45

　　（4）部分実習時の日誌の書き方 46
　　　　①「部分実習」のところを、日誌にどのように記載するか 46
　　　　②「部分実習」の指導案はどのようなものか 47
　　　　③「部分実習」後の日誌の内容はどのようなものか 49
　　（5）全日（一日）実習時の日誌の書き方 49
　　　　① 指導案を立案する 52
　　　　② 前日までに行う準備 53
　　　　③ 全日実習の当日 54
　　　　④ 実習日誌を記入する 54

もくじ

PART 2　実習日誌の実例検討とまとめ方

1章　オリエンテーション時の日誌 61

幼稚園実習のオリエンテーション時の日誌 62

1. 実習園の概要を記入する 62

（1）正確に書く 62
（2）子どもの人数、クラス編成はわかりやすく表にする 62
（3）園の沿革、保育方針はその内容を理解して書く 62

2. 実習園の環境を把握する 63

（1）園舎、園庭の配置図をていねいに描く 63
（2）設備や道具、用具を配置図に書き込む 63
（3）子どもの環境への関わりについて気づいたことを書く 63

3. 実習中の諸注意事項を確認する 63

（1）出勤時刻、服装、持ち物を確認する 63
（2）実習の心構えをもつ 64
（3）実習日誌の書き方、提出の仕方を確認する 64

4. 保育や子どもの様子を理解する 64

（1）保育の一日の流れを知る 64
（2）その時期の具体的な子どもの生活や遊びの様子を知る 64

5. 行事予定表、実習日程表をつくる 65

（1）実習園の行事予定を把握する 65
（2）実習日程を確認し、自分の実習計画を立てる 65

6. オリエンテーションの感想を書く 65

保育所実習のオリエンテーション時の日誌 70

1. 実習園の概要を記入する 70

（1）概要を正確に記入する 70
（2）保育所の沿革、保育目標、園目標は、その内容を理解して記入する 70

（3）子どもの人数、クラス編成、クラスカラーなどをわかりやすく記入する 71

2. 実習園の環境を把握する 71
　　　（1）実習園付近の略図を描く 71
　　　（2）実習園の略図を描く 71
　　　（3）設備や遊具、用具を保育室の略図に書き込む 72

3. 実習中の諸注意事項を確認する 73
　　　（1）出勤時刻、服装、持ち物を確認する 73
　　　（2）実習の心構えをもつ 74
　　　（3）実習日誌の書き方、提出の仕方、受け取り方法を確認する 75

4. 保育や子どもの様子を理解する 75
　　　（1）保育の一日の流れを知る 75
　　　（2）その時期の具体的な子どもの生活や遊びの様子を知る 75

5. 行事予定表、実習日程表をつくる 76
　　　（1）実習園の行事予定を把握する 76
　　　（2）実習日程を確認し、自分の実習計画を立てる 76

6. オリエンテーション後の抱負と課題を書く 77

2章　見学・観察実習時の日誌 79

幼稚園実習の見学・観察実習時の日誌 80

1. 見学・観察実習時の日誌例1 80
　　　（1）何を観察したいのかを明確にする 80
　　　（2）何があったのか、一日の保育がよくわかるように 81
　　　（3）観察場面の状況が見えない 86
　　　（4）観察したことに対する感想や学びの記述がない 86
　　　（5）観察に対する反省がない 87
　　　（6）誤字、脱字、不適切な表現がある 88

2. 見学・観察実習時の日誌例2 92
　　　（1）日々の実習のなかで見いだしたねらい 92
　　　（2）場面のポイントをつかんだ記録 92
　　　（3）観察場面の詳細な記述 93

（4）詳細な観察から深められた考察 93

保育所実習の見学・観察実習時の日誌 96

1．見学・観察実習時の日誌例1 96
　　　（1）今日一日、何を観察したいのかを明確に 96
　　　（2）今日一日、どのようなことを観察したのかがわかるように 97
　　　（3）今日一日、どのようなことを感じ、反省したのか 103
　　　（4）誤字、脱字、不適切な表現に気をつける 105

2．見学・観察実習時の日誌例2 108
　　　（1）一日の流れを観察する 108
　　　（2）場面のポイントをつかんだ記録 108
　　　（3）観察場面の適切な記述 108
　　　（4）詳細な観察から深められた考察 109
　　　（5）保育所実習における観察へのワンポイントアドバイス 110

3章　参加実習時の日誌 115

幼稚園実習の参加実習時の日誌 116

1．参加実習時の日誌例1 116
　　　（1）参加実習で学びたい事柄をねらいとして設定する 116
　　　（2）参加実習の視点から一日の流れを記録する 117
　　　（3）自分自身（実習生）の子どもへの関わりを具体的に記述する 122

2．参加実習時の日誌例2 126
　　　（1）子どもとの関わりの記述が詳細である 126
　　　（2）子どもとの関わりのなかから深い考察がなされている 127

保育所実習の参加実習時の日誌 130

1．参加実習時の日誌例1 130
　　　（1）参加実習において、今日一日、何を学びたいのかを明らかにする ... 130
　　　（2）参加実習の視点から、今日一日、どのようなことをしたのか記録する 131
　　　（3）今日一日、どのようなことを感じ、考えたか 136

2．参加実習時の日誌例2 140

4章 部分実習時の日誌 145

幼稚園実習の部分実習時の日誌 146
1. 部分実習時の日誌の形式について 146
2. 部分実習時の日誌例の検討 －紙芝居の部分実習(3歳児)－ 147
（1）指導案は妥当なものであったか 147
（2）実習日誌の内容の検討 149

保育所実習の部分実習時の日誌 152
1. 部分実習時の日誌例1 －手遊び・絵本の読み聞かせの部分実習(2歳児)－ ... 152
（1）ねらい、環境の構成について 154
（2）内容、方法について 154
（3）感想、反省、考察欄について 154
2. 部分実習時の日誌例2 －朝の受け入れから朝の集まりまでの部分実習(1、2歳児)－ ... 156
（1）十分に練られた部分実習の指導案 156
（2）指導案に基づいて進めた実習の様子が適切に記述されている 158
（3）気づきが書かれている感想・反省・考察欄 158

5章 全日実習時の日誌 161

幼稚園実習の全日実習時の日誌 162
全日実習時の日誌例 162
（1）全日実習時の日誌の欄の項目について 162
（2）「ねらい」は具体的に書く 163
（3）一日の流れをわかりやすく書く 169
（4）正確に記録したい子どもの活動の内容 170
（5）実習生の活動を書くことの重要性 172
（6）感想・反省・考察の欄の記述について 173

保育所実習の全日実習時の日誌 178
1. 全日実習時の日誌例1 178

（1）全日実習の意義を理解しよう 179
　　　（2）工夫や配慮、援助を具体的に記入しよう 186
　　　（3）全日実習を終えての自己評価をきちんと行おう 190

　2．全日実習時の日誌例2 195
　　　（1）考えられた「実習のねらい」の記述 195
　　　（2）ただ事実を書くのではなく、その後に生きる内容を残す 195
　　　（3）一日の振り返りと今後の目標を明確に 196

6章　まとめの日誌 203

幼稚園実習のまとめの日誌 204

1．幼稚園：反省会時の日誌 204
　　　（1）先生方からの助言を簡潔、明瞭に記録する 204
　　　（2）反省会を終えて感じたこと、考えたことを書く 204

2．幼稚園：まとめの日誌 206
　　　（1）幼稚園：まとめの日誌例1 206
　　　　　①実習で学び得たことについて書く 206
　　　　　②実習を通して見いだした今後の課題について書く 206
　　　（2）幼稚園：まとめの日誌例2 207
　　　　　① 実習の目標が達成されたか検討する 207
　　　　　② 実習体験から気づき、学んだことを整理する 208
　　　　　③ 実習で学び得た事柄をさらに深める 208

保育所実習のまとめの日誌 210

1．保育所：反省会時の日誌 210
　　　（1）ポイントを押さえて記入する 210
　　　（2）事前に質問を準備しておく 211
　　　（3）各クラスの特徴を捉えた質問をし、その答えや評価を記録する 211

2．保育所：まとめの日誌 214
　　　（1）時間の経過とともに、率直に気づいたことを書く 214
　　　（2）実習の目的に対する反省・考察 214

※本書では、0歳児を「乳児」、1歳児以上を「子ども」と表記しています。

序章 実習とは何か

1 カリキュラムのなかでの「実習」

　幼稚園や保育所の保育者を目指して学んでいる学生は、指定保育士養成校入学定員だけを見ても1年に6万人弱いる。多くの場合、短期大学か専門学校、四年制大学に通い、学んでいる。その学生たちが、それぞれの学校で、決められたカリキュラムを学び、免許や資格を取得して卒業し、目的の幼稚園の教諭や保育所の保育士、双方の免許、資格を有する認定こども園の幼保連携型認定こども園保育教諭（以後略）になるために、巣立っていくのである。

　その決められたカリキュラムのなかに、「実習」が位置づけられている。カリキュラムのなかで、実習は、幼稚園教諭の免許を取得するための必修科目になっており（教育職員免許法および同法施行規則）、保育士の国家資格を取得するための必修科目（児童福祉法施行規則および同規則に基づく告示によって示されている）になっている。双方の免許、資格を要する保育教諭も同様であり、以下同じく読み進めてほしい。

　この実習は、学校の外、すなわち幼稚園や保育所の現場で子どもや保育者とじかに関わりながら学ぶ教科目である。また、学校外での実習のほかには、実習の事前指導、事後指導の授業が学校で行われる。

　このように、教育実習、保育実習は、幼稚園教諭や保育士になろうとする人にとっては、欠かすことのできない教科目である。

　教育実習は幼稚園で行われ、短期大学では4週間4単位で、普通は観察実習（見学実習）と本実習に分けられる。養成校によって多少違うが、観察実習と本実習は、およそ1週間と3週間、あるいは2週間ずつ、そして、1年のときと2年のときに分けられることが多い。4年制大学も同様であるが、大学により詳細は異なる。実習期間は、学校に行くのではなく、毎日、決められた幼稚園に行って、そこで園の生活をしながら、幼稚園の生活の仕方、教育・保育の内容・方法、子どものこと、幼稚園教諭の役割等、あらゆることを体験し、学ぶのである。

　基本的に、保育実習は、保育実習Ⅰが必修科目で、保育実習ⅡとⅢが選択必修科目である。保育実習Ⅰは、保育所および児童福祉施設等でおおむね10日間行われ、各2単位（合計4単位）である。保育実習Ⅱは保育所、保育実習Ⅲは児童福祉施設等

でおおむね10日間行われ、各2単位である。保育所の実習でも、保育所の一日の生活、教育・保育、養護の内容・方法、入園している年齢の違う子どものこと、保育士の役割、勤務体制等、あらゆることを体験しながら、学ぶのである。

2　実習の意義と目的

（1）授業で学んだことを現場で体験する

　実習とは、前述したとおり、幼稚園教諭および保育士になるために必要な、幼稚園教諭免許および保育士の資格を取得するために必要な教科目であり、授業で学んだ理論や実技を保育の現場で実践し、確認しながら、改めて学び、自分で体験することにより、これまでの知識をより確かなものにしていく学習である。

（2）保育者の職務を理解する

　幼稚園や保育所、認定こども園（以後略）では、発達途上の子どもたちが入園しており、幼稚園や保育所の保育者の職務は、子どもの発達および人格形成に深い関わりのある乳幼児期の子どもたちと直接関わる重要な職業である。その職業の重要さを幼稚園や保育所の現場で実習期間生活することにより、十分に理解し、専門的職業人として、そこで働くことの意義を十分に理解する。

（3）幼稚園・保育所の生活を体験し、理解する

　実習では、幼稚園や保育所等、学外での生活を体験し、一日の生活の流れを学ぶ。

　まず、朝、子どもたちが登園してきたときの状態、保育者がどのようにして子どもたちを受け入れているのか、そのときすることはどんなことがあるのか、どのように子どもたちに話しかけているのか、その後にどのような活動が用意されているのか、毎日決まってする活動は何か、というように、朝から子どもたちが降園するまでの一日の生活を理解する。そのためには、前述したように、かならず毎日行われる活動には何があるのか、その活動が行われる時間帯はどのようになっているのか理解する。また、その間にその日だけに計画されている活動があるのか、それは、どんなときにどのようにして行われているのかだけを知ることでも、園の生活の流れが見えてくるはずである。また、その週に予定されている活動や月ごとに違う活動にはどのようなものがあるのか、一年の行事予定も知るようにしたい。このように見ると、一日の基本的な活動から、週単位、月単位、年単位の特別な活動へと広がっていき、園で行われている活動や行事も理解できるようになる。幼稚園や保育所の生活を理解するためには、一日の生活の流れが基本になっていることがわかる。

（4）子どもと関わり、子どもと遊ぶ

　実習では、学校で学んだ理論や実技を体験することが重要なことであるが、そのなかでも、子どもと関わることがより重要になる。学校では、子どものことについて講義ではいろいろ聞いていても、実際に子どもと話したり、遊んだりしたことはほとんどないであろう。幼稚園に通う子どもは、3歳から5歳であるが、保育所に通う子どもは乳児（0歳児）から就学前の子どもたちと年齢の幅が広い。みなさんは、これらの時期の子どもたちは発達の途中であり、年齢によって子どもの発達の状態も違うことは理論的には知っている。しかし、意識して実際に子どもたちに関わったことが少ないであろう。そこで実習では、まず子どもたちと話したり遊んだりしながら、子どものことをいろいろ知ることが、実習の目的の一つとなる。年齢による発達の違いや、同じ年齢でも子どもは一人一人その発達の仕方は違うものであるということを、子どもと関わることにより、身をもって体験することができるのである。

　この子ども理解は、実習のなかでもとくに大切なものの一つである。講義で子どものことはずいぶん学んでいるであろうが、子どものことを本当に理解できるのは実際に子どもに接してからであろう。子どもと話し、遊び、子どもと一緒に歌をうたったり、絵本を見たりしながら一緒に生活してみて、年齢によっての違いや、同じ年齢でも一人一人発達の状況が違うこと、また、これまでに生活していた環境や親の考え方などによっての違いがだんだん理解できるようになってくる。これらのことは、実際に子どもに関わらないとわからないものである。したがって、実習では、なるべく、子どもと関わる時間を多くし、いろいろな子どもと関わるように心がけたい。

（5）園の目標、方針を知る

　実習では、まず、幼稚園や保育所の教育や保育の目標、方法、内容（以降、このような場合「教育」は略）について、自分の知識を整理しておきたい。実習に出る前に、幼稚園教育要領、保育所保育指針、幼保連携型認定こども園教育・保育要領や学校教育法、児童福祉法等で、必要なところには目を通しておくことが大切である。できれば、オリエンテーションに行く前に復習してほしい。そのうえで、実習園の保育の目標、保育の方針を知ることである。これは、実習の前に、オリエンテーションで、園長先生や主任保育者から説明があると思うので、そのときにしっかり理解しておき、わからないことがあれば、質問をしてわかるようにしたい。

　また、園児の年齢別構成、職員の構成、クラスの構成、保育室の配置等もよく理解しておきたい。

園の保育目標、保育方針が理解できれば、その園で行われている保育についても理解できる。そして、保育を理解するためには、その園の教育課程、全体的な計画、年間指導計画、月間指導計画、週案、日案、デイリープログラム等を見ることができればなおよい。指導計画などは、教育要領等を踏まえたその園の保育目標、保育方針を反映しているからである。実習の前に、園長先生や担任保育者から、見せていただけることが多いと思うが、見せていただけない場合は、実習生のほうからお願いして、見せていただくとよいであろう。

教育課程、全体的な計画を見れば、まず、一年間通しての、各年齢の保育のあり方、年間の行事、保育の開始の時期、休暇の時期などがわかるし、季節的な保育の行事についても理解できる。また、週案、日案やデイリープログラム等では、その園の保育の流れがよく理解できるのである。週案や日案等にある子どもの姿を見れば、そのときどきの子どもの発達の様子等もわかるし、実習生にとっても、大変参考になるであろう。加えて、実習生にとっては、責任実習（全日実習、部分実習）を行うときにも、指導案は参考になる。

（6）観察、記録を学ぶ

初めて保育の現場に行ったら、実習生はまず、園の生活を見て、一日の生活の流れを理解する。そして、子どもの動きを観察し、保育者の行動や言動を理解する。そのためには、保育者の動きをよく見ていなければならない。子どもに関わるときにはどのような言葉かけをするのか、それぞれの子どもへの対応はどのようにしているのか等をしっかり見ることである。そのことが、実習記録を書くときにも参考になる。子どもの動き、保育者の動きをよく見て、記録することにより、観察眼も文章力も身につく。

3 実習には、どんな心がけでのぞめばよいのか

（1）遅刻をしない、休むときはかならず連絡をする

実習期間中、みなさんは、基本的に決められた園に、自宅から直接通うのである。もちろん遅刻や欠席がないように心がけるべきである。決められた時間より15分くらい早く行くようにしたい。どうしても体調が悪く、欠席をする場合には、かならず園と学校に連絡をすることが必要である。

（2）子どもの前では「先生」だが、あくまで実習生の自覚をもつ

子どもの前にいけばみなさんは子どもたちから「先生」と呼ばれ、先生としての

自覚と責任が要求されるので、責任のある言動が必要である。しかし一方では、あくまでも、まだ、学んでいる実習生であることを自覚して、学ぶ心を忘れないで実習にのぞんでほしい。

（3）園の生活、そこにいる子どもを知る

はじめに、実習する幼稚園や保育所の生活をよく知ることである。幼稚園に通園してくる子どもは3歳から5歳児の就学前の子どもたちであるが、保育所の場合は乳児から就学前の子どもたちと、入園している子どもの年齢が違っている。このことは、すでに授業で学んでいることであるが、子どもたちに直接関わることで、同じ年齢でも一人一人の子どもの発達の状況の違いや性格の違い等も自分の目で見ることができ、そこにいる生きた子どもの姿を理解できるようになる。もちろん、子どもの年齢によって違いがあるので、その違いもよく知っておきたい。

4 一日の生活の流れを知り、参加する

一日の生活は、幼稚園では基本的には4時間、保育所では8時間であるが、それ以外に、幼稚園でも預かり保育をしているところもかなり多くなっている。また、保育所では時間外保育（延長保育）もあるので、それらの保育がどのように行われているのかをよく見ておくとよい。この点は、園により違いがあるので授業で学んだこととは違う点が見られることが多い。

園の一日の生活では、朝の挨拶(呼名の仕方)、体操、自由遊び、手洗い、排泄、食事、帰りの挨拶等、多くは基本的な生活習慣と言われるものが多いが、それらが、どの時間帯にどのように行われているのかをよく理解しておきたい。また、朝礼や中心となる活動、合同保育、混合保育、プール、行事等のようにその日によって違うものがある。それらは、季節によって異なることが多いので、どのようなものがあるかよく見て、自分が責任実習等を行うときの参考にしたい。だいたい、1週間を過ごせば、その園の、その時期の一日の生活が少しは理解できてくるだろう。

一日の生活が理解できたら、オリエンテーション等で聞いている保育目標や方針がどのように生かされているかを、改めて考えてみることも必要である。そして現在の指導案との関連も知っておく必要がある。これらは、みなさんが自分で一日の保育を考えるときに参考になることが多い。一日の生活の流れを知りながら、子どもたちの動き、保育者の動きをよく観察してから、みなさんもその生活に加わるのである。

5　何を体験するのか

（1）子どもと遊ぶ

　みなさんが初めて園の生活に参加するときは、子どもと遊ぶことから始まることが多い。子どもと一緒に遊ぶときは、子どもの遊びをよく見ながら、話したり、遊んだりするのがよいが、どんな場合でも、子どもが中心で、自分が遊びをリードすることがないようにしたい。子どもの自主的な活動を大切にしてほしい。子どもとの遊びや関わりを通して、子どものことを少しでも多く知ってほしい。今まではわからなかった一人一人の違いや新しい発見が見えてくるであろう。

　子どもは遊びながら、いろいろ考えたり、すぐ次の遊びに変わったり、けんかが起こったり、すごく集中したり、すぐあきたりするように、子どものいろいろな姿を見ることができる。遊び以外でも、子どもの行動をよく観察することで、子どものことがだんだん理解できてくるだろう。それと同時に、子どもにとって遊びがいかに大切かもわかってくる。子どもは、遊びが生活そのものであるといってもいいくらい、遊びを通して、友達関係、仲間意識、創造性、想像性、活動性、言葉づかい等を学び、伸ばしていく。みなさんも、子どもから学ぶことはたくさんあるであろう。子どもと一緒に遊びながら、教育や保育のなかでの遊びの大切さを考えてほしい。自分で遊びを選んで、一生懸命遊んでいるときの子どもは生き生きとしているので、その姿をよく見ておいてほしい。

（2）毎日繰り返し行われる活動を見る

　前述した、基本的生活習慣等もほとんど毎日、繰り返し行われるものであるから、よくそれらの方法や時間の取り方を理解しておくとよい。とくに、生活習慣に取り入れられている食事、排泄、手洗い、着替え、睡眠等は、年齢によって、方法、時間等が違うので、自分が見たときの実際の記録はしっかりメモしておく。

　年齢の違う子どもたちに、保育者がどのように関わり、どのような言葉をかけているのかをよく見ておく。トイレに行く時間、どのような方法で促しているか。何歳くらいになると、一人で手を洗わせているか。着替えのときに、子どもの年齢によってどのように違う関わり方をしているか。眠れない子どもには、どのようにしているか等いくらでも見ることがあり、参考になる。

（3）保育の具体的な事柄を体験する

　毎日の生活を理解しながら、保育内容の具体的な事柄を一つ一つ理解し、自分でも体験することになる。保育内容の具体的な事柄を体験するためには、担任の保育

者が行っている一つ一つの活動の方法をしっかり見ておくことが重要である。

① 名前を呼ぶ

たとえば、朝の呼名のとき、その先生は、ただ名前（姓）を呼ぶだけなのか、姓と名前を呼ぶのか、その名前も〇〇ちゃんなのか、〇〇さんなのか、担任の呼び方を覚えて、自分が呼名するときにも同じようにしたほうが、子どももすんなりと受け入れてくれるだろう。子どもは、いつも担任の先生が行っている方法で呼名すればすぐ返事をしてくれるが、別の仕方で呼名すると戸惑って返事をしない子どもも出てくる。いつもしていることが、急に、方法が変わるとすぐにはその方法についていけなくなる。このことは、みなさんが責任実習するときには、とくに気をつけてほしいと思う。

② 食　事

食事のときは、一人一人の様子や気持ちを把握し、適切なタイミングで食事を提供することが大切である。また、子どもが食事や食べ物について話すことを受け止め、やりとりをし、コミュニケーション力を身につけられるように援助しなければならない。そのほかにも、身近な食材などを用いて食育を行うことも求められている。給食でとくに気をつけて見てほしいことは、アレルギーのある子どもについて、よく聞いておくことと、実際にどのようにしているかを見ておいて、メモをしておいたほうがよい。また、幼稚園では、園によって、給食であったり、お弁当であったり、曜日によってお弁当と給食と決まっていたり、さまざまである。一日の生活の流れを観察するときに、こうしたことも理解することが必要になる。

③ 朝の挨拶

また、朝の挨拶をしたときに、何をどんな方法で行うのか、そのときにいつも決まってうたう歌はあるのか、また、帰りの挨拶のときも同じようにいつもうたっている歌は何か、紙芝居や絵本の読み聞かせなどやっているのかなどもよく見ておいて、自分が保育を体験するときに参考にしてほしい。

④ 今、うたっている歌、絵を描くときは

今よくうたっているものには、どのようなものがあるのか、その季節に合った歌は何をうたっているのか。また、絵を描くときには、どのような関わり方があるのか。画用紙を使っているのか、クレヨンなのか、絵の具なのか等もメモしておくとよい。とくに大切なことは、自分が入っているクラスの年齢の子どもには、たとえば絵を描くときに、どのくらいの時間を使っているのか、早い子どもはどのくらいの時間で描くのか、遅い子どもはどの程度描いているのか、そのとき保育者はどのように関わるのか等、細かいことをよく見て、後でメモしておくと、自分が指導案を作成

するときにとても参考になる。

⑤ **製作は**

製作なども年齢によって、どのようなものをどの程度できるか、どのような材料をよく使うのか、作成の時間は何分くらいか、どこに注意をしたらよいのか、どのくらい説明すれば理解してもらえるのか等についてメモをしておくと、実習日誌を書くときや指導案作成のとき、自分が保育をするときに参考になるし、便利である。

製作のときも、どのようなものをどの年齢のときに製作しているかをよく知っておくためにも、実習期間中のクラスの週案や月案を見せてもらうことができたら、見せてもらい、これまでにどんなものを製作していたのか、また製作を予定しているのかを知ることも必要である。できれば年間指導計画を見せてもらうとよりよくその年齢で、どのようなものを製作しているかがわかる。そして、その活動で子どもがどのような経験を積み、何を学び身につけているのか考えてもらいたい。それらを知ることは責任実習だけではなく、これから保育者になろうとしているみなさんには大変参考になるであろう。

⑥ **保育のなかの遊び**

保育の中心である遊びの扱い方も、よく注意して、見ておくことである。まず、遊びに対する考え方を見るときに、その園の保育目標、保育方針を改めて見ておく必要がある。保育目標や方針に、子どもの自主性を大切にするとか、自主的活動を重視するなど書かれているのに、実際の保育では、自由遊びの時間がほとんど設けられていなかったり、非常に少なかったり、保育のほとんどが保育者中心の保育であったり、ワークブック、行事の訓練等与えられたものをやらなければならないようなことが多く、子どもが自分の好きな遊びや自分で考えた活動ができなくなっている保育もあるかもしれない。そのような場合は保育目標や保育方針と実際の保育に大きな差があることになる。

子どもが生き生き活動しているのは、多くは自由に遊んでいるときである。遊びに対する考え方でその園の保育の考え方がわかるのである。一つの活動と活動の間の休み時間的な考え方、朝、子どもたちみんながそろうまでの時間だけが自由遊びの時間、一日の大部分を自由遊びに使う考え方等、園の考え方によってずいぶん違ってくる。

自由遊びが一日の流れのなかで、どのように扱われているのかを知ると同時に、子どもがどのように遊んでいるかをしっかり見ることが大切である。たとえば、どのような遊びをしているか、何人くらいの子どもが一緒に遊んでいるか、どのような

方法で遊んでいるか、どのような会話をしているか、どのくらいの時間を遊んでいるか、遊びの時間は何分くらいか、保育者がどのように関わり、どのようなときに、どのような言葉をかけているか等をしっかり見ておくとよい。また、遊んでいるときの子どもの笑顔や表情を見て、本当に子どもが楽しんでいるのか、何か不満があるのか等を見ることは、子どもの気持ちを理解するうえで必要である。子どもをよく見ているとKちゃんは楽しいときこんな笑顔を見せるとか、口数が多くなるなど、一人一人の子どもの特徴がわかってくる。

　また、子どもが遊びながら、いろいろな工夫をしていたり、考えたり、友達と相談しながらつくったり、友達と意見が合わなくてけんかになるなど、子どものいろいろな面を見ることができる。これらからもわかるように、子どもの遊びは、遊びながら、創造力、想像力、社会性、情緒の面、運動能力等、あらゆるものに影響を与えている。これらを考えてもなぜ遊びが必要なのかが理解できる。とくに、自分たちで考えたり、工夫したりすることで、自主性や自発性も育てることができる。この時期の子どもにとって、遊びの大切さや子どもが遊びを通して多くのことを学んでいることを忘れてはならない。だから、保育の一日のなかで、自由な遊びや主体的に取り組むことができる活動の時間を多くとることが必要なのである。このようなことを頭に置き、子どもの遊びをしっかり見てほしい。

　以上、実習について確認しておきたい事柄について述べた。これらのことをしっかり理解したうえで実習に向かい、すばらしい実習を行ってほしい。

PART 1

実習日誌とは

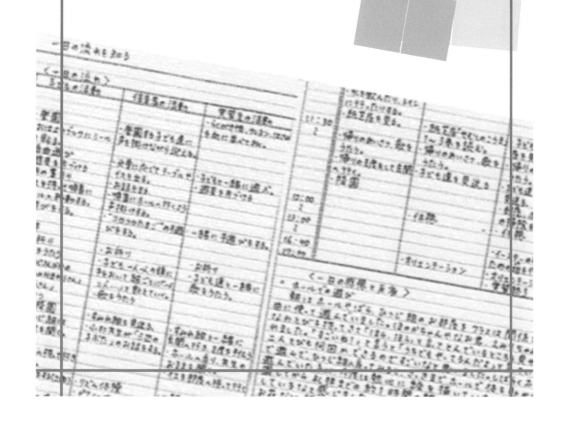

このPARTで学ぶこと

　このPARTでは、実習日誌を書く際に、基本的に理解しておくべき事柄について解説してある。

　実習日誌は、いつ、どのように書くものなのか、その形式はどのようになっているのか、そこに書き込んでいく内容についてはどのように考えればよいのか等々について、わかりやすく具体的に解説した。

　実習日誌の形式については、養成校がそれぞれ独自に日誌を準備しているので、それぞれ若干の異なりはあるが、多くの養成校のものを比較検討して、標準的と思われるものを本書として提案してある。この形式中の各欄に何を書くのかについては、本文の中で詳述しているが、各実習段階に応じてそこに書き入れる内容は変わってくる。このあたりをよく学習してほしい。形式が異なっても、書き入れる内容の意味が理解できていれば戸惑うことはないはずである。基本をしっかり理解したうえで、PART 2の実例編に進み、実際の実習日誌の例を通して、実習日誌の書き方・まとめ方のポイントを学んでほしい。

1章 実習日誌とは何か

1．実習日誌とは何か

　序章で述べたように、幼稚園や保育所、認定こども園での実習は、学内外で学んだことや実技的なことを、実際の保育現場に行き体験しながら確認しさらに学ぶことである。その実習での学習内容や経過を記録するものが「実習日誌」である。各養成校によって日誌の形式等は少しずつ異なるが、記録する内容については同様である。

　実習日誌は実習についてさまざまなことを記録するものであるが、保育環境、子どもや保育者の仕事等についてだけでなく、実習生自身の人間観や保育観についても学んだこと、考えたことを整理し記録していく。書き方や内容のまとめ方についてはPART 1の第2章やPART 2の各章で詳述するが、実習日誌は、実習生が毎日の実習で経験したことや考えたことのすべてを日々記録していくものであり、いわば実習での学びの総記録であると言えよう。

　実習生が体験する実習にはいくつかの段階があり、最初から子どもたちのいるクラスを受けもって、先輩の保育者のように保育できるものではない。まず、学内での授業を受けながら、実習への準備を進め、その後、実習園でのオリエンテーション、見学・観察、参加、部分、全日実習へと段階を踏んで実習が行われていく。そのすべての段階で、日誌を書くことが必要であるが、この日誌を園の指導者に提出し評価していただくことにより、さらに学びを深めていくことになる。

2．実習日誌はいつ書くのか

　実習日誌は毎日書く。それも観察したことや体験の記憶が薄れないうちにできるかぎり記録（メモ）にとどめ、整理してまとめ、日誌に記録する習慣をつけていくとよい。以下、実習の段階に従って、その要点を述べてみる。

（1）所定の事項は事前に記入しておく

　実習の事前準備、またはそれ以前に学校から実習日誌を受け取り、実習に行く前に、所定の事項、たとえば、学年、クラス、学籍番号、氏名、実習園、実習期間、所在地、実習目標などをあらかじめ書いておくようにする。この日誌は、実習園でのオリエンテーション時に園に持参する場合もある。

（2）実習園でのオリエンテーション時には

　実習園でのオリエンテーション時には、そのとき聞いた説明や準備してくる物（事）などについて日誌に書くが、このときには、そのまま実習日誌に記録するのではなく、まず、別紙にメモしておき、オリエンテーションが終わってから整理し日誌に書くようにする。なるべく忘れないうちに早く書くほうがよい。実習まであと1か月もあるからと思っていると、大事なことを思い出せなくなったり、記憶があいまいになったりしてしまうことがある。

　また、あらかじめ調べて準備しておくことや、説明されたこと以外に、園のパンフレットや資料をいただいたときには、よく読み、実習日誌に記録する必要のあるものは書き写しておく。

（3）実習が始まったら

　日誌は、毎日、実習園に忘れずに持参する。多くの園では、前日の日誌はその日のうちに書き、翌朝提出し、その日のうちに指導者が見て、夕方には返してくれ、その日の分をまたその日のうちに書くというやり方をしているからである。

　いよいよ本格的に実習日誌への記入が始まるわけだが、実習段階によってその書き方や内容が異なってくる。その詳細についてはPART 2のそれぞれの項を参照されたい。ここでは、以下にごく一般的なことについて述べる。

① 見学・観察実習時には

　見学・観察した事柄を書けばよいのだが、子どもや保育者の動きはさまざまに移り変わる。どうしてだろうと考える余裕もないうちに場面が変わり、記録も途中に

なってしまうこともある。しっかりと見逃さないようにしていなければと思えば思うほどあせってしまうこともある。このようなときに、克明(こくめい)に記録しようとしてもなかなか難しい。まして、そのほとんどを書こうとしても書けるものではない。そのようなときには、その場では文章にするのではなく、単語（言葉）でメモをする。あるいは、記号で書いておくという方法もある。この場合、帰宅してから思い出そうとしたとき、どのような意味で、この記号を書いたのかがわからなくなってしまうこともあるので、なるべく時間の経たないうちに、文字や文章を加えておくようにしたい。実習園のなかには、保育の邪魔になるなどの理由でメモを取らないでほしいと言われるところもある。このような場合には、自分のその日の観察課題に絞って観察し、記憶にとどめやすいようにしていく。そして、その記憶が薄れないうちに保育の場を離れたチャンスなどを選んでできるかぎりメモ化するようにする。

② 参加実習、部分・全日実習時には

この段階になると、保育のなかに実習生自身が参加するわけであるから、記録することがさらに容易ではなくなってくる。事前に園の指導案（週日案など）を見せていただき、その日の保育の流れをよく理解したうえで保育に参加し、実習日誌に記録していくことになる。実習生のなかには、保育の流れや時間帯の欄に「前日と同じ」と書き、実習園から注意されたりする例も出てきてしまうが、保育に前日と同じはない。記録を書くのは時間もかかり大変であることはわかるが、日々の保育を真剣に捉え参加しているならば、そのような表現は生じてこないはずである。

③ 実習日誌を書く時間について

前述したように多くの実習園では、「その日の保育実習については、その日のうちに記録し、次の日の朝、実習園の所定の場所に提出する」ということになっているが、「少し早めに保育の場からあがってもいいですよ」と言われ、質問時間とともに日誌を書く時間をくださるところもある。

ただ、家に帰ってから夕食もそこそこに深夜まで日誌を書く時間に当て、次の日の保育の妨げになるようなことは避けたい。何のために実習に行っているのかわからなくなってしまう。そのため「何でも家に帰ってからじっくり考えて書こう」と思わずに、実習園にいるうちに少しでも内容を思い出したり、メモしてある言葉や記号などを文章化するなどして、できるかぎり短時間で日誌を書くように工夫したい。

実習の最後に書くことになる「まとめの日誌」については、全体をよく思い出し、感想・反省・考察をし、書き忘れや誤字・脱字がないか、内容に誤りはないかなどを確認し、期限に遅れないように提出する。

3．なぜ実習日誌を書くのか

　学生が実習に行って「大変だ」と思っていることのなかに、「実習日誌を書く」ということがよく挙げられる。事実、学生が実習しているところへ訪問してみると「実習はとても楽しいのですが、実習日誌を書くことが大変で……」と語る学生は多い。そのように大変な実習日誌を、なぜ毎日書かなければならないのだろうか。その意味を考えてみると、次のようなことが考えられる。

① 日々の実習の流れや出来事や、実習生が観察し、体験したことを、客観的にしかも具体的に記録することによって、漠然としていたことが整理確認できる。
② 見たり聞いたり体験したりしたことのなかで、重要なことを忘れてしまうなど不確実なものとしないためにも、その日のうちになるべく的確に記録しておくことが必要である。
③ 指導者（担当の保育者や園長先生など）からの助言や、その日の問題点・反省点を、その日のうちに整理し、記録することにより、明日の実習に向けて考え、準備することができる。
④ 実習によって得た経験、知識、感動、反省、感想などを、その場かぎりのものにしない。
⑤ 実習についての記録をすることにより、後日読み返すことができ、そのときのことを思い出し、原点に返って、保育や実習することについて考えることができる。
⑥ 実習日誌の記録は、実習中はもちろん、実習終了後の実習の場での反省会や養成校での反省会、実習担当者（実習の場および養成校の）から指導を受けるときの参考資料となる。
⑦ 実習終了後、再度実習日誌を読み直して内容等を確認することにより、実習全体の経過がわかり、成果や課題が確認でき、その後の学習の役に立つ。

　日誌を書くことはこのように意味のあることである。実習中のこと、実習したことを、後になって思い出しながら記録しようと思っても、正確に書くことは難しい。少々辛くても、その日のうちに整理し、記録しておくことが大切である。見たり聞いたりしたことなどは、あまり時間の経たない新鮮なうちに書き、まとめておくことである。

　また、保育者になったとき、保育の場ではかならず保護者への連絡帳、クラスの子どもたちの保育記録や園の日誌等を記録するという仕事がある。このような場合、書いた人・記録した人だけがわかればよいというものではなく、相手に伝わるよう

な表現で整理しなければならない。実習時に実習日誌を的確に書くために努力をしたという経験は、保育者としてもかならず役立つものである。

　先輩の保育者から、「実習日誌は、あなた（実習生）にとっての宝物ですよ。今は書く（記録する）ことだけで精一杯かもしれませんが、保育者になっても初心に返ることのできる唯一の宝物なのです。大切に扱ってください。」と言われることが多い。このことは多くの先輩方がそれを認めているからである。こういったことを踏まえ、今は苦しくても、大変であっても、毎日しっかり記録したいものである。

4．日誌を書くときに注意したいこと

　日誌の書き方、その内容については以下の章で詳述するとおりであるが、ここではいくつかの配慮点を挙げておく。極めて常識的な事柄なので、うっかり見逃すと、常識がないとあきれられたり、指導者から注意されたりすることがあると思われるので、気をつけたい事柄である。

- 主語を忘れずに書く。その行為者が実習生なのか、保育者なのかわからないことがよくある。
- 担当のクラス名を書くとき、たとえば、「すずめ組」とだけ書いてしまうと、後になって読み直したとき何歳児かわからないことがある。「すずめ組（乳児）」と書いておく。
- 保育者や子どもの名前を書くとき、実名を書いてよいかどうか、ニックネームを使用してよいかなど、あらかじめ担当の先生（保育者）に聞いておく。
- 保育の流れや子どもの活動などが、前日とよく似ている場合があっても、「前日と同じ」と書かない。よく似ているかもしれないが、まったく同じということはないからである。
- ただ単に「今日は楽しかった」「とてもよかった」「……と感じた」と書くのではなく、何がどうであるから、どう楽しかったのか。どうしてとてもよかったのか。なぜそのように感じたのかなど、そのなりゆきを含めて記録する。
- 文章は要点をまとめて書き、誰が読んでもわかるような文章にする。
- 文章は話し言葉ではなく、書き言葉で書く。
- メモを取るときは消せるインクのペンでもよいが、日誌を書くときは黒または青色のサインペンまたはボールペンで書く。
- 紙面に合った文字の大きさで書く。書くことがないから文字を大きく書きすぎたり、反対にあまり小さすぎても読みにくいものである。

- 誤字や脱字などがあると、いくら内容がよくても、あまり印象はよくない。辞書を手元に置き、書いたらかならず読み直すことを忘れないようにする。
- 日誌には、最初から綴ってあるもの、追加式になっていて最後にまとめるようになっているものなどがあるが、ページが整理されているかなどもう一度見直す。
- 提出期限、提出場所を確認しておく。

以上、日誌を書くときに注意したいことについて記したが、読む人が見て、ていねいに、心を込めて書かれていると、読みたくなる気持ちがわいてくるものである。また、自分の宝物になるものでもある。ぜひ、真剣に向き合い、自分の実習の総記録として誇れるものを残すよう努力してほしい。

「自己紹介」をするときのポイント

　実習園に行き、まずはじめに誰もがかならず体験することが、子どもたちへの「自己紹介」です。実習に行きすぐに行うので、緊張してしまうものですが、子どもたちに自分を知ってもらう大切な機会です。子どもたちに親しみをもってもらえるような自己紹介にしたいものです。
　まず、自己紹介をする配置クラスの年齢をしっかりつかんでおきましょう。年齢に応じた話し方や内容、また立つ位置など、どのような仕方がその年齢の子どもたちの興味や関心を引きつけ、親しみやすいか、発達に合った自己紹介の仕方を考えましょう。2〜3歳児に「私は○○短期大学の△△学部から来た……」などと話しても子どもにはまったくわかりません。「私の名前は○○○○です。みなさんとたくさん遊ぶために来ました」というように、子どもに理解できるような言葉かけがよいでしょう。4〜5歳児であれば、もう少しきちんと「私は××先生（担任の保育者）のような先生になるためのお勉強に来た△△△△です。私はかけっこが大好きなので、いっぱい私と遊んでください」など、自分の得意なことなども入れて、具体的に話してみてもよいでしょう。
　自己紹介の際には、ただ実習生が一方的に話をするだけでなく、子どもたちに質問をしたり、してもらったり、握手をしたりと変化をもたせると子どもたちも親近感がわいてよいでしょう。
　また、自己紹介を行うときに子どもを集中させることは、実習生にとってはとても難しいことです。話だけで興味を引くことは大変ですが、実習生自身の手袋人形やペープサートなどを作って自己紹介をしてみるとよいでしょう。どの年齢の子どもも興味をもちやすく、集中して話を聞いてくれますので、ぜひ、試してみてください。人形などのほかにも「先生とお友達」などの歌も取り入れると、子どもたちも楽しめてよいと思います。
　子どもにとっては自己紹介もその日の保育の一つです。子どもたちも楽しみながら行える自己紹介ができるよう心がけましょう。

2章 実習日誌には何を書くのか

　実習日誌に書く内容は、実習内容の深まりやそれにともなって実習生の果たす役割が変化してくることによって、その内容が変わってくる。また、それぞれの養成校の日誌の様式には違いがあるが、日誌に書く内容は同一なので、以下に解説する内容をよく理解して、それぞれの様式に合うように記述していけばよい。

　ここでは以下の5つの実習段階に沿ってそれぞれの内容を記述していく。ただし、この区切り方はかならずしも独立したものではなく、相互に交錯しながら実習が進んでいくことになるが、一応の目安として5つの段階での記録の取り方を考えることにする。

　（1）オリエンテーション時の記録
　（2）見学・観察実習時の記録
　（3）参加実習時の記録
　（4）部分実習（責任実習）時の記録
　（5）全日実習（責任実習）時の記録

　この5つの段階での記録の取り方については、この章の「2. 各実習段階での日誌の書き方」（p.32）で詳しく解説するが、その前に実習日誌の欄の項目について説明しておく。（なお、PART 2では、実習全体を通しての「まとめの日誌」についても解説しているので、全体を通しての考察等のまとめ方については、そちらを参照されたい。）

1. 実習日誌の欄の項目について

　実習日誌の形式については多様で、養成校によって違いがあり、次ページの実習日誌の項目例a．b．c．以外は空欄としているところもある。これは、実習先の園

によって考え方が違ったり、実習内容によって項目が変わったりすることがその理由と考えられるが、空欄の場合でとくに園からの指示がないときは、d.〜h.の項目を参考にするとよい。

　説明の都合上、ここでは多くの養成校の実習日誌を検討した結果、実習生が記録としてまとめやすく、標準的と思われる実習日誌の例を挙げて、その基本的な考え方について説明する。

〈実習日誌の項目例〉

月　日（　）天候	歳児組	男児　名女児　名欠席　名 a.	備考 b.
今日の実習のねらい			c.
時間	環境構成	子どもの活動	保育者の援助・留意点	実習生の動き・気づき
d.	e.	f.	g.	h.
〜〜〜	〜〜〜	〜〜〜	〜〜〜	〜〜〜
〈感想・反省〉				i.

a. の「出席児数」について

　在籍児数や出席児数を男女別に記入するかどうかについては、さまざまな意見はあるが、日々の実習日誌として子どもの遊びを把握するためにも、ここでは男女別に記入することにした。最近は子どもの出席簿をはじめ、在籍や欠席等について、男女別にすることが弊害をもたらすのではないかとの考え方から、男女混合の考え方を取り入れている園もある。園により考え方が違う場合もあり、実習の際には園の考え方に従うのが望ましい。また、プライバシー保護等の観点から、実習日誌内には子どもの個人名を書かないという配慮をしている園もあるので承知しておくとよい。

b. の「備考」について

　この欄には、その日の行事予定とか、雨天の場合の変更、その他必要な事柄を簡潔に記入する。

c. の「今日の実習のねらい」について

　この欄には、各実習段階（見学・観察、参加、責任〈全日・部分〉実習）での、その日の実習のねらいを書いていく。一日の実習をただ参加し、漠然と過ごすのでは、どんなに自分では一生懸命がんばっているつもりでも効果的な学習にはつながりにくい。

それぞれの実習の段階（実習の深まり）に応じて、その日のねらいを立ててのぞむようにしたい。どのような「ねらい」をもったらよいのかについては、以下、関連部分で詳述していく。

d. の「時間」について

一日の流れのなかには生活の区切りとなるポイントがあり、一日がどのように展開されているかという内容を時間の経過に沿って記録し、理解しておくことが必要である。さらに、日誌に記入していくときに、片づけはどのくらいかかったのか、昼食がほぼ終了するには、どのくらいの時間が必要か、中心となる活動は内容によってどのくらいの時間、興味や関心が持続するのか等を考えながら記入しておくと、自分が指導計画案（以下、指導案という）を立案するときに役に立つ。

e. の「環境構成」について

なぜ環境構成の欄が子どもの活動の欄の前にあるのかといえば、これこそが幼児教育の特質といえるものであるからである。乳幼児期の教育・保育のあり方として示されている「幼稚園教育要領」および「保育所保育指針」、「幼保連携型認定こども園教育・保育要領」では、乳幼児期の発達の特徴を考え、環境を通した教育をその原則としている。つまり、子どもたちが環境からの刺激を受けて、自分から主体的に周囲に働きかけるなかで、必要な経験を積んでいくことにより、生涯にわたる人格形成の基礎を培うことが求められているのである。乳幼児期の教育は、ただ知識や技能を直接的に身につけることを目的とした教育ではない。様々な環境を通して遊ぶ豊かな経験から、知識及び技能の基礎を身につけ、それらの力を使って考えたり、判断したり表現したりすることを通して、学びに向かう力や人格形成の基礎となる心情・意欲・態度を培うことをねらうものである。したがって、子どもの生活を考えるうえでも、どのような環境構成をすることによって、より子どもの興味や関心を高めることができるかという視点で考えることが大切となる。

そのために、どのように場を設定したらより遊びが深まり主体的に取り組むことができるのか、その遊びのためには何をどこにどれだけ用意すればよいのか、そして安全管理面からはどのような配慮が必要なのか等を簡潔に図示できるとわかりやすい。

どのように物が配置され場が整えられていたのかということから、この日の保育者の意図を読み取ることができたら、実習生としてはすばらしいし、自分が指導案を立案するときの参考にもなる。

f. の「子どもの活動」について

記述するときの「時制」（過去形・現在形等）については、実習日誌というのは、そ

の日にあった事柄を後で記録の形でまとめるものであるので、厳密にいえば「登園した。自由に遊んだ。片づけた。」という過去形の記述になるのかもしれないが、すべて過去形で表記すると、その時点での子どもの行動の意味や保育者の関わりの臨場感が薄れ、日誌の書き方としてそぐわないので、「登園する。自由に遊ぶ。片づける。」という表記のほうが自然であろう。

　子どもの活動の欄に書くことは、時間を追って一日の生活の流れを書くことになるわけだが、当然のことながら大事な要点をなるべく簡潔に記入する。文の書き出しには、○印または・をつけて読みやすいようにし、文末は基本的に名詞止めではなく「……する。」という文章にして文末には「。」をうつ。少しでも読みやすい記録を書くことは、この日誌を読んでくださる相手に対する当然の礼儀でもあるし、自分の記録としても意義があることである。「○」印と「・」印の使い分けは、たとえば、「○登園時の活動をする。」と書いた後に「・挨拶をする。・持ち物の始末をする。・シールを貼る。」というように大項目（○印）を書いた後に小項目（・印）を並べて書くと読みやすい。小項目については、たとえば「・ピアノ」と名詞止めでそろえることも一つの方法である。また、実習生の書いた日誌のなかには、「ふざけている子がいる。」とか「がやがやと騒いでいる。」といった記述が見られる場合もあるが、この欄にはおおまかな子どもの活動を書くのであって、子どもの反応や実態まで書いてしまうととても限られたスペースでは記入しきれない。この点も気をつけなければならない。ただし、実習先の園によっては詳細に書くことを求められる場合もあるので、この場合は園の指示に従ったほうがよい。

g. の「保育者の援助・留意点」について

　この欄は子どもの活動が変化するのにともなって、保育者がどのような援助を行ったり、どのような点に留意して話したり、行動したりしているのかを記入していく。これは保育者の動きを見ることで、保育者の意図（留意点）を読み取って記録するのだが、各実習生の注意力や観察眼が、一番はっきりと出てくる部分でもある。保育者の一つの行動や呼びかけ、誘いの言葉などは、何のために発せられたものかということを考えながら、その意図を感じ取れるようになれば、自分で指導案を立案するときにも適切な援助や留意点を予想していくことができるようになる。

　たとえば子どもの活動が「後片づけ」のとき、保育者はどのように動いているのだろうか。子どもに声をかけながら片づけているのか、子どもが片づけやすいように場を整えているのか、片づけからはずれてしまう子どもにはどのように対応しているのか、次の活動にはどのようにつなげようとしているのかなどを見極めて、保育者の言葉や動きからその意図を読み取り、援助や留意点として記録する。保育者

は眼で何を見ているのか、手足を使ってどのように援助しているのか、自らの表情で何を伝えようとしているのか、保育者が動くことで子どもにどのような刺激を与え何に興味をもつことを期待しているのか、どのようなタイミングでどのような内容の言葉かけをしているのか、等を観点としていくことが大切である。

なお、実習日誌は限られたスペースであるから左側の「子どもの活動」の欄に対応しながら、大事なことから要領よくまとめることを心がけなければならない。そのためには、前日までに一日の予定を見せてもらい、とくに注意して観察する点をあらかじめ把握しておくのが効果的である。

また、この欄は日誌の形式によっては、「保育者の援助」、「保育者の行動」という名称がつけられていることもあるが、本書では以上の理由から、この欄を「保育者の援助・留意点」としている。

h. の「実習生の動き・気づき」について

この欄には、実習生自身のその日の動きやとくに気づいたことを記録する。主に見学・観察実習と参加実習の際にはこの欄が必要になるが、部分実習の日でも、部分実習以外の時間は参加実習となるので、この欄に実習生の動きを記録していくことになる。実習生の動きとは、実習生としてどのように子どもに関わったかということを記録するのだが、とくに実習の初期には担任の保育者の指示や依頼を受けての動きが中心となるであろう。ただし、子どもにとっては実習生も同じ「先生」なので、遊びや生活の援助等、待ったなしの要求に出くわすこともある。対応に困ったときには、保育者に相談することになるが、その場で応じなければならない場合もあり、この場合には保育終了後に指導を受けたり、実習日誌に記録して指導をあおいだりすることが必要になる。自分が実習生としてどう動いたのかを記録するだけでなく、そこで何を感じ、どのような疑問をもったのか等をまとめておくことが大切である。

i. の「感想・反省」について

感想・反省の欄に記入する内容については、p.43 の f. にある実習日誌の例の、「感想・反省」について、で述べているので、そちらを参照してほしい。

2．各実習段階での日誌の書き方

（1）オリエンテーション時の日誌の書き方

　実習先のオリエンテーションは、通常、実習が始まる前1か月以内くらいに行われることが多い。ただし、園の事情や実習先が遠方である場合には、実習直前に行われる場合もあるが、ピアノの練習や教材研究、服装の準備等もあるので、実習のはじまる1週間前までにはすませておくことが望ましい。

　ここでは、オリエンテーションを受ける前に記入しておくことと、オリエンテーション後に記録することとに分けて記述する。

① オリエンテーション前に記入しておくこと

　実習日誌によっては、簡単な履歴書のような実習生調査（個人票など）をつけている場合と別紙で用意している場合とがあるが、いずれの場合にも記入もれのないように楷書でていねいに記入しておくことが大切である。実習生を受け入れる園としては、実習生がどのような実習歴の持ち主であるのか、どのような特技や趣味をもっているのか、通園の経路や方法は何かなどの情報を把握しておく必要があるからである。また、実習日誌に出席簿や評価票がついている場合にはかならず自分の学年、学籍番号、氏名等、本人が書き込める箇所はきちんと書き込んで実習先に提出しなければならない。

② オリエンテーション後に記録すること

　オリエンテーション時には、実習日誌を持参することはあっても直接記入するのではなく、必要事項のメモを取り、後できちんとまとめる。では、オリエンテーション時に何を聞いてくればよいのか。実習先の園のオリエンテーションをただ受動的に受けてくるのではなく、自分がこれから実習させていただく園の様子についてこのような内容は知っておきたいということを、あらかじめまとめておいてからオリエンテーションにのぞむようにしなければならない。どこの園でも多忙ななかで開いてくれるオリエンテーションである。いただいた資料でわかることは後で読むことにして、事前に必要なことをメモしておいて、要領よく簡潔に聞き取ってくることが大切である。

　オリエンテーションには、おおむね次のような内容が考えられる。

ア．実習園の概要について

　　園名、園長名、所在地、電話、職員構成、職員数、年齢別園児数、クラス数、沿革、

教育・保育方針、地域環境、園の見取り図、等

　これらの内容は園の要覧をもらうと記載されているが、日誌にはこれを張りつけるのではなく、自分で考えながら記入していく。そのことにより必要な情報を自分のものとしていくことが大切である。とくに、園の最終の責任者は園長であることを理解し、園長の名前はしっかりと記憶し、失礼のないようにしなければならない。

　イ．実習中の予定について

　　　園行事、実習予定、配属クラス、勤務時間、昼食、等

　実習中の予定については、多くの実習園では、実習生のオリエンテーションの日時に合わせてあらかじめ準備をし要覧とともに渡されるが、実習生の希望を聞いてからと考えて用意されていない場合もある。用意されていない場合には、実習のための準備の都合もあるのでどのような予定であるのかをうかがっておく必要がある。なお、園の考え方や園行事によっては、複数学級（クラス）に配属される場合もある。

　また、出勤時間や退勤時間を確認する必要がある。とくに出勤時間に関しては、園の門は何時に誰が開けるのか、先生方は何時に出勤するのかをうかがい、決められた出勤時間より早めに園に到着できるよう、余裕をもった生活リズムを心がけなければならない。

　昼食については、子どもたちがお弁当をもってくるのか、給食なのかを確かめ、給食であれば自分の分もお願いをして所定の費用をお支払いすることになる。なお、子どもの前で昼食を残すことは教育上好ましくないので、この機会に好き嫌いを克服するくらいの意気込みであってほしい。アレルギー等身体上の理由でやむを得ない場合には、この時点で申し出てお弁当にしてもらう等の了解をいただく必要がある。

　ウ．実習の心構え、諸注意等

　　　園として禁止している事項、部分・全日実習時の指導案の提出日、子どもへの関わり
　　　方・目の向け方、言葉づかい、行事のときの注意事項、実習生自身の体調管理、等

　実習中の諸注意や心構えについては、どこの養成校でも「実習の手引き」を作成し、実習のための指導を単位化して指導の充実を図っている。実習園としては、実習生が十分な指導を受けて実習にきたと考えているので、園独自の事柄については説明しても、一般的な留意事項まではふれている時間もない。したがって一般的な留意事項については、学校で配布された手引きをよく読んで、身につけておくことが大切だが、各園の独自の決まりや方針もあるので注意する必要がある。たとえば、雨の日の施設の使い方や遊具や遊びの禁止事項などである。

　指導案の提出日については、担当者だけが目を通すのか、園長や副園長にも指導

案を見ていただくのかによって、提出日も変わってくる。決められた提出日に余裕をもって提出するように、くれぐれも提出日に遅れるなどといった失礼なことのないように心がけなければならない。

　子どもへの関わり方や目の向け方については、実習内容との関連で細かく注意を受ける場合がある。とくに実習生に接触してくる子どもにのみ対応してしまいがちになる点は、気をつけなければならない。

　実習生の言葉づかいについては、最近注意を受けることが多くなってきている。語尾上げ、語尾のばし、友達言葉、乱暴な会話等について、日ごろの自覚と努力が必要であり、子どもにとってよい言語環境をつくりだすことが大切であるが、加えて園独特の言い回しもあるので注意を払わなければならない。

　行事の内容によっては、実習生がいてくれてありがたい場合と、実習生には参加してほしくない場合とがある。オリエンテーション時に相手の意図をよく聞き取って対応しなければならない。

　実習生自身の体調管理については、言うまでもないことであるが、体調を崩して実習が延びれば、実習園に余計な負担をかけることになる。多忙な園にこうした迷惑をかけないように、毎日の生活のリズムを整えておき、自律的な生活が送れるように考えなければならない。

　　エ．その他の事柄
　　　週案、実習への抱負、毎日の携行品、バス通園の有無、ピアノの楽譜、日誌の提出、等

　週案は、オリエンテーション時にはまだ立案されておらず、見せてもらえない場合も多いが、期案や月案は見せていただけるはずなので、この時期の子どもの生活をよく把握しておくとよい。また、実習が始まった時点で週案を見せていただき、その週の内容はどのようなねらいのために、どのような予定が考えられているのか十分に把握しておきたいものである。

　実習への抱負や心構えは、実習日誌にそのスペースがとってある場合とない場合とがあると思われるが、あってもスペースが限られているので、自分の課題を簡潔に明確にして記述することが大切である。

　毎日の携行品については、実習の内容や園による違いもあるが、実習日誌、筆記用具、印鑑、エプロンや手ふき、お弁当、名札等があるが、オリエンテーションにうかがったときに上履きや下履きの区別やその材質、服装はどのようなものであるかを観察してくることが望ましい。とくに服装については、清潔で動きやすいものが大切で、派手な服装、奇抜な服装は避けなければならない。なお、園によっては、エプロンは

絵の具や粘土の特別なときだけ使用するというところもあるので、気をつけたい。

　バス通園を取り入れている園では、実習生にも体験させたいとバスに乗車することになる場合もある。何よりも子どもの安全を考えてどのような点に注意しているかをうかがっておく必要がある。

　ピアノの楽譜については、実習期間中にどのような歌がうたわれているのか、とくに「朝の会」でうたう曲が決まっている場合や園歌等についてはぜひ楽譜をいただき、十分な練習をしておくことが必要である。実習生によっては、オリエンテーション時に楽譜をくれなかったと後で不満をもらす学生もいるが、よく聞いてみるといただきたいと言わなかったなどという場合もある。オリエンテーションへの参加を単に義務的に捉えるのではなく、自分から積極的に受け止め、どうしても知っておきたいこと、聞いておかなければならないこと、欲しい資料等を明確にしてのぞむことが大切である。

　実習日誌の提出は、ほとんどの園では朝、出勤するのと同時に前日の日誌を提出するようになっているところが多い。しかし、園によっては退勤時までに書き上げて提出するように定められていたり、あるいは1週間まとめて提出するように言われたりする場合もある。いずれにしても決められた日にきちんと、「よろしくお願いいたします」と感謝の気持ちを込めて手渡しすることが望ましい。園の先生方が多忙な勤務の時間をさいて、実習日誌に目を通したり、さまざまな指導・助言をしてくれたりするのは、次代を担う子どもたちのために一人でも多くのよき指導者を育てたいとの願いにほかならないことを決して忘れてはいけない。

オ．オリエンテーションが行われない場合

　実習日誌は、定められた実習期間に、毎日記録していくものであり、幼稚園・保育所等の実習期間は法律で定められている。幼稚園は、教育職員免許法施行規則により実習期間は4週間であり、保育所は厚生労働省雇用均等・児童家庭局（現、子ども家庭局）、局長通知「指定保育士養成機関の指定及び運営の基準について」により、「保育実習Ⅰ」がおおむね20日間、「保育実習Ⅱ」「保育実習Ⅲ」がそれぞれ10日間となっている。幼稚園の場合、養成校の考え方により4週間の実習を続けて行う場合もあるが、ほとんどのところでは、1週間と3週間、2週間と2週間、3週間と1週間とに分け、時期を変えて2回行っていることが多い。保育所でも同様であるが、したがって、1回目と2回目の実習先が同じという場合も起こる。2回とも同じ園で実習したほうがよいか、違う園で行ったほうがよいかについては、意見の分かれるところである。同じ園で実習すると、園の方針の理解や職員との人間関係がスムーズであること、さらに、子どもの成長の様子をつぶさに感じることができ

る等の長所があり、実習の深まりが期待できる。一方、実習先を変えると、より多くの園を知ることになり、貴重な経験となる。筆者の経験では、実習は同一園で行い、いろいろな園を知ることは、学校の休みの期間等を使って自分で見学やボランティアに出かけて勉強していくことが望ましいのではないかと考えるが、養成校の考え方、実習園の考え方、本人の希望等を勘案して決めることが望ましい。

実習が前回と同一の実習園である場合には、園の都合によりオリエンテーションが省略される場合もある。この場合は電話でもよいから、最低次のことを確認するようにする。

- 初日の出勤時間と持ち物を確認する
- 配属されるクラスは何歳児のクラスか
- 歌や手遊びは何をうたっているのか

（2）見学・観察実習時の日誌の書き方

初めて園（幼稚園・保育所）に実習に行く場合、まず必要になることは園の一日の生活を知ることである。一日のタイムスケジュールのなかで、子どもはどんな生活を送っているのか、時間、場所、内容を把握し、誰がいつどのようにして対応しているのか等を知り、実習日誌に記録していかなければならない。実習期間の設定の仕方によっても多少の違いはあるが、見学・観察の期間はおおむね1～3日くらいと考えられる。ただし、子どもにとっては実習生は担任と同じような存在であり、実習生としては見学・観察のつもりでも、子どもからの働きかけには適切に対応していかなければならない。

実習期間中はポケットに納まるくらいの筆記用具を携行し、大事な要点は手早くメモを取り、その日の実習終了後に実習日誌に記録していくこととなるわけであるが、メモを取ることで子どもの生活を乱さないように配慮しなければならない。そのためには、子どもの目線の届かない場所や機会、目立たない姿勢に気をつけて手早くメモを取らなければならない。見学・観察実習だからメモを取るのは当たり前という態度で、堂々とメモを取ることのないよう周囲への気配りを忘れてはならない。園によってはメモの禁止というところもあるので気をつける必要がある。

次のページに見学・観察実習日誌の例を挙げた。こちらをもとに39ページから詳しく見ていくことにする。

〈見学・観察実習日誌の例〉

6月20日（木）天候　晴れ	5歳児　○○○組	男児　15名　女児　15名　欠席　2名	備考

今日の実習のねらい　a.
- 担任の保育者の動きや言葉から、何にねらいをもっているのか理解できるようにする。
- クラス全体の動きに目を向けて把握するようにする。

時間	環境構成 b.	子どもの活動 c.	保育者の援助・留意点 d.	実習生の動き・気づき e.
9:00	・昨日の遊びの続きがしやすいように用意。 ・ライン引きの用意。 ・ごちそうの材料を用意。	○登園時の活動をする。 ・朝の挨拶 ・着替え、身支度 ○自由に遊ぶ。 ・戸外遊び（砂遊び、鬼遊び） ・室内遊び（ブロック、ままごと、積み木）	・朝の挨拶をしながら、子どもたちの健康状態を確認する。 ・昨日の鬼遊び（開戦ドン）の続きができるようにライン引きを用意しておく。 ・ままごと遊びに変化をつけるためにごちそうの材料を用意しておく。	・登園してくる子どもたちに挨拶をして迎え入れるが、挨拶を返してくれない子もいる。……① ・着替えに戸惑っている子が数人おり、少し手助けをする。……②
10:20	・片づけやすく整えておく。	○片づけをする。	・片づけに時間のかかりそうなところから順番に声をかけていく。	・子どもと一緒に粘土遊びをするが、子どものつくっているものがわからず、どのように言葉をかけたらよいのか戸惑った。……③
10:40	・室内の机 （図：ピアノ、保育者、材料置き場） ・材料置き場 （紙、割り箸、ビニールテープ、楊枝、牛乳パック、輪ゴム） ・テラス （水をはった小プール）	○船づくりをする。 ・引き出しからハサミ、クレヨンをもってきて4人がけで座る。 ・先生の船づくりの説明を聞く。 ・旗を立てたり、模様をつけたり工夫してつくる。 ・割り箸、輪ゴムを使って、プロペラをつけ、動くように工夫する。 ・できた船を水に浮かべて遊ぶ。 ・具合の悪いところをつくりなおしたり、つけ加えたりする。	・子どもが片づけている間に机を用意し、「今日は動くお船をみんなでつくろうね」と声をかけ次の活動への期待をもたせる。 ・必要なものを用意して早く座席に着くように促す。 ・牛乳パックはあらかじめ縦半分に切っておいたものを人数より多めに用意しておく。 ・プロペラをどのようにつけたらよいのか、子どもと一緒に考えながら、ヒントを出していく。 ・テラスと室内を行ったり来たりするので、雑巾を用意して水をふく。	・何が必要なのかがわかって取る子ども、材料の前で考えている子ども、手当たり次第もってくる子どもとさまざまである。 ・動く船でなくても満足している子どももいる。 ・割り箸をつける位置やつけ方、プロペラの大きさなど繰り返し工夫している子どもがいる。 ・水がついているとうまく接着しないので、小さめの乾いたおしぼりが必要だと思った。

(時間)	(環境構成)	(子どもの活動)	(保育者の援助・留意点)	(実習生の動き・気づき)
11:30	ピアノ／保育者／ヤカン／オシボリ	・友達と競争する。 ・つくった船や机の上を片づける。 ○昼食時の活動をする。 ・昼食の準備 ・昼食の歌と挨拶 ・みんなで食事 ・食休み ・後片づけ	・ぬれている船を片づけられるように準備しておく。 ・当番を中心にスムーズに準備が進むように見守る。 ・子どもと一緒に食事しながら、楽しい雰囲気を盛り上げる。 ・心地よいレコードを流す。	・名前をつけずに片づけて大丈夫かと不安になるが、子どもは自分のつくった船の特徴を覚えていて驚いた。 ・5歳児になるとほとんど自分たちで準備することができる。 ・食事はみんなで楽しそうにおしゃべりしながら進み、クラスの温かい雰囲気を感じる。
12:20	・麦茶の入ったヤカンなどをベランダ等に用意する。	○戸外遊びをする。 ・サッカーごっこ ・開戦ドン（鬼遊び） ・砂遊び ・固定遊具 ・虫探し	・汗をタオルやハンカチでふくように言葉をかける。 ・合間に水分補給を促す。 ・サッカーや開戦ドンは保育者も仲間に入ってルールの確認をしたりしながら参加する。	・開戦ドン（鬼遊び）に一緒に参加したが、細かいルールがわからず、子どもに教えてもらいながら参加した。
13:10		○片づけをする。 ・全体を見渡して遅いところを手伝ったりする。	・片づけ残しがないか気をつけながら、机を片づけて、ピアノの前に座るように言う。	・自分で遊んだところだけでなく、クラス全体や園全体にも目が向くように一緒に片づけを行った。
13:30	ピアノ／保育者／●●●●●●●●●	○降園時の活動をする。 ・「とんでったバナナ」をうたう。 ・言葉集め ・降園の挨拶	・「とんでったバナナ」は1番だけうたえるので2番以降の歌詞を伝えながら一緒にうたう。 ・子どもたちが明日の生活に期待をもって降園できるようにする。	・歌詞が楽しいせいか、2番以降を覚えるのが早い。 ・明日の遊びへの期待を感じた。

〈感想・反省〉 ⒡

・今日から初めての幼稚園実習でとても緊張しました。
　　　　　　　……（略）……。

・①について……朝、少しでも早く子どもたちと仲良しになりたいと思い先生と一緒に「おはよう」と声をかけたが、突然のことでびっくりし、挨拶をしてくれない子もいた。今日は一日一緒に遊んだので、明日の朝は元気に挨拶してくれるだろうか。

・②について……朝の着替えは、ほとんどの子が自分でできるようだが、なかには友達の遊びをぼんやり見ていてなかなか着替えの進まない子や、そばを通ると「せんせい、できない」と言われたりする。ただ手伝えばよいのではないと思い、先生がどのように対応しているかを注意深く見ていた。

・③について……子どもたちは、粘土で何かをつくりながら、「ビヨーン」とか「バキューン」とか友達と言い合っているようだが、どうもテレビの主人公のイメージがあるようで、実習前に幼児向けの番組を見て主人公の名前を覚えておけばよかったと反省する。
　　　　　　　……（略）……。

では、見学・観察実習時の記録はどのように取ればよいのだろうか。37～38ページに示した実習日誌を例にし、一日の時間の流れのなかでの

 a. 今日の実習のねらい b. 環境構成 c. 子どもの活動
 d. 保育者の援助・留意点 e. 実習生の動き・気づき f. 感想・反省

について、書く内容、内容のポイントの押さえ方、記録の取り方について、具体例を挙げながら述べることにする。

見学・観察実習日誌：a. の「今日の実習のねらい」について

見学・観察実習時には、どのような観察の観点を用意していくのかということについては、学内の実習の授業のなかでも学んでいることと思うが、ここに主な見学・観察の視点を挙げておくので参考にしていただきたい。

- 園生活の一日の流れを理解するように努める
- 子どもたちの顔と名前が一致するように努力する
- 担任の保育者の動きや言葉から、何にねらいをもっているのか理解できるようにする
- 実習生に関わってこない子どもに積極的に関わってみる
- クラス全体の動きに目を向けて把握するようにする

b. の「環境構成」について

環境構成については、一日のうちのいくつか代表的な場を捉えて記述する。たとえば、子どもたちが登園する前には、室内はどのように整えられていたのだろうか。5歳児であれば前日の遊びの続きができるように必要なものを整えておく。とくに前日盛り上がった開戦ドン（鬼遊び）の遊びには、消えかけたラインを引き直すラインカー等を用意しておくことが大切であろう。

一斉活動の船づくりでは、まず室内の机の位置はどのようにするのか、何人で座るように指示するのか、材料置き場にはどのような材料を用意するのか、さらにできあがった船はどこで浮かべて遊ぶのか、遊んだ後の船は、どこにどのように片づけるのかといったことが図示や説明で書かれる必要がある。

昼食時は、この例の場合5歳児であるのであまり細かい指示は必要ないと思われるが、当番の仕事であるオシボリや麦茶の入ったヤカン等をどこに用意しておくのかくらいは書き込んでおきたい。夏場には熱中症対策のため、適切な水分補給が必要である。もちろん、そのための用意も当然であるが、子どもたちの遊びたい気持ちを中断しないよう、保育者が遊びの前にかならず声かけや、どのタイミングで水分補給させるのか、よく見ておきたい。

降園時は、今日一日の遊びや明日の予定について話し合いをしたり、好きな歌を

うたったりと、休息とまとめをかねてほっとする瞬間でもある。心地よい疲れと十分遊んだ満足感のなかで今日のしめくくりができるように環境構成にも配慮したいものである。なお、環境構成は、天候や子どもの興味、関心によって変わってくるので、あまり固定的に捉えないように気をつけなければならない。

　スペースの関係で図示の部分が十分でないかもしれないが、なるべく、略図を入れたほうがわかりやすい。略図を書くときに気をつけなければならないのは、全体の位置関係である。出入口やピアノの位置を書いておくとわかりやすい。また、保育者がどの位置にいるのかも書いておくことが必要である。

c. の「子どもの活動」について

　「子どもの活動」の欄への記入について、一般的な注意事項については、29～30ページに書いてあるので参照してほしい。見学・観察時の記入でとくに気をつけることは、これから始まる参加実習、部分実習、全日実習に向けて、一日の生活をいくつかのまとまりで捉えていく練習をしておくことである。一日の時間の流れとの関連で、「登園時の活動をする。」「自由に遊ぶ。」「片づけをする。」「船づくりをする。」「昼食時の活動をする。」「戸外遊びをする。」「片づけをする。」「降園時の活動をする。」等の活動のかたまりを捉えて○印をつけて記入し、○印のなかの細かい内容を・印で記入するようにしていけば、考え方のトレーニングにもなるし、日誌を点検するほうも見やすい。前にもふれたが、この欄には「大型積み木で遊んでいる子が多い。」とか「いつもより片づけが早くすむ。」とか「衣服が汚れた子が多い。」といった子どもの姿、実態まで書くと量が増えてしまうので、子どもの活動とその内容にしぼったほうがよい。

d. の「保育者の援助・留意点」について

　この欄には、単に保育者がどのように動いたのかという行動だけを書くのではなく、保育者の援助や行動の意味やねらい（留意点）を読み取って、記述していくことが大切である。たとえば、「朝の挨拶をする。」という表記ではなく、保育者は朝の挨拶をしながら何を読み取ろうとしているのかをよく見ていると「朝の挨拶をしながら、子どもたちの健康状態を把握する。」ということになるであろう。「子どもたちと一緒に食事をする。」は「子どもと一緒に食事をしながら、楽しい雰囲気を盛り上げる。」となるし、「子どもと一緒に遊ぶ。」は「サッカーや開戦ドン（鬼遊び）は、保育者も仲間に入ってルールの確認をするなどしながら参加する。」となる。保育者が、なぜそのように動いたのかという理由があり、この理由が援助であり留意点であると考えられる。見学・観察実習時に保育者の言動の意味を考えるようにしておけば、自分が指導案を立案するときに、どの場面でどのようなことに気をつけたらよいのかが自ずからわ

かってくる。

　時間の欄を入れると4番目の欄になるが、すべての列で同じ内容が横一列に並ぶように記述することが望ましい。（記入するスペースがないときは、ずれてもやむをえないが、横の欄との関係を考えて書くようにしたい。）

e. の「実習生の動き・気づき」について

　この欄には、実習生が子どもや保育者の動きに合わせて、どのように動いたのか、子どもとの関わりのなかでどのようなことに気づいたのかを中心に記録する。たとえば「登園してくる子どもたちに挨拶をして迎え入れるが、挨拶を返してくれない子もいる。」とか「着替えに戸惑っている子が数人おり、少し手助けをする。」とか「子どもと一緒に粘土遊びをするが、子どものつくっているものがわからず、どのように言葉をかけたらよいのか戸惑った。」といった内容が記述されることになる。こうした実習生自身の動きや気づき、驚いたこと、戸惑ったこと、どうしたらよいかわからなくなってしまったことなどについて欄の中に書けばそれでもよいが、書ききれない場合も多いと思われるので、欄の中に記号や番号をうって感想、反省の欄に書いてもよい。

　実習生の動きや気づきは、実習生自身が気づいたこと、感じたことをありのままに記述していけばよいのだが、ただ言われたとおりにやっていれば時間が過ぎていくなどと考えていると、この欄には何も思い浮かんでこない。どうか、自分の考えや疑問がわき起こってくるように積極的に取り組んでほしい。ここに保育者の関わり方を見るときの主な観察の観点の例を挙げておくので参考にしていただきたい。

〈主な観察の観点〉

　●登園時●
　・バス通園の場合、登園時間の差への配慮はどのようなものか。
　・登園時にはどのような活動があり、保育者はどのような援助をしているのか。

　●遊びの場面●
　・遊びの環境構成はどのように整えられているのか。
　・雨天の場合には、登園時や遊びの場面でどのような配慮がなされているのか。
　・けんかや泣いている子にはどのようにその心情を受け止めて対応しているのか。
　・遊びのなかで、保育者はどのように援助しているのか。
　・後片づけの場面では、保育者は何をしているのか、また、時間はどれくらいかかっているのか。
　・遊びの場面での安全管理はどのように行われているのか。
　・各遊びの場面で、ルールや決まりはどのようにつくられ、守られているのか。
　・保育者のクラス全体への目配りは、どのようなときに行われているのか。

- 子どもの気づきや発見に、保育者はどのように共感しているのか。
- 各年齢段階での発達の差をどう捉えるのか。

●クラス全体での活動の場面●
- 子どもを集めるとき、なかなか集まってこない子にはどのようにしているのか。
- 子どもにわかりやすい話し方をするには、どうしたらよいのか。
- 子どもの興味・関心を高めるために、どのような工夫がされているのか。
- 子どもの発達上の個人差にはどのように対応しているのか。
- 中心となる活動への準備、物のそろえ方、机や椅子の整え方、材料の種類や量はどのようになっているのか。
- 製作活動の場合等は、早く終わった子には何を、遅くて終わらない子にはどのような内容の働きかけをしているのか。
- お話や紙芝居の読み方では、どのような点に気をつけているのか。

●昼食時●
- 昼食の準備はどのような段取りになっているのか。
- 昼食時の活動は、グループ活動かどうか。
- グループ活動時に当番が行う仕事の内容は何か。
- 食前、食後の挨拶はどのように行われているのか。
- 食後の休息はどのような決まりになっているのか。
- 食事が食べきれないと言ってきた子には、どのように対応しているのか。
- 食後の後片づけの決まりは何か、また、一人でできるのか。
- 食事中におしゃべりばかりしている子への対応の仕方はどうか。
- 食事の好き嫌いについては、どのように関わっているのか。

●降園時●
- 降園時の身支度等について、保育者はどこまで、何に配慮して援助しているのか、また、個人によっても援助の仕方に差があるのか。
- 保育者が集中させたいと考えたとき、何を使って、どのような形態を工夫しているのか。
- 配布物はどのように配っているのか。
- 忘れ物がないか等、持ち物の点検はどのように行われているのか。
- 降園時の活動の一連の段取りと注意すべき点は何か。
- 明日の園生活に期待をもたせるような言葉かけはどのようなものか。
- 帰りの挨拶は誰に対して、どのように行われているのか。
- 異年齢の子どもとの関わりは、どのような形で行われているのか。
- 実習生に積極的に関わってくる子と、関わってこようとしない子に対してそれぞれどのように対応したか。

なお、実際に見学・観察実習を行うときには、自分がポイントとして選んだ観点について、チェックリストをつくっておくと記録が取りやすい。保育者の関わり方を見るときの観点は先に挙げておいたので、子どもを見るときの観点を挙げた

チェックリストの例は下記のとおりであるため、参考にしてほしい。

登園時	ほとんど全員	だいたい半分	数名はできる	ほとんどできない
自分から挨拶ができる			✓	
保育者が挨拶をすればできる	✓			
荷物の整理が自分でできる		✓		
保育者に言われれば荷物の整理ができる	✓			

その他、「自由に遊ぶ」、「手を洗う」、「後片づけができる」、「保育者の話がみんなで聞ける」、「課題をみんなでできる」、「給食・お弁当が食べられる」、「午睡のための着替えができる」、「おやつが食べられる」等についても同じようなチェックリストをつくっておくと便利であろう。

f. の「感想・反省」について

ここで、「感想・反省」欄に記入する内容についてふれておきたい。

- 感想とは、心に浮かんだことを素直に記述すればよく、自分が実習体験をして驚いたこと、感心したこと、うれしかったこと、楽しいと感じたことなどを書けばよい。
- 反省とは、自分が実習生として、子どもとの関わり、環境構成のあり方、準備の仕方、保育者への手助け等のさまざまな場面での動きを省みて考察し、そのことについて率直に評価することである。反省とは、あるべき姿、なすべきことがあって、にもかかわらずそのようにできなかったのは、なぜなのか、何が違っていたのか、足りなかったのかなどをまとめていくことである。感想と反省との違いは、感想が自分の心に感じたままを書いていくのに対して、反省は、あるねらいに対して自分がどう動いたか、それはよかったのか、悪かったのか、悪かったとしたら、次にはどこをどう直せばよいのかまで考えて書かなければならない。

なお、「感想・反省」の欄は、日誌の形式によって、「気づいたこと・反省」「感想・反省」「反省・考察」「感想・反省・考察」等々、その名称はいろいろであるが、要はそのなかに上述したような内容を整理して記述しておくということである。

（3）参加実習時の日誌の書き方

参加実習は、見学・観察実習と違って、より積極的に子どもに関わっていくことが実習生に求められている。もちろんやみくもに、何でも積極的に動けばよいということではなく、あくまでも担任である保育者の意図や、保育の仕方を理解したうえで、その範疇のなかで動いていくということである。したがって、ここまでの見学・観察実習がいい加減で園のやり方や担任の方針をしっかり理解していないと、

参加実習になったときの実習生の動きが担任の意図と反したものとなってしまう。その意味では、見学・観察実習のなかで、園のやり方や担任の保育者の考えをよく理解したうえで、次に参加実習を積み重ねていくものであることを確認しておきたい。

参加実習は、見学・観察のときよりもさらに積極的に子どもとの関わりを深めていく実習段階であるので、この段階に合わせたこの日の実習のねらいを明確にしておく必要がある。事前に担任の指導案を見せていただき、一日の生活がどのように展開することになっているのかを十分把握し、さらにわからない点は聞いたうえで、担任の動きに合わせて見よう見まねで保育に参加するのだが、このとき、実習生として今日一日、何に重きをおいて動くのかということをはっきりさせておくことが大切である。実習生自身のその日の動きのポイントがはっきりしていると、自分でも動きやすくかつ実習生の動きの欄にも記述しやすくなってくる。

〈参加実習時の日誌の例〉

△月 △日（△） 天候 ○○	○ 歳児 ○○○ 組	男児 △ 名 女児 △ 名 欠席 △ 名	備考
今日の実習のねらい ・なるべくたくさんの子どもに声をかける。 ｇ.			
時間	環境構成	子どもの活動	保育者の援助・留意点	実習生の動き・気づき ｈ.
8：50		○登園時の活動をする。		・順番に登園してくる子どもたちへ、ロッカーのところで着替えを見守りながら話しかけてみる。すぐに言葉を返してくれる子と、無視されてしまう場合があり、どのように話しかけたらよいのか困った。
9：00		○自由に遊ぶ。		・遊びの仲間になり、子どもたちとふれあう。遊びのルールが変化し、十分理解できないときもあった。
12：00		○昼食時の活動をする。		・前日と違うグループで一緒に食事をしながら、子どもたちの好き嫌いについて話しかけてみる。ニンジンの嫌いな子がいなかったのはちょっと意外だった。
		○降園する。		

では、続く日誌の形式から考えてみよう（日誌の形式は37～38ページで例示したものと同じになる）。

g.の「今日の実習のねらい」の書き方

前文にも述べたとおり、この欄には、実習生の動きのポイントを記入することで、目的をはっきり意識することができる。もちろん、日誌を書くのは一日の保育が終了してからになるわけだが、このねらいは、前日に担任から一日の予定を教えてもらった段階で考えて記入しておくことが望ましい。

ここでは文例として「なるべくたくさんの子どもに声をかける。」を挙げたが、このほかにも「笑顔を絶やさず子どもに接する。」とか「1日1回は全員の子どもに声をかける。」とか「自分のまわりによってこない子の動きに気をつけ、機会をつくって声をかける。」といったような内容が挙げられる。

ねらいの設定の仕方は、何日間かの見学・観察をした結果、自分が大事に感じていることをなるべく具体的に1～2点にしぼってまとめるとよい。とくにこの後の部分実習や全日実習をより効果的に進めるためには、クラスの子どもたちとの人間関係をつくることが大切であり、先に挙げた4つの文例はこのことが中心になっている。参加実習が深まるにつれて「遊びの方向性をどのように指導していくか。」とか「日のねらいと活動との関連をどう捉えていくか。」とか「個人差にどのように対応していくのか。」といった内容も出てくるであろう。実習生はこのポイントを頭において一日の保育に参加することになるわけだが、一日が終わった後、具体的にどの場面でどのような働きかけをしたかが、h.の「実習生の動きや気づき」の欄に書かれていくことになる。

h.の「実習生の動き・気づき」の書き方

この欄には、g.で押さえた今日の実習のねらいに向けて、自分はどのように動いたのか、そこでどのようなことに気づいたのかを書くことになる。

たとえば、g.「なるべくたくさんの子どもに声をかける。」というねらいの場合、おそらくh.欄の記入は次のような内容になるであろう。「登園時の活動」の際には「・順番に登園してくる子どもたちへ、ロッカーのところで着替えを見守りながら話しかけてみる。すぐに言葉を返してくれる子と、無視されてしまう場合があり、どのように話しかけたらよいのか困った。」とか、「遊び」の場面では、「・遊びの仲間になり、子どもたちとふれあう。遊びのルールが変化し、十分理解できないときもあった。」とか、「昼食」の場面では「・前日と違うグループで一緒に食事をしながら、子どもたちの好き嫌いについて話しかけてみる。ニンジンの嫌いな子がいなかったのはちょっと意外であった。」などとなるであろう。実習生が働きかけたり、言葉

をかけたりしたときに子どもがどのような反応を示したのか、実習生としてはどのようなことを感じたり、気づいたりしたのかについて記述していく。

なお、事前に担任の保育者から指導案をいただいた場合には、日誌の所定の場所に張りつけておくとよい。

(4) 部分実習時の日誌の書き方

部分実習とは、一日の生活のなかのある時間帯の保育を、実習生が保育者として担当することである。指導案を用意して行う場合と、その日の流れのなかで保育者から声をかけられ行う場合がある。全日（一日）実習を行うまでに何回か、部分部分で実習をさせていただくわけで、たとえば、「登園から遊びまで」「遊びから片づけまで」「中心となる活動」「昼食の時間」「紙芝居を見る」「手遊びをする」「歌をうたう」「降園時の活動」等、いろいろな場面が考えられる。どのような場面で部分実習をさせていただくかは、担当の保育者とよく相談して決めることになるが、「あれもこれも自信がありません」では、指導する側は大変に困る。実習に出る前までには、歌、手遊び、パネルシアター、製作、ゲーム、鬼遊び、紙芝居、素話、絵本の読み聞かせ等、年齢に合わせた教材研究をし、練習を積んでおかなければならない。実習を実り多いものとするためにも、配属される年齢を早く知り、適切な準備を行うことが大切である。

なお、部分実習以外の記入の仕方については、実習内容は参加実習となると考えられるので、43ページの「参加実習時の日誌の書き方」を参照してほしい。

ここでは、以下の3つに分けて説明していく。
① 「部分実習」のところを、日誌にどのように記載するか。
② 「部分実習」の指導案はどのようなものか。
③ 「部分実習」後の日誌の内容はどのようなものか。

では、この順番に沿って部分実習時の日誌の書き方について詳述していく。

①「部分実習」のところを、日誌にどのように記載するか

何回か出てきている標準的な形式に沿って説明する。

これは、「降園時の活動」を部分実習するときの表記の仕方であるが、スペースがあれば、指導案をここに貼りつけてもよいが、無理な場合には別のページに貼る。いずれにしても、どの部分が今日の実習部分であるのかをわかりやすく表記することが大切である。

月　　日（　） 天候	歳児 組	男児　　名 女児　　名 欠席　　名	備考
今日の実習のねらい			

時間	環境構成	子どもの活動	保育者の援助・留意点	実習生の動き・気づき
9：00		○登園時の活動をする。		
〜〜〜	〜〜〜	〜〜〜	〜〜〜	〜〜〜
13：30		○降園時の活動をする。	部分実習の指導案は○ページに貼付	
14：00		○降園する。		

② 「部分実習」の指導案はどのようなものか

　降園時の部分実習の指導案を例にして説明する。

　次ページは降園時の活動を例にした部分実習の指導案である。部分実習を行う日が決まったら、少なくとも前日までに担当の保育者に提出し、指導を受けなければならない。かならず指定された日限を守り、きちんと提出することが大切である。また指導を受ける際には、保育者の指導に素直に耳を傾け、少しでもよい指導案にしていくことが必要となる。実習生によっては、素直に聞き入れなかったり、自分の努力を否定されたと思って落ち込んだりといった場合も見受けられるので、実習生として真摯に指導を受け止められるように心がけてほしい。

　また、雨天のため活動が変わってくるような場合には、雨天用の指導案も用意しておく必要ある。

　以下、指導案を書くときに注意すべき事柄について簡単にふれておく。

ⅰ．の「日時・対象児等」について

　部分実習の場合には、自分がどの時間帯に何をするのかということを、この欄にはっきりと書かなければならない。

ｊ．の「環境構成」について

　指導案というのは、あくまでも予定である。準備も含め、この活動のために自分がどのような環境を構成するのかを考えてまとめる。

ｋ．の「子どもの活動」について

　子どもはこの時間にどのように動くのだろうかという予測を、週案や日案の子どもの姿を参考にして書いていく。

部分実習指導案

　　　学校名　　　　　　　　学年　　　　氏名

日時	2月5日（火）	i.
対象児	2年保育4歳児30名（男児15名、女児15名）	

- 部分実習……………「降園時の活動」
- 中心となる活動……紙芝居「みにくいあひるの子」を見る。
- 時間…………………13時30分～14時
- ねらい………………みんなと一緒に紙芝居を楽しむ。

時間	環境構成 j.	子どもの活動 k.	保育者（実習生）の援助・留意点 ℓ.
13:30	・紙芝居と紙芝居ケースを保育室に用意しておく。 ［ピアノ／保育者］ ●●●●● ●●●●●	・片づけがすんだら椅子を並べる。 ・椅子にかける。 ・「はじまるよ」の手遊びをする。 ・「みにくいあひるの子」の紙芝居を見る。	・楽しく演じることができるように十分練習しておく。 ・子どもが集中できるような位置に椅子を並べる。 ・さわぎやすい子や集中しにくい子などはさりげなく位置を工夫する。 ・席に着かずうろうろしている子には早く座るように促し、そろうまで手遊び等をして集中できるようにしておく。 ・ケースに入った紙芝居を出し「今日はどんなお話かな」と期待をもたせるように語りかける。 ・読むときの声の大きさ、声の出し方、絵の抜き方などストーリーに合わせて工夫する。 ・途中うるさくする子がいたら「○○ちゃん、これからどうなると思う？」と一言声をかけさっと先に進む。
13:45		・気がついたことがあったら話す。	・紙芝居が終わったら、ゆっくりとケースを閉じながら余韻を楽しませ「今日のお話どうだったかな」と問いかけてみる。
	［ピアノ／保育者］ □□□ ・机に作品を並べる	・降園の身支度をする。（手紙、タオル、作品） ・席に座り先生の話を聞く。 ・当番の引き継ぎをする。 ・帰りの歌をうたう。	・持ち帰るものを忘れないように注意を促す。 ・一日の楽しかったことやおもしろかったこと、伝える必要のあることを話して今日のまとめとする。 ・明日の生活に期待をもてるように、誕生会があることや遊びの続きの話をする。
14:00		・先生や友達に挨拶をして降園する。	・明日も元気に遊ぼうねという願いを込めて、握手しながら一人一人に挨拶する。

ℓ. の「保育者（実習生）の援助・留意点」について

この日この場面では、自分が保育者としてどのように保育を進めていくのかということを考え、予想される子どもの反応を思い描きながら、指導や援助の内容を考えていくことになる。日ごろの保育者の保育の仕方を思い出しながら、保育者を援助する立場ではなく、任された時間は自分で責任をもって保育に当たれるように保育者の立場で考えて計画していかなければならない。

③「部分実習」後の日誌の内容はどのようなものか

②の指導案に基づいて部分実習が終了した後、実習日誌はどのように書くのか。指導案で予測したことと実際の指導とはかならずといっていいほど違ってくる。このことをどのように書き表しておけば、次の指導に生きていくのだろうか。次のア・イで見てみよう。

ア．あまり大きな変更がなく、ほぼ指導案どおりに保育が展開できたとき

この場合は、指導案（のコピー）のなかに、直接、指導案の項目である「時間」「環境構成」「子どもの活動」「保育者（実習生）の援助・留意点」の各項目についての変更点をカラーペンで修正して書いていってもよい（もちろん、指導案と同じ内容を日誌に転記してもよいが、日誌を書くにはかなりの時間がかかるので、省ける労力は省いたほうがよい）。ただし、赤色のカラーペンは、指導をいただく先生が使うのでほかの色を使うようにしたほうがよい。

指導案（のコピー）に訂正を入れるのと同時に「実習生の動き・気づき」の欄には、自分が担任に代わって保育をした主体であるから、単なる観察の視点ではなく、保育者として気づいたこと、保育者としての経験から身につけたことを記録していく。

イ．指導案を大きく変更せざるを得なかったとき

この場合は、添付した指導案とは別に、日誌の項目に沿って、事実に基づいて記入していくことになる。ただし、どの部分が部分実習だったのかが、はっきりわかるように表示することが必要である。また、日誌の項目のなかの「保育者（実習生）の援助・留意点」の欄は、実習生が保育者であるから、この点を間違えないようにしなければならない。指導者である担任の先生が助けてくれた場面等があれば、この欄に（　）書きにするなどして記入する。

（5）全日（一日）実習時の日誌の書き方

全日実習は、通常、登園から降園までの一日を担当して行う場合が多い。園によっては、考え方の違いや行事の関係で、一日のある部分だけしかさせてもらえない場

全日実習指導案

学校名　　　　　　　　　学年　　　　氏名

6月○日（○）　晴	3年保育4歳児○○○組　男児15名、女児15名
〈中心となる活動〉　m. ・マラカスをつくる	〈ねらい〉　n. ・つくったもので遊ぶ楽しさを味わう。 ・みんなで一緒にする遊びを楽しむ。

〈材料・準備〉　o.
- プリンカップ等の小型の空き容器を70個
- ビニールテープ、マジック、画用紙
- 小豆、小石、大豆等

時間	環境構成	子どもの活動	保育者（実習生）の援助・留意点　p.
9:00	・部屋の入口で子どもたちを待つ。	○登園する。 ・挨拶 ・身支度 ・シールを貼る。	・一人一人と挨拶を交わし、気持ちよく一日がスタートするように心がける。 ・子どもが話しかけてくる内容になるべくていねいに対応する。
9:20	・ブロック、粘土、ボールは遊びやすいように場所を考えて用意しておく。 ・砂場には、近くに水を入れたたらいを用意しておく。	○自由に遊ぶ。 ・ボール ・追いかけっこ ・粘土 ・絵を描く ・砂遊び ・ブロック	・戸外遊びをする子には、帽子をかぶるように声をかける。 ・子どもたちが、遊びにとりかかりやすいように遊具や用具を整えておく。 ・それぞれの遊びで必要なものがあるか見極めて、遊具や用具を出したりする。 ・遊びが見つからない子や遊びに入れない子を誘って鬼遊びなどをする。
10:30	・片づけやすいように場所を整えておく。	○片づけをする。 ・遊具の片づけ ・うがい、手洗い ・机や椅子の準備をする。	・散らかり具合を見極めて、時間のかかりそうなところから声をかけていく。 ・実習生自身が自分の動きを声に出しながら一緒に片づけることで、子どもたちに片づける場所や片づけ方を気づかせていく。
10:50		○マラカスをつくる。	・つくったマラカスを見せて、マラカスづくりに興味をもたせる。

2．各実習段階での日誌の書き方

時間	環境構成	子どもの活動	保育者（実習生）の援助・留意点
	・室内 （ピアノ・保育者・材料置き場の図） ・材料置き場 （小豆、マジック、ビニールテープ、空き容器、紙の図）	・椅子に腰かける。 ・保育者の話を聞く。 ・ハサミをもってくる。 ・材料を取る。 ・マラカスをつくる。 ・できあがったマラカスを振って音を出す。 ・「おもちゃのチャチャチャ」に合わせて自由に打つ。 ・みんなで一緒に音楽に合わせて打ってみる。	・どのようにつくるのか、材料を見せてつくりながら説明していく。 ・中に入れる材料の量が適切になるように、机をまわって調整していく。 ・空き容器を2つ合わせて固定するところが難しいと思われるので、状況に応じて援助する。 ・マラカスができあがってきたら、「おもちゃのチャチャチャ」をかけて、音に合わせて打つことを楽しむようにする。 ・みんなで一緒に音楽に合わせる楽しさを味わうようにする。 ・引き出しに作品をしまい、後片づけをするように声をかける。
11：45		○昼食時の活動 ・手洗い、うがいをする。 ・昼食の準備をする。	・昼食の準備がスムーズに進むように促し、必要な援助をする。 ・楽しく食事ができるように昼食に期待を持
12：00		・挨拶をする。 ・昼食をとる。 ・食後の挨拶、休息 ・片づけ	たせるような言葉をかける。 ・食後の後片づけは、個々の状況に応じて援助していく。
12：40		○自由に遊ぶ。 ・鬼遊び ・あぶくたった	・天気がよければなるべく戸外で遊ぶように誘導する。
13：10		・片づけ	
13：20	（ピアノ・保育者・子どもの座席配置図）	○降園時の活動 ・「山の音楽隊」の歌をうたう。 ・「大きなかぶ」のパネルシアターを見る。 ・帰りの支度をする。 ・帰りの挨拶をする。	・降園時間であることを知らせ手際よく片づけられるように援助する。 ・明日はこの曲のテープを用意しておくので、つくったマラカスを鳴らして遊ぼうと誘い、歌をうたう。 ・パネルシアターに期待をもって集中できるように、見やすいように席を調整する。
14：00		・降園する。	・明日、期待をもって登園できるように明日の予定や遊びについての話をする。

合もあるが、幼児期の教育は、小学校の教科が時間単位で考えられているのと違い、一日を最低の単位としてねらいを考えていく。実習に徐々に慣れていくために、何回かの部分実習を行うが、本来、一日が指導の最低の単位と捉えられることから考えると、全日実習は一日のすべてに責任をもつことが望ましいと考えられる。(ただし、保育所実習の場合には、全日実習であっても年少児クラスはもとより、年長児クラスでも、一日を通して責任をもつことは現実的には無理であり、実習園でもそのように考慮されている。)

では、指導案を立てるところから、日誌を記入するところまでを、50〜51のページの全日実習案の例をもとに時間の経過に沿って詳述していく。

① 指導案を立案する

全日実習の日程が決まったら、まず指導案を立案することになる。4歳児6月を例に考えていく。指導案の是非について担任保育者の判断をあおぐためにも、くれぐれも全日実習の当日に提出するなどということがないように、時間の余裕をもって準備していきたい。

m. の「中心となる活動」について

中心になる活動という考え方は、幼児期の教育のあり方からはあまりそぐわないのかもしれない。それは一日を最低の単位として捉えると考えると、何が中心で何が付随的なものかを簡単に決めることは難しいからである。これは日のねらいとの関係も多分にあるのだが、少なくとも、中心となる活動だけが大切でほかは指導の対象ではないと考えるのは間違いで、一日のすべての場面がそれぞれ意味をもっていることを確認しておきたい。しかしここでは、多くの実習先でとられている方式に沿って、中心となる活動を取り上げて指導案を作成した。

マラカスづくりは、園での遊びで単に既成の遊具や施設を利用して遊ぶことにとどめず、自分でつくったもので遊ぶ楽しさを伝えたいという意図から選んだものである。遊びに必要なものをつくったり、つくったもので遊ぶ楽しさを経験することは、子どもが自ら環境に関わって生きていく力を育てるうえでも貴重な経験となる。受けもつのは4歳児の6月ころなので、難易度からも適切であると考えて選択した。

n. の「ねらい」について

ねらいは、中心となる活動のねらいとして、「つくったもので遊ぶ楽しさを味わう。」を挙げた。しかし、ねらいがこれだけだとほかの活動にはねらいがないのかということになりかねない。そこで一日を通して「みんなで一緒にする遊びを楽しむ。」を挙げた。このねらいは、今日一日のねらいというよりは、週のねらいとして立て

られているような内容で、担任である保育者の今週の展開の意図をうかがうとわかると思われる。いずれにしても、中心となる活動のねらいと、そのほかの部分を網羅するねらいとの2本立てでねらいを考えていくのが、実習生には一番わかりやすいと考えられる。

o. の「材料・準備」について

材料は、園にあるものとないものがある。空き容器などはストックのある場合もあるかもしれないが、実習をさせていただく者としてはできるだけ自分で努力することが望ましい。子どもに材料を持ってこさせよう、などと考えるのは間違いである。また、あまり費用のかかるものや貴重な材料は避けたほうがよい。

マラカスをつくるのには、たとえば、小さなプラスチック飲料の空き容器2つの口の部分をつなげ、中に小豆を入れたものが4歳児の手にも持ちやすい。2つ重ねてビニールテープでとめるのが難しければ、1つの容器に中身を入れ、上を画用紙でふたをしてもよい。

ほかの製作活動でも同様であるが、材料はかならず多めに用意しておくことが大切である。また、製作活動の場合には、事前にかならず自らつくってみて、どこが難しいか十分に把握しておくことが必要である。

p. の「保育者（実習生）の援助・留意点」について

この欄は、ここまで担任の保育者がどのような点に注意して保育を進めたのかという「保育者の援助・留意点」を記録する場であったが、全日実習では保育者が実習生であるから、実習生が保育者としてどのような援助をしていくのかを記入していくこととなる。

〈指導案立案にあたっての留意事項〉
- 室内と戸外、緊張と自由、静と動等、活動のバランスを考える。
- 1つの活動から次の活動に移るときのつなぎの部分を考える。
- 個人差に配慮する。
- 製作であれば、できあがった作品をその後どのようにするかを考えておく。
- 一日が1つのまとまりをもつように考える。

② 前日までに行う準備
- 朝の自由な遊び場面で新しい遊具や用具を出すのであればその準備。
- 製作に必要な材料の準備、用具の確認。
- かならず自分でつくってみて、難しそうなところなどを把握しておく。
- 製作時にどのように説明するとわかりやすいか考える。

- 「おもちゃのチャチャチャ」の音源とオーディオ機器。
- ピアノの練習 (山の音楽隊、おべんとうの歌、お帰りの歌、ほかに手遊びの曲等)。
- パネルシアター「大きなかぶ」の練習。
- 指導案をよく頭に入れておく。

③ 全日実習の当日

・朝は早めに出勤し、園長、担任等の先生方に今日一日のご指導をお願いする。
・鏡の前で服装の乱れや表情を確認する。
・環境構成をし、子どもを迎え入れる準備をする。
・100％子どもと向き合えるように心の準備をする。
・保育中自分の手に負えないことが起こったら担任の先生に相談する。
・全体の子どもを把握できるように常に意識する。
・あらゆる場面で安全管理には十分に注意をする。
・保護者との対応は、かならず担任の保育者に連絡する。
・けがや子どものけんかはありのままを担任に伝える。
・全日実習がすんだら、見ていただいた方に挨拶をする。
・今日の指導について、自分で反省をまとめておく。
・反省会等での指導は、言い訳せず素直に受け止める。
・実習は指導案どおりにいかないのが、当たり前と考えよう。

④ 実習日誌を記入する

　ここで、p.50〜51に載せた指導案を例にしてどのように日誌を記載していけば、貴重な経験をより有効に生かしていけるのかについて次のア・イで考えてみたい。

　ア．指導案に色つきのペンで書き足していく場合

　部分実習のところで説明したように、指導案で予測した活動にあまり大きな変化がなかった場合には、指導案（のコピー）に変更箇所を書き足していき、実習日誌のその日のページに貼付しておく（p.55参照、網かけ部分は加筆・変更箇所）。

　イ．実習日誌に書き直していく場合

〈指導案と実際の実習が大幅に変わってしまった場合〉

　指導案で予想した一日の流れや活動が大幅に変わった場合には、実習日誌に書き直していく。このような場合には、おそらく、何らかの理由によって、予定が大幅に変わってしまったと考えられるので、担任の保育者の援助の欄を設けて記録していくとわかりやすい。実習日誌に書き直す場合には、子どもの活動の欄は項目だけとし、とくに変更した点があれば記載するが、指導案との重複を防ぐためにも、な

2．各実習段階での日誌の書き方

〈全日実習時の指導案のコピーを使用した場合の日誌例〉

時間	環境構成	子どもの活動	保育者（実習生）の援助・留意点	
9:00	・部屋の入口で子どもたちを待つ。	○登園する。 ・挨拶 ・身支度 ・シールを貼る。	・一人一人と挨拶を交わし、気持ちよく一日がスタートするように心がける。 ・子どもが話しかけてくる内容になるべくていねいに対応する。	・何人も一度に話しかけられてうまく答えられず、中途半端な対応になってしまった。
9:20	・ブロック、粘土、ボールは	○自由に遊ぶ。 ・ボール	・戸外遊びをする子には、帽子をかぶるように声をかける。	
10:50 ↓ 11:00	・室内 （ピアノ／保育者の配置図） ・机上 （小豆、マジック、ビニールテープ、空き容器、紙の配置図）	○マラカスをつくる。 ・椅子に腰かける。 ・保育者の話を聞く。 ・ハサミをもってくる。 ・材料を取る。 ・マラカスをつくる。 ・できあがったマラカスを振って音を出す。 ・「おもちゃのチャチャチャ」に合わせて自由に打つ。 ・みんなで一緒に音楽に合わせて打ってみる。	・つくったマラカスを見せて、マラカスづくりに興味をもたせる。 ・どのようにつくるのか、材料を見せてつくりながら説明していく。 ・中に入れる材料の量が適切になるように、机をまわって調整していく。 ・空き容器を2つ合わせて固定するところが難しいと思われるので、状況に応じて援助する。 ・マラカスができあがってきたら、「おもちゃのチャチャチャ」をかけて、音に合わせて打つことを楽しむようにする。 ・みんなで一緒に音楽に合わせる楽しさを味わうようにする。 ・引き出しに作品をしまい、後片づけをするように声をかける。	・中身の量の調整が難しく、小さな入れ物でも用意して1杯だけ入れるのよと説明するとわかりやすかったと思う。 ・できあがりに個人差があり、製作の遅かった子をあせらせる結果となってしまった。 ・時間がたりなくなり、ここまではできなかった。

るべく簡潔に記入することが望ましい。指導案はどこのページに貼付してあるのかは、はっきりと書いておく必要がある。

〈全日実習時の指導案と実際の実習が大幅に変わってしまった場合の日誌例〉

時間	環境構成	子どもの活動	保育者の援助	保育者(実習生)の援助・留意点
9:00 9:20 10:40 11:10		○登園する。 ○自由に遊ぶ。 ⋮ ・10時20分ころ、砂場でトラブルが発生。A児の目に砂が入る。 ○マラカスをつくる。 ⋮ ・保育者の話を聞く。	・A児をつれて保健室に行き、目を洗うなどの手当てをしてくれた。しかし、A児はなかなか泣きやまず、ずっと担任の保育者が付き添ってくれた。 ・担任の保育者がマラカスを回収し、子どもの注意を集中してくれた。 ・担任の保育者があちこちまわって、小豆の量を見てくれた。 ・担任の保育者が個々の子どもの状況に応じて、適切な援助をしてくれた。	・なぜA児がB児に砂をかけられたのかについて、近くの子どもに聞くがなかなか要領を得ないで時間ばかりかかってしまった。 ・このトラブルのため、片づけの時間が遅れてしまった。 ・つくったマラカスを見せて、説明を始めたが、子どもが「見せて、見せて」と言うので、渡したら、取り合いになってしまい、子どもたちが席を立って収拾がつかなくなってしまった。 ・小豆の量をうまく子どもたちに伝えることができず、あちこちから、「先生、これでいい?」の質問の大合唱になってしまった。 ・空き容器を2つ重ねて、固定することが難しく、あらかじめビニールテープを適当な長さに切るように指導しておけばよかった。 ・時間が足りなく、音楽をかけることも、十分な後片づけもできなかった。

時刻	活動	保育者の援助	考察・反省
13:20	○降園時の活動 …… ・「大きなかぶ」のパネルシアターを見る。	・担任の保育者が明日の活動につながるよう話してくれる。 ・担任の保育者が手早く、片づけを補助してくれる。 ・途中から担任の保育者が交代してパネルシアターを見せてくれた。	・蒸し暑かったせいか、子どもたちがぐったりしていて片づけがうまくいかない。 ・話し方のタイミングがうまくなかったのか、子どもが前に出てきて、人形をいじりたがり、収拾がつかなくなってしまった。
14:00	・降園する。		

〈日誌内に書きたい内容が多くなってしまった場合〉

　責任実習を行った後で、日誌の内容として書き込んでおきたいことがたくさんある場合には、指導案のコピーの中に書き込むと読みにくくなってしまうので、実習日誌として書いておいたほうがよい。この場合にはPART 2のp.162で説明している形式にするとよい。

　なお、全体的な日誌の分量は、大切な要点をしぼり2ページくらいにまとめることを心がけたい。園によっては、細かく記入しなさいという指導をされている場合もあるが、とくに指導がなければ、何が大切なことだったのかをまとめていく力をつけることも大切である。

PART 2

実習日誌の実例検討とまとめ方

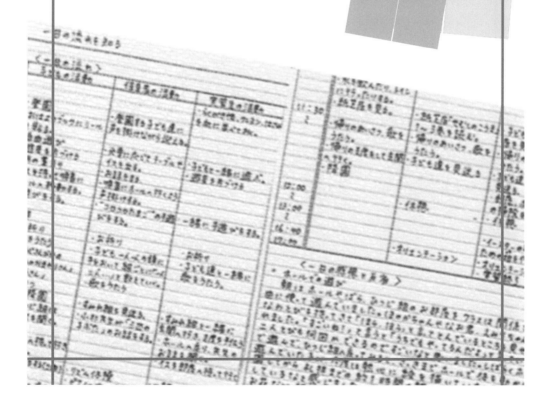

このPARTで学ぶこと

　このPARTでは、PART 1で解説された事柄をふまえて、実習の各段階（実習園でのオリエンテーション、見学・観察実習、参加実習、部分実習、全日実習、反省会やまとめ）の実習日誌の書き方・内容のまとめ方について、先輩が書いた実習日誌の例を通して具体的に解説している。
　幼稚園実習、保育所実習（認定こども園の場合も同様）とも、それぞれに各段階の実習日誌の実際の例を掲載し、その解説を行っているが、その際、問題点のある実習日誌に対してはその点を解説し、そのうえでその日誌の修正例を示した。それは、その解説された内容が日誌のなかに反映されたら、どのような日誌になるかを具体的に理解していただくためである。また、よく書けている日誌については、どこがなぜ良いのかを解説し、みなさんが日誌を書く際の参考になるようにコメントしてある。
　このPARTに書かれている内容をしっかり読み取り、理解してみなさん自身の実習日誌にトライしてほしい。

1章
オリエンテーション時の日誌

　実習前になぜオリエンテーションを行うのか、オリエンテーションでは何をするのかといったオリエンテーションの意義や内容、またそれを実習日誌に書き残すことの意味について、詳しくはPART 1で説明したとおりである。とくに初めての園で安心して、実習での学習を円滑に進めていくために、オリエンテーションはとても大切な場である。オリエンテーションで聞いてきた事柄を実習日誌にまとめ、その内容をしっかり理解して実りある実習にしたいものである。

　さて、最初に書く実習日誌は、このオリエンテーション時の日誌となる。書く内容といえば、実習先の園名や所在地、園長名、職員構成……というように機械的に記入していけばいいような事柄も多く、その記入の仕方について安易に考えているかもしれないが、意外と留意すべき事柄があるものである。また、その他にも記入すべき事柄はたくさんある。ここではオリエンテーション時の日誌として、記入すべきことは何か、どのように記入したらよいのか、気をつけるべきことは何か、実際の日誌を見ながら具体的に解説していくことにする。

　オリエンテーションの内容を理解し、よりよい実習を進めていくためのオリエンテーション時の実習日誌を書いてみよう。

幼稚園実習の オリエンテーション時の日誌

1．実習園の概要を記入する

（1）正確に書く

　園名や所在地、職員構成や子どもの人数、クラス編成など実習園の概要は実習に当たっての基本的事項であるので、間違えないよう正確に記入するようとくに気をつけたいものである。オリエンテーション時にいただいた園案内（パンフレット）や資料、自分のメモをもとにしっかりと見直すくらいの気持ちが必要である。

（2）子どもの人数、クラス編成はわかりやすく表にする

　子どもの人数やクラス編成は別々に記入するのではなく、日誌例（p.66～69）のように合わせて表にすると一目で見てわかりやすくよい。実習日誌はそのような形式になっていることが多いが、たとえフリースペースになっていても自分で表をつくって記入すると大変見やすくなる。この日誌はクラスごとに男女別の子どもの人数を記入する形式になっているが、クラスごとに担任保育者の人数やできれば氏名も記入するとさらによいだろう。

　また、クラス名を記入しておくことは大切だが、クラス名を記入しただけではそのクラスが何歳児の子どもの集団であるのかわからない。園内ではクラス名のみで通用しても、実習日誌は記録として残すものであるので、実習を終えて何年後に見てもわかるよう、この日誌のようにクラス名とともに何歳児クラスであるかも記入しておくようにしたい。

（3）園の沿革、保育方針はその内容を理解して書く

　実習園がどのような考えのもとにつくられ現在に至っているのか、何を重視してどのような保育を行っているのか、といった園の沿革や保育方針を理解していなければ実習を円滑に行えないだけでなく、実習園の保育を乱してしまうことにもなりかねない。実習生としてどのように実習園の保育や子どもに関わったらよいかを考えるうえで、園の沿革、保育方針をよく理解しておかなくてはならない。

　そのためにはいただいた園案内や資料にある文章を単に書き写すだけでなく、そ

の内容をよく理解しながら、オリエンテーション時にしていただいた話の内容も合わせて文章にするよう努めよう。

2．実習園の環境を把握する

（1）園舎、園庭の配置図をていねいに描く

　自分が担当するクラスの保育室はどこにあるのか、子どものトイレはどこにあるのか、実習初日から戸惑うことのないよう事前に園内の配置を把握しておくことが必要である。誰が見てもわかるようにここでは図を活用して、フリーハンドではなく定規を使い、ていねいに園舎、園庭の配置図を描くようにする。

（2）設備や道具、用具を配置図に書き込む

　園舎、園庭の配置図が描けたら、それぞれの場所にはどのような設備が整えられ、どのような遊具・用具が、どのように用意されているかをその配置図のなかに書き込んでいく。この日誌のように絵や文字を使ってわかりやすく書く工夫をするとよい。オリエンテーション時にすべて把握して書くことはできないかもしれないが、実習の初期の段階で園環境を観察するよう努め、どこに何がどのようにあるかを書き込んでいくようにする。

（3）子どもの環境への関わりについて気づいたことを書く

　子どもはさまざまな環境に自ら関わって遊ぶなかで育っていく。園内にどのような環境がつくりだされているかということを学んだら、実習を進めていくなかでそれらの環境に子どもがどう関わっているかよく観察してみよう。そして子どもの育ちにとってそれらの環境がどのような意味をもっているかを考えてみるとさらに学びが深まるだろう。園内の一つ一つの環境がもつ意味を子どもの環境への関わりの様子から考察し、気づいたことを書き込んでいくとよりよい日誌になる。

3．実習中の諸注意事項を確認する

（1）出勤時刻、服装、持ち物を確認する

　何時に出勤すればよいのか、どのような服装で実習に参加すればよいのか、必要な持ち物は何か、といったことは実習を行ううえで最低限知っていなければ困るこ

とである。当たり前のことではあるが、重要な事柄であるので忘れずいつでも確認することができるようにしっかり書きとめておく。

（2）実習の心構えをもつ

実習は学校での学習とは異なり、友達同士では通用していた常識も保育現場では通用しないことがある。実習生といえども保育現場では保育や子どもに影響を及ぼす大切な人的環境となるので、それなりの心構えが必要になる。オリエンテーション時に受けた諸注意を実習日誌に整理して書くことで、普段の生活態度や行動を振り返る機会となり実習の心構えをもつことができる。

（3）実習日誌の書き方、提出の仕方を確認する

実習日誌は本書のなかでも述べられているように、実習の学びを確かなものとするために大切なものである。実習園によりその書き方や提出の仕方が異なるので、確認して忘れないように書きとめておき、実習日誌をしっかり提出できるようにしよう。

4．保育や子どもの様子を理解する

（1）保育の一日の流れを知る

子どもが幼稚園でどのような一日を過ごしているのか、また保育者が一日の保育をどのように進めているのか、ということは実習での基本的な学習事項の一つである。実習が始まって子どもと園生活を共にするなかで、子どもの活動や保育者の援助を一日の流れのなかで観察し詳細に学んでいくことが必要である。加えて、実習初日から実習生が保育の流れを乱すことのないように事前にある程度知っておくことが必要である。基本的な一日の流れをわかりやすく明瞭に書いておこう。この日誌例のように、文章ではなく時間と生活の内容を流れに沿って簡単に書くとよい。

（2）その時期の具体的な子どもの生活や遊びの様子を知る

子どもがどのような園生活を送り、どのような遊びを楽しんでいるのか、子どもたちを保育するうえで留意していることは何か、といったことを事前に知っておくことも大切である。もしこのことについて園から説明がなかったとしても、自分から質問して実習日誌にまとめておきたいことである。なぜなら、保育や子どもの様子を少しでも知っていれば、その保育や子どもに合った関わりを心がけることがで

きるし、責任実習に備えてあらかじめ計画を考えることができ、より意欲的に実習にのぞむことができるのである。この日誌のように、うかがった話の要点をまとめておくようにしたい。

5．行事予定表、実習日程表をつくる

（1）実習園の行事予定を把握する

　幼稚園では年間を通してさまざまな行事が計画されている。実習期間中にそれらの行事に参加できる機会に恵まれることもある。実習期間中にどのような行事が予定されているのか、この日誌のように表にして記入しておくとよい。また、行事だけでなく日々の保育の予定もわかる範囲で表に記入しておこう。いつ、どのような行事や活動が計画されているかを把握できるよう表をつくり、その日の実習における学びの要点をつかめるようにする。

（2）実習日程を確認し、自分の実習計画を立てる

　実習期間中、1つのクラスだけでなくいくつかのクラスで実習をさせていただくことも多い。いつ、どのクラスで実習を行うのか、表に記入しておこう。また、実習は見学・観察実習から始まり、参加実習、責任（部分・全日）実習へと段階を経て進められていく。見学・観察実習を中心に行うのはいつごろまでなのか、参加実習はいつから始めたらよいのか、部分実習や全日（一日）実習はいつ実施するのか、といったことについても合わせて記入し、実習日程表をつくっておく。そのことにより、実習での学びをどのように進めていけばよいのか、自分の実習計画を立てることができる。

6．オリエンテーションの感想を書く

　最後に、説明されたことだけを記入するのでなく、オリエンテーションを受けてどのような感想をもったか、これから始まる実習を目前にどのような思いや課題をもって実習にのぞみたいと考えているかといったことも実習日誌に書いて整理しておくとよいだろう（オリエンテーション時の日誌 p. 69 および p. 77 参照）。

【 幼稚園のオリエンテーション時の日誌例 】

実習園の概要

実 習 園 名	T　幼稚園
所　在　地	〒000-0000　東京都T市S町0-0-00
	tel　0000-00-0000
園 長 名	○○　○○　先生
主 任 名	○○　○○　先生
教　　諭	（　16　名　）
その他	バス運転手　（　3　名　） 事務職員　　（　2　名　） サッカー講師（　1　名　） 音楽講師　　（　1　名　）

子どもの人数・クラス編成

学　年	年長　5歳児				年中　4歳児				年少　3歳児			
クラス名	ぞう	くま	きりん	ぱんだ	さくら	もも	すみれ	ゆり	ひよこ	うさぎ	りす	こあら
男　子	14名	15	15	15	17	17	16	16	14	14	14	15
女　子	13名	13	12	13	12	12	13	13	16	15	16	15
計	27名	28	27	28	29	29	29	29	30	29	30	30
担任教諭	1	1	1	1	1	1	1	1	2	2	2	2

沿　　革

　　　　昭和39年11月に東京都公認として発足。T市S町の絶好の場所にて地元の方々の強い要望により、創設者　○○　○○　が献身的に幼児教育発展のために創設した。

保 育 方 針

・健康で安全な楽しい生活を過ごす。
・自由な遊びのなかに責任をもつようにし、子どもなりに自立心を育てる。
・社会交遊性を伸ばし、豊かな情操を養う。
・自分の気持ちを言葉で表現し、伝え合う喜びを育てる。
・豊かな文化、表現への芽生えを伸ばす。
　具体的には、身体や心を動かして自由にのびのびと遊ぶことと、集団でさまざまな活動を経験することを大切にしているとお話していただいた。

幼稚園実習のオリエンテーション時の日誌

園 の 環 境

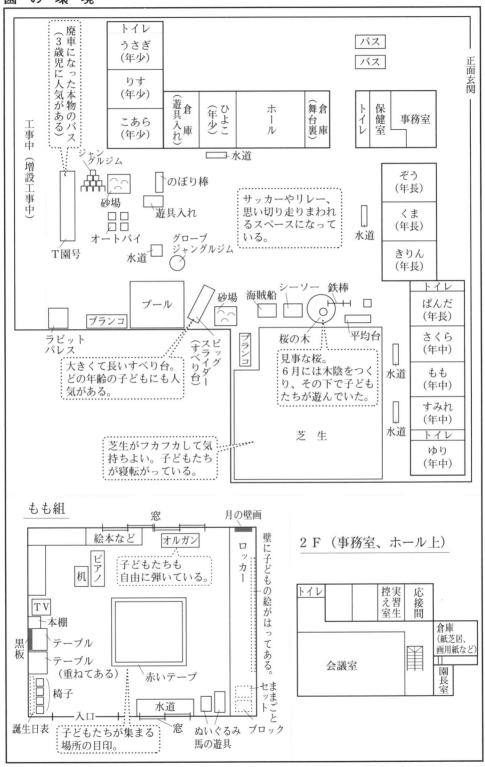

※日誌中の太字や太罫は、この日誌の形式として印刷・印字されている部分を表す。そのほかの部分が実習生により書き込まれた内容である。

オリエンテーション指導要領等

1．日　時	5月 30日（金） 16：00 ～ 17：00
2．参加者氏名	大山絵里
	小池あずさ

3．内　容

〈実習中の注意〉

○持ち物

　　上履き、印鑑、メモ帳、筆記用具、エプロン、実習日誌、弁当、タオル
- お弁当は手づくり
- 実習中は上履き・外履きを担当部屋の下駄箱に置いてよい。

○服装
- 服装の指定はとくになし。動きやすい服装。エプロンは着用してもしなくてもよい。
- 名札をつけること。名札の種類については、とくに指定なし（バッジ可）。

○実習日誌
- 実習日誌は、その日の出来事や気づいたことをまとめ、次の日の朝に提出。
- 日誌が足りなくなったら、コピーをつけたすこと。
- 園児名はイニシャル表記をする。
- 紙芝居、手遊びなど行う機会があったら、行ったこと、感想等をかならず実習日誌に書くこと。

○勤務時刻　8：00～17：00
- 8時までに着替えをすませ、部屋に行くこと。着替えは2階で行うこと。

○気をつけること
- 保護者に何か聞かれたら、自分が実習生であり、勉強のために来ていることを伝え、職員にたずねるようお願いする。
- わからないことがあったら、勝手に判断するのではなく、職員に聞くこと。
- 言葉づかいに気をつける。
- 子ども、保護者、職員、誰にでも挨拶をしっかりする。

〈保育や子どもの様子〉

○一日の保育の流れ

9：00 登園→自由な遊び→10：00 朝の会（出席）→10：20 一斉活動、自由な遊び→

11：45 片づけ→12：00 昼食→自由な遊び→13：30 片づけ→帰りの会→14：00 降園

○子どもの様子

- 4月には不安そうだった子どもたちもすっかり園生活に慣れ、安定してきた。
- 新しいクラスの友達もでき、仲よく遊ぶ姿が見られる。
- 最近は暑い日が多いので、園庭で泥遊びがよく見られる。
- サッカークラブがあり、外遊びを好む活発な子どもが多い。

〈感想〉

　明るい園舎、芝生のある広い園庭で気分が明るくなった。子どもたちもこのような環境で楽しい園生活を送っているのだと思うと今から実習が楽しみである。先生方も明るく、やさしく私たちを迎えてくださり、緊張もほぐれてお話をうかがうことができた。配属クラスも決めていただき、部分・全日実習の日程もわかったので、しっかり準備して実習にのぞもうと思う。

保育予定表

	行事予定	実習生活動予定・内容	
6月 9日（月）	消防署見学	ぞう組（年長）	観察実習
6月10日（火）	小運動会	↓	
6月11日（水）	サッカークラブ	うさぎ組（年少）	
6月12日（木）	造形活動（保護者の絵を描く）	↓	
6月13日（金）		もも組（年中）	
6月15日（日）	日曜参観日		参加実習
6月17日（火）	プール		
6月18日（水）	サッカークラブ		
6月19日（木）	リズム活動		↓
6月20日（金）			部分実習（帰りの会）
6月23日（月）			部分実習（朝の会）
6月24日（火）	プール		部分実習（お弁当）
6月25日（水）	お誕生会、サッカークラブ		半日実習
6月26日（木）			部分実習（帰りの会）
6月27日（金）			全日実習
月　　日（　）		※指導案は実施3日前までに	
月　　日（　）		かならず提出する。	

保育所実習の オリエンテーション時の日誌

　この節で解説する項目は、幼稚園実習のオリエンテーション時の日誌で解説されている項目と重なっているが、保育所実習には幼稚園実習とは異なる特徴的な内容がある。オリエンテーション時には、その特徴をしっかり把握し記録しておく必要があるので、以下にその要点を解説する。

1．実習園の概要を記入する

（1）概要を正確に記入する

　幼稚園の場合と同様に、保育所の名称や所在地、職員構成や子どもの人数、クラス編成、保育時間など実習園の概要は実習に当たっての基本的事項なので、間違えないよう正確に記入することが大切である。オリエンテーション時にいただいた園案内や資料や、自分のメモをもとにしっかりと見直し、実習に参加するよう努めたい。

（2）保育所の沿革、保育目標、園目標は、その内容を理解して記入する

　保育の仕事は、子どもがこの世に生を受け、人間として生きていくために関わる重要な仕事である。実習園がいつごろ、どのような考えのもとにつくられ現在に至っているのか、その沿革、何を重視して保育を行っているのか、さらに地域の特性をどのように取り入れているのか、といった保育目標や園目標を記入する。
　実習生として実習園の保育や子どもへの関わり方、ふさわしいあり方を考えるに当たって、保育所の沿革や保育方針をよく理解しておくことは必須である。それらをきちんと理解していないと、実習を円滑に行えないばかりか、子ども一人一人の育ちをおびやかしたり、実習園の保育に迷惑をかけてしまうことにもなりかねない。とくに生後57日目から保育する産休明け保育を実施している保育所の場合、保育者の一瞬の気のゆるみが乳児の命に関わる問題に直結するので、とくに気をつけたい。
　そのためには、園案内や資料にある文章を単に書き写すだけでなく、その内容を理解しながら、またオリエンテーション時にうかがった園長先生ほか、実習担当者や職員の話の内容も合わせて文章にするようにしたい。

（3）子どもの人数、クラス編成、クラスカラーなどをわかりやすく記入する

　子どもの人数やクラス編成については、何歳児が何名で、職員が何名と記入する。障害をもつ子どもがいる場合はその旨を記入する。

　保育所では、〈例1〉のように各クラス別に色分けされたクラスカラーが決まっていることが多い。子どもたちが園庭で遊んでいるときに、クラスカラーの帽子をかぶっているので、どの子どもが何歳児クラスかが一目でわかる。また、実習生は後片づけを依頼されることが多いが、備品にも張ってあることが多いため、それを頼りに片づけるとよい。

〈例1〉クラス名とクラスカラー

年齢	クラス名	クラスカラー
乳児（0歳児）	ひよこ	ピンク
1歳児	うさぎ	オレンジ
2歳児	りす	えんじ
3歳児	あひる	きいろ
4歳児	きりん	きみどり
5歳児	ぞう	みずいろ

※クラスカラーと帽子の色は同一である。

2．実習園の環境を把握する

（1）実習園付近の略図を描く

　最寄りの駅から実習園までの道のりを地図にして描いておく。保育所では近隣へ散歩に出かけることも多いので、周辺の地理にも詳しくなっておきたい。インターネット検索したものをプリントアウトし貼りつけることもよい案といえる。

（2）実習園の略図を描く

　園舎と園庭の方向と位置関係、自分が担当するクラスの保育室はどこにあるのか、子どものトイレや沐浴室・シャワー室・調乳室・調理室等はどこにあるのか等を把握しておきたい。実習園の配置図や見取図を活用して、ていねいに園舎、園庭の略図を描く。描くことで、おおよその園の配置は覚えることができる。

（3）設備や遊具、用具を保育室の略図に書き込む

　園舎、園庭の配置図が描けたら、それぞれの場所にはどのような設備が整えられ、どのような遊具や用具が用意されているかを、その配置図のなかに書いていく。〈例2〉のように、絵や文字を使ってわかりやすく書く工夫をしたい。

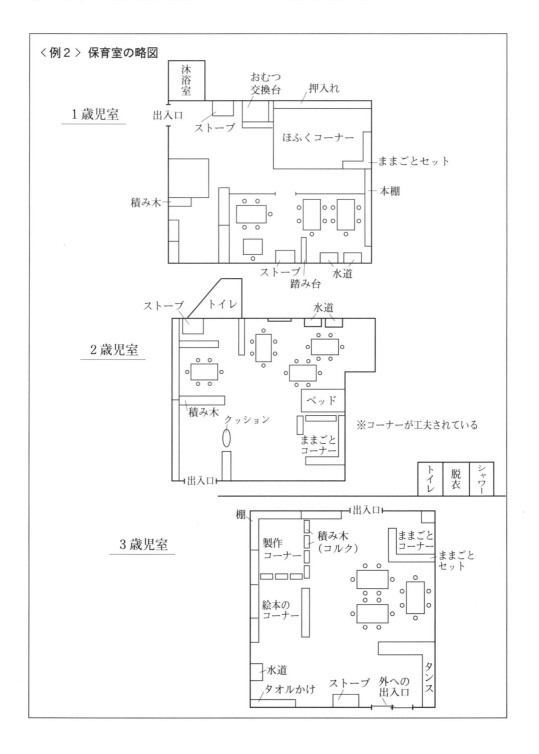

オリエンテーション時にすべてを把握して書くことはできないかもしれないが、実習の初期の段階で園の環境を観察するように努め、どこに何がどのように置かれているのかを書き込んでいくようにする。一つ一つが機能的に配置されていることや手づくり玩具やコーナーの多さに気づくことができる。

たとえば写真は、エントランス付近の掲示板と絵本のコーナーを撮ったものであるが、そのうえに飼育物のケースが置かれている。このように写真に納めておく、あるいはメモしておくこともよいであろう。そして、子どもの育ちにとってそれらの環境がどのような意味をもつかを考えてみると、さらに
学びが深まり、実習が楽しくなることにつながる。園内の一つ一つの環境がもつ意味を子どもの環境への関わりの様子から考察し、気づいたことを書き込んでいくとよりよい日誌になる。

保育所は毎回同じ手順を踏み、沐浴やシャワーの準備・食事の配膳や後片づけなどの作業が多く、実習生の出番が多くなる場面かと思われる。「実習生がいるおかげで助かったわよ」そのような会話が聞かれるように、積極的に関わっていく姿勢が大切である。機転をきかせ、依頼されたことを的確に処理していくためには、どこに何がどのように置かれているのかをメモしておくとよい。とくに、トイレや沐浴室・シャワー室・調乳室のオシボリや台布巾、雑巾、バケツ、タオル、紙等の保管場所を把握しておくと実習に大変役立つ。

また、子育て支援・ふれあい保育・緊急一時保育なども行われている。これらについても書きとめておくとよい。

3．実習中の諸注意事項を確認する

（1）出勤時刻、服装、持ち物を確認する

出勤時刻、服装、持ち物等については、忘れずにいつでも確認することができるように次ページの〈例3〉のように、しっかり書きとめておく必要がある。保育所実習は、時間も長く、乳児、1・2歳児も在籍するため、身だしなみの清潔さも問われ、持参品も多い。たとえば、手ふきタオル・エプロン各2枚や三角巾、授乳介助のた

> ⟨例3⟩ 実習中の諸注意事項のメモ
>
> 【勤務】早番7：30～16：15／遅番10：00～18：45
> 【実習の心構えと注意】
> ・8：25には出勤し、8：30からの打ち合わせに参加。（幼児担当は3歳児室、乳児担当は2歳児室で）
> ・挨拶ははっきりとする。
> ・できるだけ子どもや職員と関わり、メモは空いた時間を利用する。
> ・気づいたことがあったら自分から聞いたり、行動したりしていく。
> ・子どもの名前などわからないときは保育者に聞く。
> ・具合が悪いときは、8：30までにかならず連絡する。
> ・体調をくずさないように自分で気をつける。
> ・お弁当を持参してくる。
> ・動きやすい服装で参加すること。
> ・時計をつけないこと。
> ・ピアス、指輪をつけないこと。
> ・マニキュアやネイルをしないこと。
> ・風邪、下痢等、体調の悪いときはとくに3歳未満児クラスに入れないため、十分に体調を整える。
> ・エプロン、手ふきタオル（各2枚）、三角巾は清潔なもの（授乳や食事介助用は遊んでいるときと別のものを用意する）を使用する。
> ・細菌検査は事前にかならず受けておくこと。
> ・爪は切っておくこと。

めの着替えも必要である。また、3歳未満児クラスは衛生面を考慮して上靴は使用しない。幼児クラスとは異なる点のため、忘れずに記入しておく。さらに乳児・1歳児クラスはとくに清潔面の配慮から長髪を結ぶことは当然のこと、出入りの際の消毒や、安全面からピンで留める名札を胸にはつけない（たとえばエプロンに布でぬいつけて、名前を書く）、腕時計は着用しないことなども留意しておく必要がある（幼稚園でも同様の場合がある）。

（2）実習の心構えをもつ

　実習生は保育の現場では職員と同様に、保育や子どもに影響を与える大切な人的環境となる。そのため、しっかりとした心構えが必要になる。オリエンテーション時に受けた諸注意を実習日誌に整理して書くことで、普段の生活態度や行動を振り返る機会となり、実習にのぞむ際の心構えをもつことができる。当たり前のことばかりかもしれないが、一つ一つ書きとめ、自覚したい。とくに腸内細菌検査やO-157

検査を事前にしておくことは必須である。また保育所では、腕時計・ピアス・指輪・ネックレス・マニキュア・ネイルは禁止の場合が多く、衛生面での注意事項が大変多いことを覚えておき〈例3〉のように、しっかり記入する。

（3）実習日誌の書き方、提出の仕方、受け取り方法を確認する

　PART 1でも述べられているように、幼稚園同様、実習日誌の提出の仕方、受け取り方法はオリエンテーション時にきちんと確認し、日誌にも書きとめておく必要がある。保育所はとくに複数担任であるため、日誌をどの保育者に渡し見ていただくのか等も確認しておきたい。これらのことは、実習園によって異なるので、いざ提出というときに慌てないようにしたいものである。このように保育所の場合、多くの先生に記入していただくため、実習終了後、実習日誌を園に受け取りに行く日時もかならず確認するようにしたほうがよい。

4．保育や子どもの様子を理解する

（1）保育の一日の流れを知る

　保育所は家庭との連携をもった一日24時間単位の保育が繰り広げられている。そのことを念頭におき、子どもが保育所でどのような一日を過ごしているのか、また保育者が一日の保育をどのように進めているのか、それらを学んでいくことは大切なことである。

　保育所入所児童は月齢・年齢による個人の差異が大きいため、各月齢・年齢ごとに、基本的な一日の流れをわかりやすく明瞭に書いておこう。文章でなく時間と生活の内容を流れに沿って次ページの〈例4〉のように、デイリープログラムとして簡単に書くとよい。乳児はその月齢によってデイリープログラムが異なるので、それぞれ書いておく必要がある。

（2）その時期の具体的な子どもの生活や遊びの様子を知る

　何か月、あるいは何歳の子どもがどのような園生活を送り、どのような遊びを楽しみ、何を学んでいるのか、子どもたちを保育するうえで留意していることは何か、といったことを事前に知っておくことは大切である。これらは実習日誌に具体的に自分からまとめておくとよい。保育や子どもの様子を少しでも知っていれば、その保育や子どもに合った関わりを心がけることができるからである。責任実習に備えてあらかじめ計画を考えることができ、より意欲的に実習にのぞむことができる。

〈例4〉デイリープログラム

☆ 乳児クラス

・生活リズムは目安。睡眠、食事は個々のリズムに合わせる。
・おむつ交換、着替え、沐浴は個別に対応する。
・赤ちゃんは個人差が大きいので、一人一人の生活のリズムに合わせて心地よく過ごせるような保育を心がけている。
・毎週、園医による健康診断、身体測定を行っている。
・離乳食の展示があり、週に一度、栄養士による食事指導を行っている。

1〜3か月	4〜5か月	時間	6〜7か月	8か月	9か月	10〜12か月
朝保育、健康観察、検温		7:30	朝保育、健康観察、検温		朝保育、健康観察、検温	
順次登園、健康観察、検温		8:30	順次登園、健康観察、検温		順次登園、健康観察、検温	
ミルク		9:00	遊び		遊び	
	ミルク	10:00	ミルク	ミルク、果物	おやつ	
日光浴、外気浴、水分補給			日光浴、外気浴、水分補給		日光浴、外気浴、水分補給	
午睡		11:00		遊び	遊び	
		11:30	午睡		離乳食	昼食
ミルク	午睡	12:00		午睡		
午睡		13:00			午睡	
検温	検温、ミルク	14:00	検温、離乳食、ミルク			
午睡						
ミルク	午睡	15:00	午睡	遊び	おやつ	
午睡			遊び			
	順次降園	16:00	順次降園		遊び	
					順次降園	
夕保育	夕保育	17:00	夕保育		夕保育	
ミルク	ミルク					
		18:30				

5. 行事予定表、実習日程表をつくる

(1) 実習園の行事予定を把握する

　保育所では年間を通して、さまざまな行事が計画されている。実習期間中にそれらの行事に参加できることもある。実習期間中にどのような行事が予定されているのか、記録しておくとよい。また、行事だけでなく日々の保育の予定もわかる範囲で記入しておこう。いつどのような行事や活動が計画されているかを把握できるよう表をつくり、その日の実習における学びの要点をつかめるようにする。

(2) 実習日程を確認し、自分の実習計画を立てる

　実習期間中、一つのクラスだけでなく、いくつかのクラスで実習をさせていただ

くことも多い。いつどのクラスで実習を行うのか、スケジュール表に記入しておこう。また、実習は見学・観察実習から始まり、参加実習・責任実習へと段階を経て進められていく。見学・観察実習を中心に行うのはいつごろまでなのか、参加実習はいつから始めたらよいのか、部分実習や全日（一日）実習はいつ実施するのか、といったことについても合わせて記入し、実習日程表をつくっておく。そのことにより、実習での学びをどのようにすすめていけばよいのか、自分の実習計画を立てることができる。

6．オリエンテーション後の抱負と課題を書く

　最後に、説明されたことだけを実習日誌に記入するのではなく、オリエンテーションを受けてどのような感想をもったか、これから始まる実習を目前にどのような抱負や課題をもって実習にのぞみたいと考えるかといったことも、以下の〈例5〉、〈例6〉のように実習日誌に書いて整理しておきたい。

〈例5〉抱負―実習にのぞむ心構え

○保育所での実習は今回が初めてのことなので、不安もありますが、幼稚園での実習から得たこと、反省すべきことをふまえて、保育者の行動の意味まで推測して、くわしく見ることができるようにしていきたいと思います。また、保育所でしか学べないこと、たとえば乳児の生活と発達についてやそれに関わる保育士の役割、他の職種の人たちとの協力の様子などもしっかりと見ていきたいと思います。

○子どもとの関わりも大切ですが、実習中にお世話になる保育士の方々や子どもたちの親、同じ実習生との関わりも大切にしたいと思うので、正しい言葉づかいでていねいに話せるように日ごろから気をつけています。うまく自分の考えを伝えられるかという不安もありますが、適切なアドバイスや指導を得られるように、常識をもって行動し、よい人間関係を築けるように心がけていこうと考えています。

○ピアノや手遊び、歌など、年齢に合ったものを知りたいと思っています。こういった知識をどんどん吸収して自分のものにしていければと思います。そのなかで自分ができること、またできないことを知り、できないことはどのようにしたらできるようになるのかなど考えていきたいと思います。これからの実習のなかで、少しずつ自分の自信となるものを見つけていきたいと思います。

> ⟨例6⟩ 課題―自分で学びたいこと
>
> - 乳児や子どもとの接し方や関わり方について
> - 乳児や子どもの気持ちを理解するにはどうしたらよいのか
> - 乳児や子どもの興味や関心を引くにはどうしたらよいのか
> - 月齢ごとの子どもの発達について
> - 年齢に合った対応の仕方について
> - 年齢に合った遊びや歌を知る
> - 乳児や子どもの問題行動とその対応について
> - 集団を相手にするときの態度について
> - 保育者の言葉かけについて
> - 平等に接するには、どうしたらよいのか(気をつけること)
> - 複数で子どもに接するときの保育者のチームワークについて
> - 保育室や園庭などの工夫について
> - 保育者の教材などの準備について
> - 幼稚園や認定こども園との違い、援助の進め方について
> - 地域との関わりで工夫していることについて
> - 子どもの健康、安全を守るために気をつけていること
> - 失敗したときのカバーの仕方について
>
> 　実習を通して、保育所でしか見られない乳児の月齢ごとの発達や生活、保育者の行動やその意味を考えたい。また、さまざまな専門性を備えた職員の構成と協力の様子を見たり、複数で子どもに関わるときのチームワークを知りたい。
> 　子どもの親との関わりから「朝夕保育の様子」、地域子育て支援(ふれあい保育)の活動はどのようなことを行っているのか、工夫していることは何かを見ていきたい。

　前ページの⟨例5⟩は、抱負として、実習にのぞむに当たっての自分の心構えを書いている例である。また、⟨例6⟩は、課題として、実習のなかで自分が学びたいことを具体的に書いている。保育はデザインしていくことが必要だといわれている。自分で思い、描き、実行して振り返る。実習が終了してから、この⟨例5⟩や⟨例6⟩を読み返して、振り返ってみることをすすめたい。この自分への振り返りが明日のよりよい保育をデザインしていくことにつながるのではないだろうか。

2章

見学・観察実習時の日誌

　観察実習における実習日誌は、簡単に言えば観察した事柄を書けばよいということになる。しかし、保育を観察するということ、それを書くということは、そんなに容易なことではない。園内のあちらこちらでさまざまな遊びを繰り広げる子どもたち、ときにはクラスでまとまった活動をすることもある。それをさまざまな方法で援助する保育者がいる。さらに、昼食やおやつ、午睡、排泄（はいせつ）というように、保育はまさに子どもと保育者の雑多な生活であり、それを観察し記録するというのはなかなか難しいものである。けれどもその雑多な生活のなかにこそ子どもにとっての、保育にとっての大切な意味があることを見逃してはならない。

　その意味を見逃さないためにも、しっかり観察し、観察したことを実習日誌に書くことが大切である。この章では、どのようなことをどのように観察すればよいのかということにもふれながら、観察実習時の日誌の具体的な書き方や書くときの留意点について、実際の日誌を見ながら解説していく。

幼稚園実習の 見学・観察実習時の日誌

1．見学・観察実習時の日誌例1

　この実習生の日誌（p.82〜83、「幼稚園の見学・観察実習時の日誌例1」）は、よく見られる観察実習時の日誌である。しかし、いくつかの点において修正が必要な日誌でもある。どのような点をどのように修正すればよいのだろうか。この日誌をもとに、観察実習時の日誌の書き方について解説していく。

（1）何を観察したいのかを明確にする

　この実習生の日誌を見ると、実習のねらいが毎日しっかり記述されていて、この点は評価できる。ただ、その内容についてはどうだろうか。観察実習における実習のねらいは、次の2つの点に注意して書く必要がある。

① 観察実習に適したねらいを設定する

　観察実習は、子どもや保育者の様子を観察することが目的の実習であり、実習のねらいは何かを観察することになるはずである。しかし、観察実習時の日誌のなかには、意欲的に実習にのぞもうとするあまりに、たとえば「子どもたちと積極的に関わる。」など保育に参加することに主眼のおかれた実習のねらいを設定しているものをよく見受ける。これは観察実習に適したねらいとはいえないだろう。実際、観察実習と参加実習が同時に進められていくことも多いが、実習の初期の段階では観察に重点が置かれるべきである。観察実習である以上、観察実習に適したねらいを設定する必要があるだろう。観察実習の際の主な観察の観点についてはPART 1の41〜42ページで例を出して解説しているので、そちらを参考に考えてほしいが、この実習生の日誌は、「年長児の様子を観察する。」とあるから、一応、観察実習に適したねらいが設定されているといえよう。

② 具体的なねらいを明確に書く

　ただ、「年長児の様子を観察する。」という記述では、具体的に何を観察したいのかがよくわからない。子どもの様子といっても、生活の様子、遊びの様子、集団活動の様子、発達の様子など観察すべきことはたくさんある。しかし、これらすべてを指しているとすると、観察の視点があまりにも幅広く、観察が散漫になってしま

うおそれがある。実際、この実習生の日誌を読んでみると、子どもの様子は幅広く見ているようだが、どのようなことがあったのか具体的な出来事がよくわからない内容の薄い記述になってしまっている。

　そこで、この日、何を中心に観察したのか実習生にたずねてみると、「年長児は年少、年中児と比べてどのようなことができるのか知りたかった」と答えた。また一日の保育のなかで製作活動に注目していたという。だとすれば、「園生活の様子から年長児の発達の特徴を学ぶ。」「製作活動時の子どもの様子や援助の仕方について観察する。」というように具体的に記述したほうが、この日の実習のねらいが明確になるだろう。具体的にどのような子どもの姿を見たらよいのか、もう一歩踏み込んで考えてみることで観察すべきことがはっきりして観察もしやすくなるのである。実習のねらいは、何を観察したいのかを明確にして記述しておくことがとても大切である。

（2）何があったのか、一日の保育がよくわかるように

① 時系列に沿ってそれぞれの動きを簡潔、明瞭に書く

　実習日誌には毎日の実習の記録として、その日何があったのか、一日の保育について観察した事実を記録しておくことが最低限必要なことである。さまざまな書き方があると思うが、この日誌のように時系列に沿って、環境構成、子どもの活動、保育者の援助・留意点、実習生の動き・気づきを記入していくと書きやすく、見やすくてよい。けれども、この実習生の日誌は何があったのかよくわからない箇所があり、十分とはいえない。初期の段階の観察実習では、一日の保育の流れを知ることも大切な学びのポイントであるので、一日の保育をしっかりと観察し、観察した事実を簡潔に正確に記録しておきたいものである。

ある園長先生の話「こんな実習生に来てほしい」

　毎年、いろいろな実習生の方と出会い、指導しておりますが、やはり一生懸命学ぼうという「意欲」のある実習生は受け入れる側としても、とてもやりがいを感じますね。目的をもち、「学ぼう」という姿勢の実習生からは、自然とその「意欲」が伝わってきます。また、そういう実習生と一緒に保育をすることは、われわれにとっても初心を思い出させてくれ、とてもよい刺激にもなります。そういう実習生はどんどん質問もしてきてくれますから、こちらも考えさせられますし、指導にも熱が入ります。当然、実習生自身の学びも多くなることでしょう。実習生ではありますが、日常の保育に一緒に参加してもらう「保育者」でもあります。「意欲」のある実習生と一緒に保育を高められたらと思っております。

（東京都／私立／T幼稚園園長）

【幼稚園の見学・観察実習時の日誌例 1】

(日誌例1の文字づかい等は、誤字・脱字なども原文のまま表記してある。以下同様)

5月11日（金） 天候　晴れ	5歳児 たんぽぽ 組	男児 14名 女児 13名 欠席 1名	備考

今日の実習のねらい

　　年長児の様子を観察する。

時間	環境構成	子どもの活動	保育者の援助・留意点	実習生の動き・気づき
8:30	ピアノ／絵本コーナー／ままごとコーナー／棚／ロッカー／ブロックテーブル／棚／シール／棚／入口／入口	・登園 ・保育室へ行き連絡ノートにシールを貼り、ロッカーにカバンと帽子をしまう。	・門で向え、あいさつをする。 ・子どもと接触する。	・門で向え、あいさつをする。 ・子どもと接する。
10:30		・自由に遊ぶ。 ・徐々に保育室へ戻ってきて椅子に座る。 ・部屋に戻るのに遅れたことで泣いてしまう男児。 ・「チューリップ」をうたう。 ・あいさつをする。	・ピアノを弾く（きちんと座っているか見る）。 ・「泣かなくていいのよ。ちゃんと間に合ったでしょ。遅れたときは"遅れてしまいました"って言えばいいのよ」と声をかけていた。 ・ピアノでチューリップを弾く（きちんと座っていない子に座るよう声をかける）。 ・「朝のごあいさつをしましょう」と呼びかけ、あいさつをする。	・まだ部屋に戻っていない子を探し、部屋へ戻るよう声をかける。 ・あいさつをする。
10:45	製作の材料・用具 ・忍者の描いてある紙 　（手・足・体） ・ハサミ ・クレヨンのふた ・のり	・道具箱からハサミとクレヨンのふたを出し、席につく。 ・保育者の説明どおり、忍者の手・足・体をハサミで切り取る。 ・忍者の手・足をのりで貼る。 ・できあがったものを保育者に渡す。 ・終わった子から自由に遊ぶ。	〈お当番表の製作〉 ・忍者をエンピツの線どおりに切るように話す。 ・「足と手は迷子にならないように自分の箱に入れておいてください」と言う。 ・切り取った紙のゴミはゴミ箱に捨てるように言う。 ・できあがったものを見せながら、忍者の体に手と足をのりで貼る説明をする。	・わからない子、できない子を援助する。

時間	環境構成	子どもの活動	保育者の援助・留意点	実習生の動き・気づき
11:45		・おべんとうの準備をする。お当番はテーブルをふく。	・お当番にテーブルをふかせる。 ・ピアノを弾く。	・お当番と一緒にテーブルをふく。
12:00		・昼食(おべんとう) ・「おべんとう」の歌をうたう。 ・「いただきます」とあいさつする。 ・おべんとうを食べる。	・「いただきますのごあいさつをしましょう」と呼びかけ、あいさつをする。 ・子どもの様子を見ながら、おべんとうを食べる。 ・「ごちそうさまのごあいさつをしましょう」と呼びかけ、あいさつをする。	・子どもと一緒におべんとうを食べる。
12:30		・「ごちそうさま」とあいさつをする。 ・食べ終えていない子はそのまま続きを食べる。 ・食べ終えた子から自由に遊ぶ。 ・静かに聞く。	・食べ終えていない子どもを1か所に集めて、ほかのテーブル、椅子を片づける。 ・『3匹のやぎのがらがらどん』を読み聞かせる。	・テーブルを一緒に片づける。 ・子どもと園庭で遊ぶ。
13:30		・「さよならのうた」を踊りながらうたう。	・「さよならのうた」をピアノで弾く。	
14:00		・あいさつをし、降園。	・帰りのあいさつをし、門へ移動。	・あいさつをする。

〈観察したことから気づいたこと〉

・年長児は人から言われなくても自分のことは進んでしっかりできていて、生活面においては心配ない。返事の仕方や歌をうたう様子、本を読む姿勢は落ち着いていて静かであり、きちんとできる。また、保育者の話もしっかり理解して聞いていた。遊びのなかでもほかの子を思いやる気持ちや友達と一緒に遊ぶ楽しさがわかっていることを感じた。園庭では鉄棒やジャングルジム、サッカーをするのがおもで、園舎では本を読んだり、友達や保育者とじゃれ合ったり、レストランごっこ等をする子が多かった。また、善悪の判断ができる。次の遊びをするときはきちんと片づけられる。

・当番表の製作で子どもたちはハサミを器用に使い、線どおりに切ることができていた。ハサミを持ち歩くとき、きちんと刃を閉じて握るよう呼びかけていた。ハサミや配られた紙はクレヨンのふたに入れて机の上に置いていた。

〈指導者の助言〉

　初めてのクラスで少し緊張されていたようですね。年少・中と観察してきて年長児の姿に驚かれたのではないでしょうか。日誌には年長児の様子について気づいたことがたくさん挙げられていますね。保育のどのような場面を見てこれらのことに気づいたのでしょうか。具体的な場面を書くともっといろいろなことが見えてきます。

② さまざまな場面における環境構成を具体的に書く

　まず環境構成の記録であるが、図を活用してわかりやすく描かれている点はよい。しかし、登園時の保育室の環境と製作活動時の材料、用具が少しだけ書いてあるのみでこれでは不十分である。この日の保育日誌を担任保育者に見せていただきお話をうかがったところ、自由な遊び、クラスの集まり、製作活動、昼食などそれぞれの場面に応じて異なる環境を構成していた。この保育日誌と担任保育者の話をもとに環境構成の記録を書き直すと、実習日誌例１の修正例（p.90～91）のようにこれだけ書くべきことがあるのである。自由な遊びにおいては、どのような遊具、用具がどこに用意されているのかを書くことで、そこでどのような遊びが展開されていたのか、遊びと環境との関わりが見える記録となる。また、一斉活動やクラスの集まりにおいては、椅子の並べ方などどのような形態で子どもを集めているのかを書くことで、さまざまな活動における環境づくりの実際を学ぶことができるのである。

　さらに、あらかじめ用意された環境をただ見て書けばよいのではなく、保育のなかで構成し直されていく環境についてもよく観察して気づいたことは書き加えるようにしたい。この日の担任保育者の話では「Ｍ男がブロックで剣をつくったことにより、多くの男児がブロック遊びに参加し、ゴザをもう１枚敷いて広げたほどだった」と言う。この場面を観察できていれば、環境構成の欄には「人数が増え、場を広げるためにゴザをもう１枚敷く。」と書き加えることができる。こうした環境構成の細やかな変化もよく観察し記録しておくことが大切である。

③ 全体の子どもの活動を把握するように努め、記録のもれがないようにする

　次に子どもの活動であるが、どのような活動をしたのかよくわからない箇所がいくつかある。たとえば、午前午後ともに自由な遊び場面があるが、その記録はただ「自由に遊ぶ。」と書いてあるだけでどのような遊びをしたのかまったくわからない。また、自由な遊びの後にクラスでの集まりがあるが、その間に片づけをしたという記録がない。さらに、一日の保育のなかで排泄や手洗いなどの記録も見られない。おそらくそのような事実がなかったのではなく記録していないだけであろう。目立った活動だけでなく、登園から降園までの生活すべてが保育であり記録しておきたいことである。この日の保育日誌を手がかりに抜けているところを書き加えていくと、実習日誌例１の修正例のようになり一日の子どもの活動内容がよくわかる。

　何を観察したいか、その日の観察したい場面をじっくり詳しく観察することは大切である。しかし、その場面は保育全体の流れのなかのどのような場面であるのか、周囲の活動との関連はどうであるのかなど、保育全体の流れと全体の子どもの活動を把握することで、その場面をより深く理解できるのである。

④ 保育者の援助や行動の意味を読み取って書く

　保育者の援助・留意点の記録については、もう少し具体的に記録しておく必要があるだろう。たとえば、登園場面ではただ「門で向（正しくは迎）え、あいさつをする。」と記録されているが、そのときの保育者の様子を実習生にたずねてみると、「笑顔で元気な声で挨拶をしていた」という。さらに、保育者はなぜ笑顔で元気に挨拶しているのか、その意味を読み取ってみよう。それは、子どもが安心して楽しく明るい雰囲気のなかで登園できるようにするための保育者の配慮と考えることができる。つまりここには「笑顔で元気に挨拶をし、安心できるような楽しく明るい雰囲気のなかで子どもを迎える。」と書くことができるだろう。このように具体的な保育者の援助や行動から、その意味を読み取って書くことで学びが深まっていくのである。このほか、いくつかの箇所において、保育者の援助や行動の意味を読み取った記録に書き直したので、実習日誌例１の修正例を参考にしてほしい。

　また、この実習生の日誌は部分的に詳しく書いてある箇所もあるが、自由な遊び、昼食など記録が抜けている箇所が見られる点が残念である。これでは保育者が何をしたかという全体の流れが読み取れない。この日の保育日誌と担任保育者の話から記録しておくべきことを書き加えたので、実習日誌例１の修正例をよく見ていただきたい。

⑤ 何を観察するために実習生がどのように動き、何に気づいたのかを書く

　最後に実習生の動き・気づきの欄の記録であるが、これも記述が不十分であり、その内容も適切でない。たとえば、登園場面の「子どもと接する。」という記述はあまりにも不明瞭である。どのように接してそこで何を観察しようとしたのか、よくわからない。観察実習といっても多くの場合、子どもと関わりながら観察を行うことになる。しかし観察実習であるから、どのように子どもに関わったのかということよりも、保育の何を観察するためにどのように動いたのかということが記録の中心となるはずである。製作活動の場面では、「わからない子、できない子を援助する。」と記述しているが、たとえ子どもと関わりそれが援助であったとしても、その関わりや援助のなかで何を観察しようとしたのかということが記述されるべきであろう。

　実習生にこの日、何をどのように観察していたのか、朝から順に思い出してもらい聞いてみると、実習生なりに観察を意識しながら動いていたことがわかる。たとえば登園時は子どもたちがどのように登園してきて、朝の支度をすませ、遊び出すのかを一人一人挨拶をしながら見守っていたという。また、自由な遊びのときには、色水づくりに参加しながら園庭の遊びの様子に注目していたと話した。実習生の話

から実習生の動きを書き直してみると実習日誌例1の修正例のような日誌になり、このくらい書いてあると何を観察してその日実習を行ったのかがよくわかる。

（3）観察場面の状況が見えない

〈観察したことから気づいたこと〉の記述を見てみよう。この記述はあまりにも簡単であっさりとした印象を受ける。観察したことのすべてを何の意味もなく事細かに書くことがよいことではないが、このような記述ではどのような出来事があったのか、その観察場面の状況がまったくわからない。一日の保育については、すでに時系列に沿って観察したことの事実が簡単に記録されまとめられている。では、ここにはどのような事柄をどのように書いたらよいのだろうか。

① 書き残しておきたい出来事を選択する

限られた紙面のなかに観察したことのすべてを書くことはできない。まず、観察した多くの場面からその日に何を書いておくべきなのかしっかり吟味することがとても重要である。何の考えもなくただ思い出したことから書くと、何のために何を観察して何を学んだのか焦点のはっきりしない日誌になってしまう。ぜひとも書き残しておきたい出来事、具体的にはその日の実習のねらいにある観察したい事柄に関することや印象に残った出来事を中心に書く。この実習生の日誌は、年長児の様子と製作活動について実習生なりに書くべきことを選択して書いている点はよい。しかし、年長児の様子については、この記述のなかからさらに何を書くべきか選択したほうがよいだろう。後述するが、実習生の話から遊びの場面で印象に残る出来事があったというのでその場面を選択して修正例に書き直すことにする。

② 誰が読んでもその場面が思い浮かぶように記述する

書くべきことを決めたら、誰が読んでもその場面が思い浮かぶように詳しく記述していく。たとえば、「園庭では鉄棒やジャングルジム、サッカーをするのが主で、……」とあるが、鉄棒やジャングルジムではどのように遊んでいたのか、サッカーではどのようなことがあったのか、などを書かなくてはその具体的な様子がわからない。誰が誰と、どこで、何を、どのような状況のもとで、どのようにしていたのか、その場面が思い浮かぶような記述から、より具体的で実践的な学びができるというものである。

（4）観察したことに対する感想や学びの記述がない

この実習生の日誌には観察場面の状況が見えるような具体的な記述がないために、観察から何を感じ、学び取ったのかということの記述まで行きつけていない。ただ、

「……自分のことは進んでしっかりできていて……」「……話もしっかり理解して聞いていた。」「……レストランごっこ等をする子が多かった。」「……ハサミを器用に使い、線どおりに切ることができていた。」と、見たことを羅列してあるのみで、観察から得られた表面的な気づきにとどまっている。

① 観察した具体的な出来事を通して、何を感じたのか素直な気持ちを書く

観察したことを記述しただけでは学びにならないので、観察したことからまずは何を感じ取ったのか、素直な気持ちを書いてみよう。この日、実習生が遊びの場面で印象に残る出来事を聞いてみると、話のなかで自然に感想をもらしている。日誌のなかに「……ほかの子を思いやる気持ちや友達と一緒に遊ぶ楽しさがわかっている……」という記述があるが、これは友達とサッカーをしていた男児たちがチームの人数が不平等ということでけんかを始め、人数の少ないチームのE男が多いチームのH男の頭を叩いてしまったという出来事から書かれたものであることを説明してくれた。このとき、実習生はこれまでの年少、年中児の観察から近くにいた自分が何とかしなくてはと思ったが、周囲の子どもたちが心配そうに集まってきて2人の話を聞き、仲裁しながらまたサッカーができるようにチームの人数を調整していた姿に大変驚いたという。このように具体的にその出来事を思い出し話してみると感じたことも自然と出てくる。難しく考えず、学びとなった出来事、印象に残った出来事をこのようにそのまま文章にしてみると内容の濃い日誌になる。

② 観察した具体的な出来事から、考えたことや気づいたことを書く

さらに観察した具体的な出来事から考えたことや気づいたことを書く。E男とH男のけんか場面についてさらに話を進めていくなかで、実習生は「見守る保育が大切だと学校で習ったがこの場面を通してその意味に気づけた」、「どのようなときに援助が必要であるのか普段から子どもを理解しておくことが必要だとわかった」と述べた。具体的な出来事を記述していくなかで、さまざまな気づきや学びも得られるのである。

（5）観察に対する反省がない

日々の実習を振り返り、そのなかでどうしたらもっとよい実習ができるか、ということを考えることで実習での学びは深まっていく。この日誌には反省の内容が記述されていないが、反省することがなかったのではないだろう。どんなによい実習をしたとしてもかならず反省すべきことはあるはずである。記録が抜けていてその日の保育がわからなかったり、具体的な記述がなく観察場面の状況が見えなかったりするこの日誌からは、日誌が上手く書けなかったことの前に観察が上手くできて

いなかったということも予想できる。なぜ観察が上手くできなかったのか、反省して自分自身をしっかり捉えることで同じことを繰り返さなくてもすむ。翌日の実習のためにしっかり反省して日誌に書いておくことが重要である。

① 観察の姿勢、態度について振り返ってみる

実習生には改めて実習を振り返り反省してもらった。まず、観察の姿勢や態度はどうであったかを振り返ってみよう。実習生によると、「初めて入るクラスであり緊張しすぎていて何を観察しているのか自分自身よくわからなかった」、「子どもに話しかけられるのがうれしくて観察することを忘れてしまっていた」という反省点が挙げられた。実習日誌にこうしたことを書くことで、自身を冷静に捉えて、次はこのようなことがないように心がけることができる。

② 実習のねらいどおりの観察ができたかを評価する

次に実習のねらいどおりの観察ができたか、自分自身を評価してみる。この日誌からも明らかだが、観察したい内容が幅広く「具体的に何を見たらよいのかはっきりせず深い観察ができなかった」と実習生も述べている。こうした反省から次回はより具体的な内容を観察事項として考えようと改めることができるだろう。

③ 十分な観察ができなかった理由を考え、翌日につなげる

十分な観察ができなかった理由は何か、この実習生の場合は緊張してしまったこと、目の前の子どもにとらわれ観察する意識が低かったこと、何を観察したいか明確でなかったこと、などが理由として挙げられる。その日の自分の観察を振り返り、このように改めるべき事柄を明確にすることで、翌日の観察に生かしていくことができる。

（6）誤字、脱字、不適切な表現がある

① わからない字をそのままにしないで辞書をひく

この日誌に目を通すと、誤字や脱字、不適切な表現がいくつか目につく。たとえば、登園時の箇所の「門で向かえ、……」は「門で迎え、……」が正しい。誤字だけでなく、「おべんとうを➡お弁当を」というように漢字で書いたほうが読みやすいと思われるところをひらがなで書いている箇所もある（あまりひらがなばかりだと記録としては読みにくくなる）。誤字、脱字のないように注意して実習日誌を書くことは基本中の基本であるが、誤字、脱字は意外と多い。わからない字をそのままにしておかないで、かならず辞書を引くという習慣をつけたいものである。

② 読みやすい文章を書くように努め、不適切な表現がないか注意する

また、昼食時の「お当番にテーブルをふかせる。」との記述があるが、ここでは2つのことに注意してほしい。1つは、不要にていねいさを出そうと当番に「お」をつけている点である。子どもに話すときにていねいに、あるいはわかりやすくするために「お靴」「お椅子」というような表現をすることもあるが、日誌の記録としてはこのような表現は適切ではない（「お弁当」のように一般化しているものは除く）。もし保育者や子どもの言葉をそのまま記述したい場合にはカギ括弧をつけて書くようにしなければならない。もう1つは「……ふかせる」という表現である。子どもの主体的な園生活を重視している保育では、保育者が何かをさせるということは基本的にはない。一見、させているように見えることでも、よく見ると子どもが自ら意欲的に行動するような援助を工夫しているものである。実際、このときも保育者は一方的に子どもに「ふかせていない」はずである。ここでは「当番にテーブルをふくように声をかける。」のほうがよいだろう。些細なことのようではあるが、保育で何を大切にしているかということを考えれば、とても重要なことなのである。

不適切な表現は自覚していないことが多い。それは、子どもや保育についての不十分な学習、意識の低さによるものである。一般常識に注意して、普段からの学習をおろそかにせず、実習を実施する前の準備をしっかりしておきたいものである。

以上の点について修正、加筆したものが次ページの「見学・観察実習時の日誌例1の修正例」である。実習日誌全般に関わる内容も含めて、見学・観察実習における日誌の書き方についてこれを参考に学んでほしい。

「ら」抜き言葉について

近年、「食べれる」、「着れる」といった「ら」抜き言葉を、若い人を中心によく耳にします。正確には、当然「食べられる」、「着られる」です。

「ら」抜き言葉は、若い人には使いやすいという面からか浸透しつつあります。友人同士の会話程度であれば構わないかとも思いますが、実習先で目上の保育者や保護者と話すときは使用は避けるべきでしょう。

また、気をつけなければならないのは、日誌を書く際など、「書き」言葉としては「ら」抜き言葉はふさわしくありませんので、使用しないようにしましょう。

言葉は「話す」も「書く」も日常の習慣から、つい使用してしまうものですので、日ごろから正しい言葉づかいを心がけたいものです。

【 幼稚園の見学・観察実習時の日誌例1の修正例 】

5月11日（金） 天候　晴れ	5歳児 たんぽぽ　組	男児　14　名 女児　13　名 欠席　1　名	備考
今日の実習のねらい	・園生活の様子から年長児の発達の特徴を学ぶ。 ・製作活動時の子どもの様子や援助の仕方について観察する。		

時間	環境構成	子どもの活動	保育者の援助・留意点	実習生の動き・気づき
8:30	登園 〈保育室〉 （保育室の見取り図：ままごとコーナー、ピアノ、絵本棚、ロッカー、ブロックテーブル、シール棚、入口、レストランごっこ、ピアノ、ロッカー、レストランのテーブル、ゴザ） レストランの食べ物をつくる場…テーブルの上には、色紙、紙皿、紙コップ。 ブロック遊び…人数が増え、場を広げるためにゴザをもう1枚敷く。 〈園庭〉鉄棒、ジャングルジム、ゴール、サッカー、ゴール、色水づくり、砂場、水道	○「おはようございます」と元気に登園してくる。 ○保育室へ行き、連絡ノートにシールを貼り、ロッカーにカバンと帽子をしまう。 ○自由に遊ぶ。 ・レストランごっこ（・ブロック遊び、・ジャングルジム、・鉄棒、・泥遊び、・色水づくり、・サッカー） ・チームの人数のことでE男とH男がけんかするが、自分たちで解決する。 ○片づけ ・遊んだものを片づける。 ○朝の集まり ・徐々に保育室に戻ってきて椅子に座る。 ・保育室に戻るのが遅れ、A男が泣く。 ・「チューリップ」をうたう。 ・まだ立ち歩いている子が数名いる。 ○朝の挨拶をする。	・笑顔で元気に挨拶をし、安心できるような楽しく明るい雰囲気のなかで子どもを迎える。 ・「今日は何して遊ぶ？」など声をかけながら、子ども一人一人の様子を見る。 ・子ども一人一人のイメージを確認しながら、そのイメージが実現されるように、レストランごっこの食べ物づくりを手伝う。 ・園庭の様子も見ながら、保育室の子どもたちと遊ぶ。 ・子どもたちに片づけるよう声をかけ、一緒に片づける。 ・テーブルと椅子を並べる。 ・きちんと座っているか見ながら、ピアノを弾く。 ・「泣かなくていいのよ。ちゃんと間に合ったでしょ。遅れたときは"遅れてしまいました"って言えばいいのよ」と声をかけていた。 ・ピアノで「チューリップ」を弾く。 ・座っていない子には座るように声をかける。 ・「朝のご挨拶をしましょう」と呼びかけ、挨拶をする。	・子ども一人一人に挨拶をしながら、登園の様子や朝の支度の様子を見守る。 ・ブロック遊びを一緒にしながら、保育室の遊びの様子を見る。 ・女児たちと色水づくりをしながら、園庭の遊びの様子を見る。 ・E男とH男のけんかの様子を見守る。 ・子どもたちと一緒に片づける。 ・まだ、保育室に戻っていない子を探しに行く。 ・保育室に戻るよう声をかける。 ・A男の様子を見る。 ・一緒に挨拶をする。
10:20 10:30				
10:45	〈保育室〉 （保育室の見取り図：ピアノ、机の配置） （製作時：保育室は朝の集まりと同じ） 製作の材料・用具 ・忍者の描いてある紙（手・足・体） ※手・足は紙が2枚ずつ。 ・ハサミ、・のり ・クレヨンのふた	○当番表の製作 ・道具箱からハサミとクレヨンのふた、のりを出し、席につく。 ・保育者の説明を聞く。 ・保育者の説明どおり、忍者の手・足・体をハサミで切る。 ・忍者の手・足をのりで貼る。 ・できあがったものを保育者に渡す。 ・終わった子から自由に遊ぶ。	・道具箱から、ハサミ、のり、クレヨンのふたを取ってくるように言う。 ・つくり方の説明をする。 ・忍者の描いてある紙を配る。 ・線の上をゆっくりハサミで切るよう説明する。 ・「手と足は迷子にならないように、自分の箱に入れておいてください」と言う。 ・できあがったものを見せながら、忍者の体に手と足をのりで貼る説明をする。 ・できあがったものを子どもたちから預かり、棚の上に置いて乾かす。	・製作活動の進め方をよく観察する。 ・ハサミやのりを使っている様子を見ながら、わからない子、できない子を手伝う。

時間	環境構成	子どもの活動	保育者の援助・留意点	実習生の動き・気づき
11:45	〈保育室〉絵本 ブロック	○片づけ、トイレ、手洗い。 ○昼食（お弁当） ・お弁当の準備をする。 ・当番はテーブルをふく。 ・「おべんとう」の歌をうたう。 ・「いただきます」と挨拶をする。 ・友達と話しながら食べる。 ・「ごちそうさま」と挨拶をする。	・片づけ、トイレ、手洗いの声かけをする。 ・当番にテーブルをふくように声をかける。 ・ピアノを弾く。 ・「いただきますのご挨拶をしましょう」と呼びかけ挨拶をする。 ・子どもたちの様子を見ながら、お弁当を食べる。 ・「ごちそうさまの挨拶をしましょう」と呼びかけ、挨拶する。 ・テーブル、椅子等を片づける。	・当番と一緒にテーブルをふく。 ・子どもたちと一緒にお弁当を食べる。 ・テーブルを一緒に片づける。
12:00 12:30	・台ふき・お茶 ※先に食べ終えた子が遊ぶスペースをつくる			
	〈保育室〉	○食べ終えた子から自由に遊ぶ。（・サッカー、・泥遊び、・レストランごっこ、・大型積み木）	・午前中に準備したレストランが開店し遊びが発展するように、お客さんになって子どもたちと遊ぶ。	・レストランごっこに入れてもらい、友達とのやりとりを見る。
13:20 13:30 14:00	絵本は見やすい位置に移動して、床に座って見る。	○片づけ、トイレ、手洗い ○帰りの集まり ・絵本を静かに見る。 ・「さよならのうた」を踊りながらうたう。 ○挨拶をし、降園。	・片づけの声をかける。 ・『3匹のやぎのがらがらどん』を読み聞かせる。 ・「さよならのうた」をピアノで弾く。 ・帰りの挨拶をし、門へ移動する。	・一緒に片づける。 ・挨拶をする。

〈観察したことから気づいたこと〉

○朝の身支度や片づけは、保育者から言われなくても進んでしっかり行っており、集まりのときに保育者の話を聞く態度も落ち着いていて立ち歩く子どももいなかった。昨日までに見てきた年中児の様子とまったく違っていて、1年間でこんなに成長するのかと驚いたと同時に、子どもの成長にとってこの間の保育の大切さを感じた。子どもの様子をもっと観察するとともに、保育者の援助もよく観察しなければいけないと気づいた。

○遊びの場面でも、年長児の姿にさらに驚かされた。サッカーをしていたE男とH男がチームの人数が不平等であるということからけんかを始めた。E男がH男の頭を叩いてしまい、他の子どもも集まってきた。私は何とかしなくてはと思い、「どうしたの？ 大丈夫？」と声をかけたが、子どもたちは答えず、自分たちで話し合いを始めた。このようなときは大人の仲裁が必要だと思っていたので、話し合いのできる子どもたちの姿にとても驚いてしまった。また、ほかの子を思いやる気持ちや友達と一緒に遊ぶ楽しさがわかっていることを感じた。見守ることが大切だと学校で習ったが、この場面からその意味がよくわかった。どのようなときに援助が必要であるのか、普段から子どもを理解しておくことが必要なのではないかと考えた。

○当番表の製作では、子どもたちがハサミを使って細かいところも線どおりに切ることができていて、その器用さに驚いた。また、製作活動をするとき、さまざまな配慮が必要だということがわかった。ハサミを持ち歩くとき、きちんと刃を閉じて握ることを子どもに伝えることはとても大切だと思った。ほかにもハサミや細かい紙などは、なくさないようクレヨンのふたの中に入れて机に置くという工夫があり大変勉強になった。

〈反省〉

　今日は初めてのクラスであり、子どもたちに話しかけられるのがうれしくて、観察することを忘れているときがあった。目の前の子どもたちだけにとらわれ周囲も見えていなかった。また、具体的に何から見たらよいのかわからずよく観察ができなかった。明日はもっと観察しているという意識をもって実習したいと思う。

〈指導者の助言〉　　　　　………略………

2．見学・観察実習時の日誌例2

　この実習生の日誌（p.94～95、「幼稚園の見学・観察実習時の日誌例2」）は、観察実習のなかでも後期の段階の日誌であり、子どもとの関わりも増えて、関わりを通しての深い観察がなされている。見学・観察実習時の日誌例1および修正例で解説している事柄についてはほとんどすべて理解して書かれた日誌といえよう。その他、この日誌は大変すばらしい点がいくつかあるので、よりよい観察実習の日誌を書くために解説しておきたい。

（1）日々の実習のなかで見いだしたねらい

　この日の実習のねらいには、「子どもとのかかわりから一人一人の子どもをよく観察し理解する。」とある。前日の日誌を見ると、「いろいろな場面から保育全体の様子やクラス集団としての子どもの様子は見てきたが、実習後半になって"この子はどのような思いをもって幼稚園に登園してきているのか、何が好きなのか、何をしたいのか"など一人一人の子どものことがよくわかっていない。」との記述がある。この実習生の実習のねらいは、このように日々の実習のなかで見いだされたものであり、大変すばらしい。何の脈絡もなく観察する内容を決めるのではなく、日々の実習を振り返り「何を知りたいか」「何を学ぶことが必要か」ということを考えて実習のねらいを設定することで、この実習生のように観察が深められていくのである。

（2）場面のポイントをつかんだ記録

　この実習生の日誌には、環境構成、子どもの活動、保育者の援助・留意点、実習生の動き・気づき、すべての項目において、一日の保育の記録が過不足なく記録されている。その日一日、子ども、保育者、実習生がそれぞれ何をしたのか、何に気づいたか、簡潔、明瞭によく書けている。また、簡潔、明瞭だけでなく、それぞれの場面において大切なポイントをつかんで記録している点が大変よい。たとえば、片づけの場面での子どもの活動は、ただ「片づけをする。」と書くのでなく、「多くの子がすぐに気持ちを切り替えて保育者と一緒に片づけていた。」というように、前後の流れのなかでの子どもの思いなどにも気づきながら、その場面がどのような場面であったのかポイントをしっかりつかんで記録できている。この日誌はその他の場面でもポイントをよくつかんで記録できているので、参照していただきたい。

（3）観察場面の詳細な記述

　この日誌でもっともすばらしい点は、観察場面の詳細な記述がなされている点である。たとえば、「Y.R くんなどは登園してから長い間泣きそうな顔をしながら"おうちにでんわするの""かえりたい"と訴えてきていて……」というように、子どもの行動だけでなく表情や言葉をしっかり観察し記述できている。また、一人一人の子どもたちと接してそこから観察した場面については、その出来事のなかでのやりとりや前後の文脈がわかるように記述できている。

（4）詳細な観察から深められた考察

　この実習生の日誌は、詳細な観察記録から深い考察がなされている点がさらにすばらしい。指導担当の保育者も「一人一人の子どもをよく観察し、深い考察ができています。」と助言しているとおりである。

　K.T くん、S.S ちゃんの記録を見てみよう。「以前より保育者に甘えたり、泣いて主張を通そうとすることが減ってきたように感じた。……片づけの時間に"お片づけしようね"と言うと、"イヤ。まだやるの"と言って拒否したが、私はおそらくSちゃんは"〜しなさい"と言われるのが嫌なだけだろうと思い"そう""みんなやってるよ"と言うに留めると少し後に自ら片づけはじめていた。」という記述がある。以前の子どもの姿も視野に入れて観察しているので、その場面からだけではわからない子どもの成長を捉えて記録することができている。さらに、「……少しずつ他児を意識しはじめ"ここで泣いているのはおかしなことだ""片づけないのはだめなことだ"ということに気づいてきているのかもしれないと思った。」と、そうした子どもの姿からそれが何を意味するのかということについて自分なりに考えている点が大変よい。また、「保育者は、今、その子にとって何が必要で、どう接すると伝えたいことがしっかりと伝わるかということに注意しながら保育をしていく必要があると思った。」というように、保育において大切なことは何かということについての考察もなされている。

　次に、U.S くんの記録も見てみよう。実習生を叩くという行動の裏にある子どもの思いを具体的な出来事から読み取り考察した記録である。子どもは表面に表れる行動とその内面にある思いが一致しないことが多い。観察実習の目的の一つは子どもを知ることである。それは表面的でない内面にある子どもの本当の思いを読み取ることである。この日誌のように、子どもの言葉や表情、さまざまなやりとりの詳細な観察とその記述から子どもの内面について考えてみることが大切である。

【幼稚園の見学・観察実習時の日誌例 2】

4月21日（月） 天候　雨のちくもりのち晴れ	3歳児 もも組	男児 13 名 女児 13 名 欠席 2 名	備考

今日の実習のねらい	子どもとのかかわりから一人一人の子どもをよく観察し理解する。

時間	環境構成	子どもの活動	保育者の援助・留意点	実習生の動き・気づき
8：50 9：15	〈保育室〉 [室内配置図：ピアノ、棚、ままごと用具・ブロック等、絵本、シール、テーブル、ロッカー、椅子、水道]	○登園 ・帽子、制服を脱ぎ、カバンをおろしてロッカーにかける。 ・上履き袋、スモック、カラー帽をロッカーに片づける。 ・タオル（小）2枚の1枚をタオルかけにかけ、1枚をカゴの中に出す。 ・絵本袋を箱の中に入れる。 ・ももノートにシールを貼る。	○登園してきた子どもを受け入れる。 ・笑顔で子どもたちと保護者にあいさつをする。 ・子どもたちに荷物を置き、部屋で遊んでいるように声をかける。 ・母親と離れるのを嫌がり泣いてしまった子につきそう。 ・子どもたちが身支度を整える様子を見守り、必要のある場合は手助けする。	・登園してきた子どもたちに笑顔であいさつをする。 ・子どもが自分で身支度してみようと思えるような保育者の声かけ、援助に注目する。 ・登園を嫌がる子どもの様子、それを受けとめる保育者の様子を観察する。
9：40	〈ホール〉自由遊び [配置図：ピアノ、椅子、ゴザ、ブロック、ままごと、積み木] ※大きなゴザを敷き、靴を脱いでゆったりと遊べる空間をつくっていた。	○自由遊び（室内） ○ホールに移動する。 ・ブロックやままごと道具を使って工夫して遊んでいる子や走り回って遊んでいる子がいた。途中から、ゆり組の子どもたちが合流。一緒にホールで遊ぶ。	○子どもたちがホールへ移動するように促す。 ・ホールの中央に大きなゴザを敷き、子どもたちが靴をぬいで遊べるスペースをつくる。 ・遊びの見つからない子どもに声をかけ、一緒に遊ぶ。	・子どもたちと一緒にホールへ移動する。 ・子どもたちと一緒に遊びながら遊びの様子を見る。 ・トイレに行きたい子につきそい、様子を見る。
10：20		○片づけ ・多くの子がすぐに気持ちを切り替えて保育者と一緒に片づけていた。	○ピアノで「おかたづけ」を弾き、片づける時間を知らせる。 ・みんなで片づけられるように促す。 ・子どもたちと一緒に片づける。	・子どもが気持ちを切り替えて片づけられるような保育者の声かけに注目しながら、子どもと一緒に片づける。
10：30	〈ホール〉体操 [配置図：ピアノと子どもの位置]	○体操：「地球ひとっとび」「きのこ」 ・初めての体操の活動だったがみんなとても楽しそうに踊れていた。	・子どもの手本となり曲に合わせて踊る。 ・保育者自身が楽しむ。	・不安そうなK.Nちゃんを抱き、様子を見ながら一緒に踊る。 ・どうしたらよいかわからずにいる子の様子も見ながら楽しく踊る。
10：40 10：45	※保育者は子どもからよく見える位置に立つ。	○ゆり組部屋に戻る。 ・椅子を出して並べ、座る。 ○朝の集まり：「ぞうさん」「こどものせかい」「チューリップ」	○朝の集まりの用意をするよう声かけをする。 ○ピアノを伴奏し子どもと一緒にうたう。 ○「ちいさいおてて」をうたい、子どもたちに手を組むように促しお祈りをする。	・抱いていたK.Nちゃんをとなりの椅子に座るよう促し一緒に参加し、うたう。
10：55	〈ホール〉朝の集まり [配置図：ピアノと子どもの位置]	○礼拝 ・保育者とともにお祈りのときをもつ。 ○もも組の部屋に戻る。 ○帰りの準備	○もも組の部屋に戻り、帰りの支度をするよう声をかける。 ・「○○ちゃん上手ね」と子どもが自分でやろうとする意欲を大切にした言葉かけをする。	・子どもたち、保育者とともにお祈りのときをもつ。 ・子どもが帰りの支度をする様子を見守り、必要のある場合は手助けする。
11：00		・制服を着て帽子をかぶり、カバンを背負う。		・トイレにつきそう。

時間	環境構成	子どもの活動	保育者の援助・留意点	実習生の動き・気づき
11:10	〈保育室〉絵本 ※保育者は椅子、子どもは床に座り、絵本が見えやすい位置、高さに留意する。	○絵本『おんなじおんなじ』を見る。 ・声をあげて楽しそうに見ていた。 ○帰りの集まり ・立って「さようなら」をうたい、さようならのあいさつをする。 ○降園	・「こここれからはじまるよ」をうたい導入とし、絵本の読み聞かせをする。読み終わりに「せんせいおはなしどうもありがとうございました」「どういたしまして」をする。 ○「立てやホイ」「お背中ピシッ」をして「さようなら」をうたい、さようならのあいさつをする。 ○子どもを保護者に引き渡す。	○子どもをひきつける絵本の読み聞かせについて保育者の様子をよく観察する。 ○「さようなら」をうたって、さようならのあいさつをする。 ○子どもを見送る。
11:20				
11:30				

〈気づいたこと・学んだこと・反省点〉
　今日は、今まであまり保育者に対して甘えてきていなかったり、元気そうにしていた子どもが泣いたり、甘えたい気持ちになっていたように感じた。Y.Rくんなどは登園してから長い間泣きそうな顔をしながら「おうちにでんわするの」「かえりたい」と訴えてきていて、K.Iくんもぐずっているような話し方をすることが何度も見られた。K.Yちゃんも何もせずにボゥッとしている姿が何度か見受けられた。園でそのときどきの素直な感情を見せられるようになってきたのかもしれないと思った。また、休日中に母親と一日中共に過ごす心地よさを思い出したり、保育者や私と同様に新生活の疲れがたまって出てきたということもあるだろうと思った。保育者は子ども一人一人の心身の状態に配慮し、子どもの出すサインを受け止め、必要な援助をしていくことがとても重要であると感じた。

〈一人一人の子どもたちと接して〉
○K.Tくん、S.Sちゃん……以前より保育者に甘えたり、泣いて主張を通そうとすることが減ってきたように感じた。要求を泣かずに伝えられるようにもなってきて、泣いている時間も短くなり、保育者の言葉に耳を傾けようとする姿勢が見られるようになったと思う。S.Sちゃんも朝泣かずに母親と離れることができ、帰りの集まりのときも泣かずに待った。自由遊びの後の片づけの時間に「お片づけしようね」と言うと、「イヤ、まだやるの」と言って拒否し、私はおそらくSちゃんは「～しなさい」と言われるのが嫌なだけだろうと思い「そう」「みんなやってるよ」と言うに留めると少し後に自ら片づけはじめていた。2人とも泣かなくても思いが伝わることがわかり、安心できるようになってきて、園生活に楽しみを見出すことができるようになってきたのかもしれないと思った。また、少しずつ他児を意識しはじめ「ここで泣いているのはおかしなことだ」「片づけないのはだめなことだ」ということに気づいてきているのかもしれないと思った。保育者は少し対応のむずかしい子どもに対しても、他の子どもと同様に思いやりをもってやさしく対応していくことが求められる。心を込めて接していれば子どもはきっと保育者の気持ちをしっかりと受け入れてくれるのだと思う。保育者は、今、その子にとって何が必要で、どう接すると伝えたいことがしっかりと伝わるかということに注意しながら保育をしていく必要があると思った。
○U.Sくん……数回玩具で叩かれ言ってもやめてくれなかったため私は少し大げさに「痛いよう」と泣いた振りをして見せた。するとSくんは急に真剣な顔になり、何度も「ごめんね」と謝ってきた。何度も謝るので少しかわいそうなことをしてしまったかとも思ったが、その後は痛く叩いてくることもなくなるばかりか言葉で話しかけてきてくれることが増え、Sくんと少し仲よくなれたように感じた。少し乱暴な行動は、保育者とのコミュニケーションを求め、反応を引き出そうとしての行動なのかもしれないと思った。Sくんは、予想外に私を泣かせてしまったため、その行動ではいけないのだということに気づき、言葉という手段に切り替えたのではないだろうか。また、痛くて泣くという言葉だけでない生身の人間的な反応が返ってきたため、直接心に響き信頼感が生まれたのではないかと思った。

〈一日の感想〉
　ご指導をありがとうございました。もも組の子どもたちとだいぶ仲よくなることができ、彼らの個性も見えてきて一人一人に対する接し方を考えるのが楽しくなってきました。言葉での会話はまだ上手く成り立たなくても、何となく気持ちは通じ合うようになってきているのではないかと感じることがあります。とても楽しくてうれしいです。明日一日もできるだけ多くのことを学び取り、できるだけ多くの子どもたちと楽しい時間を共有できるように実習に励みたいと思っています。

〈指導者の助言〉
　一人一人の子どもをよく観察し、深い考察ができています。子どもの行動や言葉、表情などからその内面に何があるのかを捉えようとされている点が大変よいと思いました。子どもの気持ちを理解しようとする姿勢は保育するうえでとても大切なことです。

保育所実習の 見学・観察実習時の日誌

1．見学・観察実習時の日誌例1

　この実習生の日誌（p.98～99「保育所の見学・観察実習時の日誌例1」）もよく見られる観察実習の日誌である。しかし、いくつかの点を工夫したらよいと思われる日誌でもある。どのような点をどのように修正すればよいか、考えてみたい。この日誌をもとに、とくに保育所の観察実習の日誌の書き方について解説していく。

（1）今日一日、何を観察したいのかを明確に

　この実習生の日誌を見ると、実習のねらいが記述されているが、その内容について考えてみたい。観察実習における実習のねらいは、次の2つの点に注意して書く必要がある。

① 観察実習に適したねらいを設定する

　幼稚園実習のほうでも述べたが、観察実習の日誌であるのに、保育に参加することに主眼のおかれた実習のねらいを設定しているものをよく見受ける。これは観察実習に適したねらいとはいえない。観察実習である以上、観察実習に適したねらいを設定する必要がある。この実習生の日誌は、「乳児クラスを観察して、乳児とふれあう。」とあるが、乳児クラス初日の観察ならば、「ふれあう」よりも「乳児クラスを観察して乳児の様子を知る。」程度にとどめておいたほうが、初日の日誌のねらいにふさわしい。

② ねらいは具体的に明確に書く

　また、このねらいの「乳児クラスを観察して、乳児とふれあう。」という記述では、具体的に何を観察したいのかがよくわからない。「クラスを観察」といっても子どものデイリープログラムのことを指しているのか、あるいは保育者の動きを含む乳児クラスの生活すべてのことを指しているのか、不明確である。もしクラスの生活すべてを指しているとすると、観察の視点があまりにも幅広く、せっかくの観察があいまいになってしまうおそれがある。実際、この実習生の日誌を読んでみると、子どもの様子は見ているようだが、どのようなことがあったのか具体的な出来事がよく見えてこない内容の薄い記述になってしまっている。

そこで、この日何を中心に観察したかったのか実習生にたずねてみると、「乳児クラスの一日の流れを知りたかった」と答えた。また「一日の保育のなかで月齢による食事の差異に注目していた」という。それならば、「乳児クラスの一日の流れの観察と、摂食時の月齢による差異を知る。」というように具体的に記述したほうが実習のねらいが明確になる。つまり月齢差も含め、具体的に子どものどのような生活の姿を見たらよいのかというように、もう一歩踏み込んで考えてみるとよい。実習のねらいは、何を観察したいのかを明確にして記述しておくことが必要である。

（2）今日一日、どのようなことを観察したのかがわかるように

① 時系列に沿ってそれぞれの動きを簡潔、明瞭に書く

幼稚園実習のほうで記述しておいた内容であるが、大切なことなので繰り返し記述しておく。実習日誌には毎日の実習の記録としてその日何があったのか、一日の保育について観察した事実を記録しておくことが大切である。さまざまな書き方があると思うが、この日誌のように時系列に沿って、環境構成、子どもの活動、保育者の援助、実習生の動き、観察したことの気づきを記入していくと書きやすく、見やすくてよい。けれどもこの実習生の日誌は何があったのか具体性に欠ける箇所があり、十分とはいえない。初期の段階の観察実習では、一日の保育の流れを知ることもとても大切な学びのポイントであるので、一日の保育をしっかりと観察し、観察した事実や実習生が感じたことなどを正確に記録しておくことをすすめたい。

② さまざまな場面における環境構成を具体的に書く

まず環境構成の記録であるが、登園時の保育室の環境と遊具が少しだけ書いてあるのみで、これでは不十分である。この日の保育日誌を担任保育者に見せていただき話をうかがったところ、「自由な遊び、授乳、外気浴、睡眠、昼食などそれぞれの場面に応じて異なる環境を構成していた」とのことだった。この保育日誌と担任保育者の話をもとに環境構成の記録を書き直すと、実習日誌例1の修正例（p.106～107）のように、まだ書いておきたいことがある。

「環境を通した保育」という考え方が必要である。長時間保育で子どもが疲れてしまわないように保育室を温かな親しみがあり、生き生きと活動できる場にしなければならない。そのためには、子どもを取り巻く保育者や友達などの人的環境、施設や遊具等の物的環境、そのほかに自然や社会現象など、人、物、場が相互に関わり合い、子どもの生活を豊かにするよう工夫して環境を整える必要がある。子どもに開かれた人的・物的環境を用意することが、子どもの自主性や主体性を育てるために役立つといえる。乳児の生活や遊びにおいて、どのような遊具・用具がどこに用

【保育所の見学・観察実習時の日誌例1】

(●★印は、解説箇所を示すために本書の著者が付したもの。)

5月13日（火）天候　晴れ	乳児 つぼみ 組	男児　4　名 女児　5　名 欠席　0　名	備考

今日の実習のねらい

乳児クラスを観察して、乳児とふれあう。

時間	環境構成	子どもの活動	保育者の援助・留意点	実習生の動き・気づき
8:30	（図：本・オムツ、調理室、オモチャ、ロッカー、たたみ、ベビーベッド、押入、じゅうたん、ドア、バルコニー）	・朝保育クラスから乳児クラスに移動する。(●1) ・検温を行い、担当の先生に引きつがれる。(スキンシップをする)	・朝保育クラスから登園している児童と乳児クラスに移動する。 ・受け入れ前の準備をする。(★1) ・登園してきた児童の受け入れ。(★2)	・登園して2Fへ上がり、消毒してクラスへ。 ・朝保育の準備の方法を教えてもらい、登園児の受け入れを観察する。
9:30		・月齢に応じてミルク、おやつ（ビスケット、スープ、牛乳）をとる。 ・その後、個々に遊ぶ。(●2) ・ベビーマッサージを受ける。 ・オモチャで遊んだりする。	・保護者の話を聞き、観察、連絡ノートのチェック。 ・各担当児のおやつ、ミルク介助、摂取量を記入する。片づけ。 ・ベビーマッサージをする。	・おやつの様子を見ながら、一人一人の子の名前を覚える。 ・人見知りをあまりしない子と遊ぶ。 ・人見知りをする子には担当の先生がいるときに言葉をかけ、少しずつ慣れるようにしていく。
10:30		・ミルク、果汁をとる。 ・おむつ交換、寝かしつけられて、午前睡をとる子もいる。(●3)	・入眠した児童の呼吸確認。(★3)	・看護師さん、保育士の先生からクラスの話や、離乳食のすすめ方、安全衛生面について話を聞く。離乳食を見せてもらう。
11:30	・給食……子どもと向き合う。 （図：テーブル、子ども、高月齢児、☆、低月齢児、☆、保育者の位置）	・3か月児1名は冷凍母乳（●4）、もう1名は人工ミルク飲み。 ・12か月未満児はミルクと離乳食。細かく切った物を食べる。(●5) ・1歳になった1名は牛乳と離乳食。 ・個々の状態に応じて午後睡。	・担当児を中心に、ミルク、果汁、おむつ交換、寝かしつけなどを行い、記録ノートに記入する。(★4) ・離乳食の準備をする。(★5) ・食事の介助と見守りを行い、摂取量を確認する。(★6) ・担当児の入眠中に、連絡ノートの記入を行う。	〈休憩〉 ・検温の仕方、ミルク授乳の仕方、寝かしつけ方などを観察する。 ・反省会に参加する。 ・おやつ時の様子を観察
13:00				する。ぐずる子を抱っ

時間	環境構成	子どもの活動	保育者の援助・留意点	実習生の動き・気づき
15:00 16:00 17:00		・起きている子は保育者とオモチャで遊んだり、友達と動き回る。 ・おやつ、ミルク、離乳食をとる。 ・夕方、個々に応じて午睡をとったり、ボールなどで遊ぶ。 ・8か月未満児は17:00までにお迎えがきて降園する。 ・1番遅い子でも18:30までには降園する。 ・夕保育になり、当番の先生に抱っこされたり、オモチャで遊びながらお迎えを待つ。	・離乳食の準備をする。 ・おやつ、ミルク、離乳食の介助。 ・担当児を寝かせつけたり、オモチャで遊んだりする。 ・保育士どうしで連けいを取りながら1日の生活の活動記録を書く。 ・おむつ、おやつ、汚れものの片づけ、玩具をふいたり、洗濯、掃除などを夕方のパートさんを中心に行う。降園時、保護者に今日の状態、様子を報告する。(★7)	こしたり、あやしたりする。 ・クラスの指導計画（年間・月案）を見せてもらい、話をうかがう。 ・降園児の見送り。 ・まだお迎えのこない子たちとオモチャで遊ぶ。

〈観察したことから気づいたこと・感想・反省〉

　一日観察実習に入り、実際に見てわかったことは、他の年齢クラスと大きく違う点があることである。それは、約3か月児～12か月児での集団保育の場であっても、各担当の先生を中心に、個々のリズムに合わせた生活が進められているという点である。

　乳児は観察力があり、担当保育者と他の保育者を見分け、態度や接し方も違うようで、とくに眠いときや空腹のときなどは人見知りされ、泣きやまなかった。

　今日、一番強く感じたことは、この時期の子どもにとって大切なことは、保育者とのかかわりを深め、母親や保護者以外の人との密な関係をつくり、子どもが安定した生活を送れることである。

〈指導者の助言〉

　人見知りをする子もいるなかで、とても無理なく自然にとけこんでくれていたと思います。乳児の姿を手さぐりながらも自分なりに理解しようとする姿勢がとても感じられました。

　生活面を中心に担当制をとっていますが、担当保育士との信頼関係は、4月からの毎日の生活のなかで積み上げてきたものだと考えていただけるとよいと思います。毎日食べて(飲んで)、眠って、排泄しての何気ない繰り返しですが、その一つ一つを大切にしスムーズに流れるように私たち保育士は心がけています。

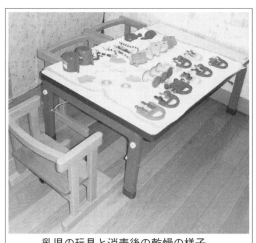
乳児の玩具と消毒後の乾燥の様子

意されているのか、また友達との関わりをつくる保育者の援助を書くことで、そこでどのような遊びが展開され、どのような生活が保障されていたのか、遊びや生活と環境との関わりが見える記録となる。こうした環境構成の細やかな変化もよく観察し、記録しておくことが大切である。

ほかにも、玩具の種類や消毒の仕方（写真参照）、椅子の月齢による差異など、事前にかならず園の許可をいただき撮影しメモしておくと、後日、責任実習の指導計画を立案するときや、学校に戻ってから日誌を読み返したときなどにとても役に立つことがある。

写真は乳児の玩具を保育後、毎日消毒乾燥している様子である。翌朝には使用できるようにバスタオルを敷き、水分を早く吸収するなどの配慮がされている。

また、このように撮影しておくことで、乳児の使用しているテーブルと椅子の状況が一目で理解できる。乳幼児の扱うものに対する消毒方法は、遊具・道具によってはその都度湯等で洗い流すなど、さまざまなやり方、留意点があるので注意が必要である。

③ 全体の子どもの活動を把握するように努め、記録のもれがないようにする

次に子どもの活動であるが、どのような活動をしたのかよくわからない箇所がいくつかある。（以下の文中の●1……、★1……印は、p.98～99の実習日誌例1の内容解説の箇所を示すために著者が付したもので、実習日誌中の同印に対応している。）

- ●1：「朝保育」のクラスは何歳児クラスで、何時から何時まで行われていたか、その記録が記入されていない。
- ●2：遊びの場面で「個々に遊ぶ。」と書いてあるだけで、どのような遊びをしたのかまったくわからない。月齢差の著しい乳児クラスはおもに、大（4・5・6・7月生まれ）・中（8・9・10・11月生まれ）・小（12・1・2・3月生まれ）のグループ分けをし、保育することが多いが、どの月齢の子がどのように遊んでいたのか、これらを記述しておくことが大切である。
- ●3：保育者はおむつ交換や寝るときの援助を、子どもの個々の状態を見て行うはずである。この点にも気づき、記入しておくとよい。
- ●4：冷凍母乳を使用しているのは一日に何回なのか。

●5：昼食メニューについては、12か月未満児は1歳児よりどのように細かく決められているのか、メニューの差異等も記入しておくことが望ましい。依頼すると離乳食をいただける場合があるので、乳児クラスの担任に相談してみるとよい。

　目立った活動だけでなく、登園から降園までの生活すべてが保育であり、記録しておきたいことである。この日の保育日誌を手がかりに抜けているところを書き加えていくと、実習日誌例1の修正例のようになり、一日の子どもの活動内容がよくわかる。

　何を観察したいか、その日の観察したい場面をじっくり詳しく観察することは大切である。しかし、その場面は保育全体の流れのなかのどのような場面であるのか、周囲の活動との関連はどうであるのかなど、保育全体の流れと全体の子どもの活動を把握することで、その場面をより深く理解できるのである。

④ 複数の保育者がどのような援助をどのようにしたか、具体的に書く

　保育所の乳児クラスでは、複数の保育者が関わっていることが多く、この園の場合、乳児9名に対し、4人の大人（3人の保育士＋1人の看護師）が同じ部屋で行動している。保育者の活動・援助の記録については、もう少し具体的に保育者の援助を記録しておく必要があるといえる。

　たとえば、登園前の場面では、

★1：「受け入れ前の準備をする。」と記録されているが、そのときの保育者の様子を実習生にたずねてみると、「保育者A：午前睡する子の布団敷き、保育者B：おしぼりの作成、保育者C：部屋の換気と掃除等、看護師：水質検査と消毒液作成をしながら、子どもの昨日の様子を職員同士で報告し合っていた」という。日誌にも記録しておくとよいだろう。このように具体的に記述しておくことにより、朝、子どもの受け入れ前には、子どもが安心して楽しく登園できるように、さまざまな準備を同時進行しながら、笑顔で元気な挨拶を援助として心がけていることが必要だとわかる。さらに、複数担任が短時間の間にいろいろな動きをすることの具体性が学び取れる記録となる。

　とくに保育所の0・1・2歳児クラスでは、「雑用番」として1日または、1週間雑用を担当する保育者が決められていることが多い。交代制で行われるのだが、見学・観察実習のときには、1日その雑用番の保育者の動きを追うだけでもとてもよい観察ができる。つまり、とても多忙な乳児保育の流れを把握しやすいからである。デイリープログラムを見せていただくときに、後々の参考になるため保育者の動きが書かれているものがあれば、見せていただき、記入しておくことを勧めたい。

また、

★2：登園後の子どもの活動に対して、保育者たちは子どもにどのように接していたのかが書かれていない。「保育者A：登園後の受け入れ、保育者B：担当児とのスキンシップ、視診を行いながら遊びへの導入、保育者C：おやつ準備」等と記入しておくと、チーム保育の様子が具体的に見えてくる。保育者は両腕に子どもを2人抱きながらも、周囲に絶えず視線を送る。同時に他の保育者からの視線で合図を受け止めることも多い。手の空いている保育者に対して、その保育者の側にハイハイして移動する子どもがいれば、「そちらにAちゃんが行ったからよろしくね」と、視線で合図し、ときには言葉で「危ないから見ていてください」と知らせる。このように、暗黙の内に相互に子どもを見守り合う保育が必要なのが乳児・1歳児の保育の特徴ともいえる。

★3：入眠した子どもを10分おきにどのように確認するのか。保育所の0・1歳児クラスでは、寝ている子に対してかならず、10分おきに、手や身体にふれて、息をしているかどうか確認し、誰が確認したかチェック表に記名記入することが義務づけられている。近年、SIDS（乳幼児突然死症候群）で命をなくす子が多く、その予防策としてもこの確認は大切である。これらのことも日誌には記録しておきたい。

★4：ミルクの摂取量や睡眠時間、排便の有無などに関した記録がない。これらのことを正確に保育者の援助・留意点の欄に記録しておく。その保育行為が子どもにとってどのような援助になっているかを常に意識して観察してみると、より具体的な記録が書けるだろう。

また、この実習生の日誌は部分的に詳しく書いてある箇所もあるが、

★5、★6には、保育者の動きについておおむね書かれているものの、どの保育者が何を行っていたのかの記録が抜けている部分が残念である。これでは保育者の援助の様子が具体的に読み取れない。この日の保育日誌と担任保育者の話から、記録しておくべきことを書き加えたので実習日誌例1の修正例をよく見ていただきたい。

★7の保護者対応は、保育者の大事な業務であるため、その内容をかならず記入しておく。

⑤ 何を観察するために、どのように動いたのかを具体的に書く

最後に実習生の活動の記録であるが、これは比較的よく記入されている。しかし、何をどうしたのかよくわからない部分もある。たとえば登園してすぐの、「消毒してクラスへ。」では、何を消毒したのかわかりにくい。「手を消毒してクラスへ。」と

記入しておくことが望ましい。保育所では、消毒するものがたくさんある。たとえば、調乳室のワゴン、冷凍母乳を解凍するときの必要グッズ一式（ハサミ、洗面器、お盆、台）、おむつ交換台等である。また登園場面の様子も、子どもをどのように受け入れたのか不明瞭である。観察実習といっても多くの場合、子どもと関わりながら観察を行うことになる。後で実習生に聞いてみると、昼食の後、11か月児と外気浴に出たと言う。このようなことは記述しておくべきであろう。そして、反省会の参加は何のために誰が参加していたのか等、具体的に記入しておくことが必要である。実習生の活動を書き直してみると実習日誌例1の修正例のような日誌になり、これくらい書いてあると、何を観察してその日の実習を行ったのかがよくわかる。

（3）今日一日、どのようなことを感じ、反省したのか

〈観察したことから気づいたこと〉の欄には、観察したことのすべてを書く必要はない。ただし、記述する事柄に対する観察場面の状況はわかるように書かなければならない。ではどのように書いたらよいか。以下に、その記述のポイントを整理しておく。

① 誰が読んでも、その場面が思い浮かぶように記述する

限られた紙面のなかに、あまり多くのことは書けないので、まず、何を書くべきか、その日の一日を振り返って2～3の事柄を選択する。

書くべきことを決めたら、誰が読んでもその場面が思い浮かぶように的確に記述していく。たとえば、「眠たいときや空腹のときなどは人見知りされ、泣きやまなかった。」とあるが、そのときに担当保育者はどのように泣いている子どもと接し、子どもの様子はどのように変化したのか、などを書かなくてはその具体的な対応の様子がわからない。誰が誰と、どこで、何を、どのような状況のもとで、どのようにしていたのか、その場面が思い浮かぶような記述を残すことは、より具体的で実践的な保育の学びにつながっていく。

② 感想は、何を感じたのか素直な気持ちを書く

感想は、心に浮かんだことを素直に記述すればよく、自分が実習体験をして驚いたこと、感心したこと、うれしかったこと、楽しいと感じたことなどを書く。反省とは、自分が実習生として、子どもとの関わり、環境構成、準備、保育者と同時に行動したこと等のさまざまな場面での観察を省みて考察し、そのことについて客観的に評価することである。あるべき姿、なすべきことがあって、にもかかわらずそのようにできなかったのはなぜなのか、何が違っていたのか、何が足りなかったのかなどをまとめていく。感想と反省の違いは、感想が自分の心に感じたままを書い

ていくのに対して、反省はあるねらいに対して自分がどう動いたか、それはよかったのか、悪かったのか、悪かったとしたら、次にはどの部分をどのように直せばよいのかまで考えて書くということである。

まず「感想」については、観察したこと「何があったのか」だけを記述したのでは学びにならないので、観察したことから何を感じ取ったのか、率直な気持ちを書いてみよう。この日、実習生が観察したなかで印象に残る出来事を聞いてみると、「泣いている子を特定の保育者が抱き上げると、泣き止むことの不思議さ」であると語っている。とてもよい気づきである。

乳児期は発達差が大きいため、個々の子どもの状況を適切に把握し、的確に対応していく必要がある。そのため保育者と子どもとの関係を継続的なものにしようとする試みが「担当制」である。特定の保育者を特定の子どもの担当者として位置づけ、その担当者が食事や排泄・睡眠などの「生活」活動をできるだけ担うようにしている。子どもが安心できる保育を通して、子どもはその保育者に愛着（アタッチメント）を形成し、信頼関係を培っていく。この愛着（アタッチメント）がとても重要であり、その様子を実習生として観察し、強く感じられたことはとてもよいことである。

さらに、実習生に聞いてみると、「離乳食の細やかな段階があることを初めて知り、このように細やかに配慮されていて、乳児は幸せだと感じた」と語っていた。これもとてもよい気づきである。産休明け保育所の離乳食は11段階に分かれており、とてもていねいに調理され、2週間に1回栄養士と保育士と調理師と園長（または主任）とで進度会議が開かれ、その子にあった食事形態になるように話し合いをもち、一つずつ段階が上がっていく。そして、毎週1回は栄養士と保護者とでその子の食事状態についてお迎えのときに話し合いがもたれる。2回に1回は、その食事を展示して実物を見ながら話を進めている。実習生には、このような段階を経ていくことがすばらしく、乳児は幸せだと感じたようである。

③ 反省はかならず行い、明日の実習に生かす

この日誌例1には、反省的な内容が書かれていないが、反省すべきことがなかったということではないであろう。実習生にその点を聞いてみると、実習中、もっと姿勢を低くして観察すること、観察実習とはいえ子どもにもう少し関わったほうがよいことなどを注意されたという。反省の欄には、そうしたことも書いておき、明日の実習につなげるようにしたい。

（4）誤字、脱字、不適切な表現に気をつける

① わからない字をそのままにしないで辞書をひく

　実習日誌に目を通すと、多くの日誌に誤字や脱字、不適切な表現が目につく。この日誌でも、たとえば、何か所かで「児童」という表記をしているが、「児童」という言葉は乳児を表すには誤りであり、「乳児」「0歳児」または「子ども（子）」と記入するのが正しい。また、漢字で書くべきところを「連けい」というようにひらがなで書いている箇所もある。わからない字をそのままにしておかないで、かならず辞書を引くという習慣をつけたいものである。

② 読みやすい文章を書くように努め、不適切な表現がないか注意する

　また、朝の乳児の活動の欄に「スキンシップをする」との記述があるが、ここは「スキンシップを受ける」と受動的表現にするのが正しい。

　ほかの箇所でも繰り返し述べられていることであるが、この日誌にも「寝かしつけられる」という表現がある。保育の場では、一見、させたり、させられたりというように見えることはあるが、本質的には、子どもの主体性や自発性を重視した保育を行っているはずである。したがって、日誌として記録をする場合には、そのスタンスを大切に考え、「……させる」「……させられる」式の表現はしないほうがよい。この場合にも、子どもを自然な眠りに誘うように抱いて、子守唄を唄っている。「……させられる」というこのような表現は誤解を生みやすいのである。ここでは「保育者に抱かれて入眠へ誘われる」または「保育者に抱かれて入眠後、午前睡をとる」のほうがよい。些細なことのようではあるが、保育で何を大切にしているかということを考えれば、とても重要なことである。

　以上の点について修正、加筆したものが実習日誌例1の修正例である。実習日誌全般に関わる内容も含めて、観察実習における日誌の書き方について、これを参考に学んでいただきたい。

【 保育所の見学・観察実習時の日誌例1の修正例 】

5月13日（火） 天候　晴れ	乳児 つぼみ　組	男児　4　名 女児　5　名 欠席　0　名	備考

今日の実習のねらい
　　　　　乳児クラスの一日の流れの観察と摂食時の月齢による差異を知る。

時間	環境構成	子どもの活動	保育者の援助・留意点	実習生の動き・気づき
8:30 9:30 10:30 11:30	本・オムツ／調理室／オモチャ／たたみ／ベビーベッド／ロッカー／たたみ／ベビーベッド／たたみ／押入／じゅうたん／ドア／バルコニー 紫外線の防止 ・給食……子どもと向き合う。 テーブル　子ども ☆　高月齢児 ☆ ☆ ☆　低月齢児 保育者の位置 ・月齢による椅子の差異。 ・雑用に1人の保育者（C）が中心で動いている。	・朝保育クラス（1歳児）から、8:30に乳児クラスに移動する。 ・検温を受け、担当の保育士に引きつがれる。（スキンシップを受ける） ・月齢に応じてミルク、おやつ（ビスケット、スープ、牛乳）をとる。 ・その後個々に遊ぶ。（3か月児は抱っこや寝たまま。8か月児はお座り、うつぶせでガラガラや音の出るオモチャで遊ぶ。11〜13か月児はつかまり立ちやハイハイ、歩きまわってオモチャで遊ぶ） ・ベビーマッサージを受ける。 ・オモチャで遊ぶなどする。 ・ミルク、果汁をとる。個々の状態を見て、おむつ交換や抱かれて午前睡する。 ・おむつ交換。保育者に抱かれて入眠後、午前睡。 ・3か月児1名は冷凍母乳（1日2回）、もう1名は人工ミルク飲み。 ・12か月未満児はミルクと離乳食。細かく切った物を食べる。1歳児（スパゲティクリームソース、野菜煮、リンゴスライス、わかめスープ）、10〜11か月児（うどんクリームソース、野菜煮、りんごすりおろし、スープ）	・朝保育クラスから登園している子どもと乳児クラスに移動する。 ・受け入れ前の準備をする。（保育者A：布団敷き、保育者B：おしぼりの作成、保育者C：部屋の換気と清掃、看護師：水質検査と消毒液の作成）※保育者Aはリーダー、保育者Bはサブリーダー、保育者Cは雑用。以下、ABCは同様。 ・登園してきた子どもの受け入れ。 ・保護者の話を聞き、観察、連絡ノートのチェック。（A：登園後の受け入れ、B：担当児とのスキンシップ、視診を行いながら遊びへの導入、C：おやつ準備） ・各担当児のおやつ、ミルク援助、摂取量を記入する。片づけ。 ・ベビーマッサージをする。 ・入眠した子どもの呼吸確認。（A/B：入眠、10分おきにチェック、C：おやつ片づけ） ・担当児を中心に、ミルク、果汁、おむつ交換、入眠へ誘うなどし、記録ノートに記入する。（A/B：ミルクの摂取量、睡眠時間、排便を記入） ・A/B：高月齢児を誘導して歩行、遊びの見守り。低月齢児は抱っこして外気浴へ。 ・A/B：養護的業務以外に乳児との関わりをなるべくよくもち、遊びの見守りやあやしをする。C：食事の準備と片づけ。	・登園して2Fへ上がり、手を消毒してクラスへ。 ・朝保育の準備の方法を教えてもらい、登園児の受け入れを観察する。担当保育士と登園した子に挨拶をする。 ・おやつの様子を見ながら、一人一人の子の名前を覚える。 ・人見知りをあまりしない子と遊ぶ。 ・人見知りをする子には担当の先生がいるときに言葉をかけ、少しずつ慣れるようにしていく。 ・看護師さん、担当の先生からクラスの話や、離乳食のすすめ方、安全衛生面について話を聞く。離乳食を見せてもらう。 〈休憩〉 ・検温の仕方、ミルク授乳の仕方、入眠への誘い方などを観察する。 ・11か月児を抱き、声かけしながら外気浴を行う。

時間	環境構成	子どもの活動	保育者の援助・留意点	実習生の動き・気づき
13:00		・1歳になった1名は牛乳と離乳食。 ・個々の状態に応じて午睡。 ・起きている子は保育者とオモチャで遊び、友達と動き回る。	・食事の援助と見守りを行い、摂取量を確認する。（A/B：食事援助、摂取量を確認し、ノート記入。援助の際、言葉かけを行い楽しい雰囲気のなかで食べられるようにする）	・反省会に参加し、担当先生、園長先生、主査と話し合い、評価をいただく（14:30～15:15）。
15:00		・おやつ、ミルク、離乳食をとる。 ・寝ている場合は、16:00まで食べることができるので、16:00までに起きるよう声をかけられめざめる。	・担当児の入眠中に、連絡ノートの記入を行う。 ・離乳食の準備をする。 ・おやつ、ミルク、離乳食の援助。 ・担当児を入眠に誘ったり、オモチャで遊んだりする。	・おやつ時の様子を観察する。ぐずる子を抱っこしたり、あやしたりする。 ・クラスの指導計画（年間・月案）を見せてもらい、話をうかがう。
16:00	〈夕保育の様子〉 ・夕保育後、玩具の消毒を毎日行っている。	・夕方、個々に応じて午睡をとったり、ボール遊びをしたりする。 ・8か月未満児は17:00までにお迎えがきて降園する。	・保育士同士で連携を取りながら1日の生活の活動記録を書く。 ・おむつ、おやつ、汚れものの片づけ、玩具をふいたり、洗濯、掃除などを夕方のパートさんを中心に行う。	
17:00		・夕保育になり、当番の先生に抱っこされたり、オモチャで遊びながらお迎えを待つ。 ・最も遅い子でも18:30までには降園する。	・降園時、保護者に今日の状態、様子を報告する。育児に関する相談にのり、細かい点までアドバイスしたりする。	・降園児の見送り。 ・まだお迎えのこない子どもたちとオモチャで遊ぶ。

〈観察したことから気づいたこと・感想・反省〉

　乳児クラスは各担当保育士を中心に、個々のリズムに合わせた生活が進められているという点を知った。月齢による個人差はもちろんのこと、一人一人の発達の違いや今までの生活のリズムに合わせて3人の保育士と1人の看護師が役割を分担し、9人全員に対して、行き届いた保育が展開されているように感じた。また、乳児にとっては、担当の保育士との関わりの重要性の高さを感じた。担当保育士が見守るなかでの遊びや食事は子どもが落ち着いていると感じた。乳児といえども観察力があり、担当保育士と他の保育士を見分けて、態度や接し方も違うもので、とくに眠いときや空腹のときなどは、担当保育士でないと泣きやまず、後追いする姿が見られた。一方、対応力も早いもので、初めは私に人見知りをして泣いていたが、1日いただけで慣れてくれたのか、抱っこされたり、一緒に遊んでいても泣かなくなった。この時期の乳児にとって大切なことは母親や保護者以外の大人との密な関係をつくり、安定した生活を送れること、そのなかで遊びや他児との関わりも深めて、全体的な情緒の安定がとれることなのだと思った。それにともない心身の発達・成長が育まれていくのだと感じた。

　今日は乳児クラスを初めて見ることができ、その発達の差異や個性を感じられうれしかった。また、観察実習とはいえ、もう少し子どもに関わったほうがよいということ、姿勢を低くして見学・観察するようにという注意を受けた。明日からの実習に生かしていきたいと思った。

　明日は個別指導計画を見せていただいたうえで、個々にあった保育者の対応のポイントが観察できたらよいと思う。

〈指導者の助言〉　　　　　　　………略………

2．見学・観察実習時の日誌例2

　この実習生の日誌（p.111〜113「保育所の見学・観察実習時の日誌例2」）は、観察実習のなかでも後期の段階の日誌である。実習生自身が積極的に子どもと関わり、その関わりを通しての深い観察が表現されている。実習日誌例1で解説している事柄についてはほとんど理解して書かれた日誌である。その他、この日誌はすぐれた点がいくつかあるので、よりよい観察実習の日誌を書くために参考にしてほしい。

（1）一日の流れを観察する

　この日誌のように、デイリープログラムをよく把握したうえで、その流れを具体的に観察したい。

　とくに3歳未満児クラスにおいては、毎日このデイリープログラムの流れに即して保育が展開されている。授乳、おむつ交換、日光浴、排泄、6〜7か月児の沐浴、外気浴、食事、睡眠など、子どもの一日の生活に沿ってそれぞれの方法、手順、留意点、言葉かけなど保育者の活動や働きかけについて具体的に観察したい。そして、後日にはこれらを実習生が実際に行うのである。

　また、複数担任のクラス運営であれば、複数の保育者同士の協力の仕方、個々の保育者の役割について観察する。この日誌には、これらの様子が的確に記述されている。

（2）場面のポイントをつかんだ記録

　この実習生の日誌には、すべての項目にわたって、一日の保育の記録が過不足なく記録されており、かつ簡潔明瞭によく書けている。また、それぞれの場面において大切なポイントをつかんで記録している点が大変よい。たとえば、外気浴の場面での子どもの様子はただ「外気浴をする。」と書くのではなく、「テラスに出て人工芝の上で外気浴を楽しむ。」というように、その場面が浮かび上がるように、ポイントをしっかりつかんで記録できている。また、乳児の様子が3か月、8か月、10〜12か月児と3つのグループ別に記録されている。この日誌はその他の場面でもポイントをよくつかんで記録できているので、参照していただきたい。

（3）観察場面の適切な記述

　この日誌でもっともすばらしい点は、観察場面の適切な記述がなされている点である。たとえば「子どもの活動」のなかで、「気に入ったオモチャで熱中して遊ぶ。」姿や、「一つのオモチャをめぐり、言葉のない感情と感情がぶつかり合う姿が見られ

る。」というように、子どもの行動だけでなく、表情や言葉を発する前の乳児の様子がしっかり観察され、記述されている。

また、一人一人の子どもたちと接して、そこから観察した場面については、その出来事のなかでのやりとりや前後の文脈がわかるように、大変よく記述できている。さらに沐浴について別紙（下記に〈参考資料〉として掲載）に記入しておくことなどは、参加実習はもちろんのこと、実際に保育の仕事をしていくうえで参考になることである。園によっては沐浴等に関しての注意事項等のマニュアルをプリント化しているので、いただけるかどうかたずねてみるとよい。

〈参考資料〉「沐浴」について

沐浴（6～9月ころ）に乳児、1歳児クラスで行われている。
1. 沐浴を行う前にはかならず家庭との連絡をとる。夜間や当日の子どもの様子、健康状態から、沐浴をするか否かをかならず知らせてもらう。
2. 家庭からの情報を参考にしながら健康状態をみる。機嫌、食欲、体温、便性、発疹、湿疹、顔色など。
3. 授乳の直後や空腹時は避け、食後30～60分あけるのが望ましい。
4. 室温を調節する（風通しをよくして、28℃ぐらいが望ましい）。
5. 着替え、湯上りタオルなど沐浴に必要なものを用意する。
6. 沐浴時間は、1人3分～5分くらい、お湯の温度は37℃～38℃くらいにする。
7. 首、わきの下、しわの部分やくびれはよく洗う。お湯が耳に入らないようにする。
8. 事故のないように十分配慮する。
    ・浴槽にすべり止めのネットを敷く。
    ・浴槽周囲の棚や足元に物を置かない。
    ・保育者の爪で皮膚を傷つけたり、落下、溺水、熱傷などがないよう注意する。
9. 浴槽は、1人終了ごとに洗う（オスバンなどで）。
10. 必要時、水分補給をする。（麦茶、白湯）。
11. 全員の沐浴が終了したら、浴槽いっぱいに湯をはり、ピューラックスで浴槽および器具（おもちゃ、すべり止めの敷物など）を消毒する。

（4）詳細な観察から深められた考察

この実習生の日誌は、詳細な観察記録から乳児の月齢差を捉え、深い考察がなされている点がさらにすばらしい。指導担当の保育者も「一人一人の発達に大きな差があることをよく観察し、考察されていますね。」と書いているとおりである。日誌には「手が出る乳児もいるので、そのつどどの保育士も一貫した対応をして、危ないこと、してはいけないことを示して言っていた。また、子ども同士のやりとりには手や口を出さず見守り、遊び方を後で言葉をかけながら教えたりと、子ども同士

のかかわりを大切にしているように感じた。」とあるように、保育において大切なことは何かということについての考察もなされている。

　観察実習の目的の一つは子どもを知ることである。それは表面的でない内面にある、子どもの本当の思いを読み取ることである。乳児の場合は、生活そのものによる影響が大きいためにその子どもの内面を探るのは幼児に比べると、それほど容易ではない。たとえば「泣く」という一つの状態から内面を探ると、病気のとき以外でもお腹がすいた、おむつが濡れた、暑い・寒い、眠い、洋服が窮屈だ、甘えたい、抱っこしてほしい、人見知り、ほかさまざまである。大切なことは、そのさまざまな状態のなかで、「どうしてなのだろう」と疑問をもち、その子に寄り添いその子の内面を知ろうとする姿勢である。つまり、この日誌のように、子どもの言葉や表情、そして大人とのさまざまなやりとりの詳細な観察とその記述から子どもの内面について考えてみることが大切なのである。

（5）保育所実習における観察へのワンポイントアドバイス

　保育所の場合は乳児（生後57日目）から6歳児までと、その年齢構成も幅広い。そして、それぞれの年齢に応じた環境構成がなされている。年齢別の子どもの活動や保育者の活動をよく観察することが、各年齢のクラスに入ったときに、より差異が明確になり、観察に幅をもてることにつながるように思う。たとえば、各クラスの制作物が展示されていることが多い。それらの描画一つを年齢別に見て歩くだけでも子どもの発達の差異を感じることであろう。それらの気づきをメモしておき、後日の実習に生かしてほしい。

 ちょっとひと工夫！　―メモ帳・筆記用具等の選び方―

　実習を行う際は、保育（実習）中のメモは、実習日誌を書く際、とても重要な資料の一つになります。子どもの活動や保育を妨げないように、少しでも素早くメモをとれるように、メモ帳や筆記用具を選ぶ際のちょっとしたポイントを紹介いたしますので、参考にしてみてください。

　まず、使用するメモ帳はリング式の小さなメモ帳にしましょう。閉じたり、開いたりする手間が省けます。筆記用具は、キャップ式ではなく、ノック式のペンにしましょう。キャップをとったりつけたりは、あわただしい保育中にはかなりの手間となってしまいます。また、服装は大きめのポケットのついているものにしましょう。エプロン着用が可能な場合も同様です。誰にでも考えればわかる簡単なことですが、急に用意することはできません。ちょっとした工夫でむだな手間を省き、効率よくメモがとれるようにしましょう。

※園によっては、実習中にメモをとることを禁止している園もありますので、オリエンテーション時にかならず確認しておきましょう。

【保育所の見学・観察実習時の日誌例2】

7月14日（火）天候　曇	乳児 うさぎ 組	男児　4 名 女児　5 名 欠席　2 名	備考

今日の実習のねらい　乳児の遊びの様子や保育士とのかかわりについて観察する。

時間	子どもの活動			保育者の援助・留意点	実習生の動き・気づき
	3か月児	8か月児	10〜12か月児		
8：25	・登園、検温。 ・ベビージムで遊ぶ。	・登園、検温。 ・うつぶせやお座り。 ・オモチャで遊ぶ。	・朝保育クラスから移行。登園後、検温。 ・担当の先生に声をかけられる。 ・オモチャで遊ぶ。	※保育士Aはリーダー、保育士Bはサブリーダー、保育士Cは雑用。 ・A/B：朝保育当番の先生から引き継ぎをしてクラスに戻る。C：朝の準備を行い、室内を整える。 ・A：保護者との子どもの状態の確認を行い、受け入れをする（看護師は健康状態のチェック。検温チェックを行う）。（A、Bはノートをチェックする）	・登園して手を消毒し2Fに上がる。 ・朝の部屋の整備などを手伝う。 ・登園してきた乳児の観察。担当保育士のそばで一緒に参加する。
9：10	・手足をよく動かし、お話をする。	・転がりながら移動。 ・オモチャを手に取り楽しそうに遊ぶ。	・おやつ（クラッカー2枚、ミルクまたは牛乳） ・午前睡	・A/B：担当の乳児とのスキンシップやあいさつなど言葉かけ。C：おやつの準備をする。 ・A、B：おやつ時の援助、見守りを行う。C：おやつ後の片づけ。 ・B：ミルクを授乳する（10〜12か月児）、入眠へ誘う。 ・A：テラスに出て外気浴をする。 ・B：入眠中の呼吸チェックやおむつ交換。沐浴。ミルク授乳（適時に行えるよう配慮）。	・3か月児を抱っこしてテラスで外気浴。しっかりと抱くように注意しながら、乳児の様子を観察する。 ・8か月児がハイハイでオモチャを取りにいく様子を見守る。
10：00	・ミルク（母乳）を飲む。 ・テラスに出て外気浴をする。 ・抱っこをたくさんしてもらって上機嫌。 ・よく笑ってまわりの様子を観察する。 ・沐浴する。	・ミルクを適時飲む。 ・沐浴する。 ・保育士に抱っこされたり、手遊びや体操をして楽しそうに笑う。	・テラスに出て、人工芝の上で外気浴を楽しむ。 ・おどり場で担当の先生と1対1で遊ぶ。 ・睡眠の後はかならずおむつチェックを受ける。 ・状況に応じておむつ交換。 ・沐浴する。 ・離乳食とミルク。（半がゆ、魚の煮つけ、春雨サラダ、みそ汁） ・ミルクを飲み、午後睡。	・離乳食の準備。（10〜12か月児） ・食事の援助と見守り。（ぐずり泣く子どもへの対応） ・B：午睡のために子守歌をうたう（寝ない子もいる）。連絡ノート、日誌の記入を順番に行う。起きている乳児から午後の検温を行う。	・10〜12か月児とは、ボール遊びやハンカチで「いないいないばあ」をする。歩ける乳児もいるので、高いところに登って転ばないように手で押さえる。抱っこをして外を眺めたり、歌をうたう。
12：15	・高齢児の食事の様子を見たり、ミルクを飲んで睡眠をとる。	・よく動きまわり、睡眠。 ・長時間は寝ず、細切れに何度か眠る。	・検温をする。 ・睡眠をしっかりとる子どももいれば、あまり眠らず遊んでいる子どももいる。	・A：高齢児の遊びを見守る。オモチャで友達をたたきそうになったり、手で顔をたたく乳児もいるので、低齢児に手を出さないよう配慮する。たたいてしまったら、「いたいよ」とそのつど言葉をかける。	・手が出て髪をひっぱったり、顔をたたいてしまう乳児には注意して見守り、手をおさえてケガのないようにする。
13：00	・検温をしたり、着替えをする。 ・ベビージムで遊ぶ。	・離乳食、ミルク（おかゆ、魚ペースト、野菜、オレンジ）	・気に入ったオモチャで熱中して遊ぶ。 ・一つのオモチャをめぐり、言葉のない感情と感情がぶつかり合う姿が見られる。	・C：離乳食の準備。食事の援助を行う。片づけと着替えを行う。（8か月児）ミルク授乳。 ・B：乳児の様子を観察しながら、眠そうにしていたら入眠へ誘ったり1人遊びを見守ったりする。 ・C：おやつの準備（10〜12か月児）。	

※　環境構成は別紙に掲載（p.113）。

時間	子どもの活動			保育者の援助・留意点	実習生の動き・気づき
	3か月児	8か月児	10～12か月児		
14:00	・保育士に抱かれる。 ・喃語を話す。 ・ミルク(母乳)は2回～3回ほど、個々に合わせた時間に飲む。	・おかゆが上手く飲みこめず、咳こむ。 ・体を動かしてオモチャ探索。 ・寝返り移動をたくさん行う。 ・1人遊びや保育士と遊んで、スキンシップを受け安定して遊ぶ。	・おやつ、ミルク(牛乳)。(パンがゆまたはフレンチトースト、だしスープ、オレンジ) ・食後、眠たくなると睡眠をとったりオモチャで遊ぶ。 ・各自お迎えが来て、17:00までに1名だけになり、ほとんど降園する。	・B：おやつの援助と見守りを行う。食べ方を見ながら、おいしく食べられるように言葉をかける。 ・C：片づけをする。 ・B：ミルクを授乳する。 ・おやつは16:00までは調理室で保管可能。 ・B：連絡ノートの記入。 ・C：おむつなどの片づけをする。 ・A：降園する際に保護者に1日の報告をする。(とくに食事、睡眠、排泄などに関してや、健康状態について話す) ・夕方の打ち合わせに出る。夕保育当番の先生は引き続き保育に当たる。	・食事の様子、入眠への誘い、授乳。おむつ交換、着替えなどの保育士の動きを観察する。 ・看護師や保育士に冷凍母乳や離乳食の段階の話をうかがい記入する。 ・お迎えが来て、降園時のやりとりを観察する。 ・適時にオモチャを片づける。 ・沐浴については別紙記入する。
17:00	・お迎えが来て降園する。	・お迎えが来て降園する。			

〈観察したことから気づいたこと・感想・反省〉

　乳児とのかかわりについて観察した。安全対策でコンセントカバーを見つけた。3か月児は、たくさん言葉かけ、スキンシップを受け、外気浴や沐浴も行っていた。この月齢だと個々の生活リズムにそって全面的に保育士がかかわり保育していくことが必然的であり、そのなかでもふれあいを大切にしていた姿が見られた。またそのような姿を見られてうれしかった。音楽、歌、きれいな色彩の遊具、木製の椅子の工夫が見られた。8か月児は身体の発達に合わせて運動や手遊びをしている姿が見られ、探索行動が広がる環境設定がされていた（引き出せる遊び、ミルク空缶）。10～12か月児はハイハイや歩行をして活動範囲が広がるので、目を離さず見守っていた。そして手が出る乳児もいるので、そのつどどの保育士も一貫した対応をして、危ないこと、してはいけないことを示して言っていた。また、子ども同士のやりとりには手や口を出さず見守り、遊び方を後で言葉をかけながら教えたりと、子ども同士のかかわりを大切にしているように感じた。月齢差がとても大きく、そのなかで個別の対応をしながらも保育士の連携により、乳児が快適に楽しく過ごせる環境づくりをしていた。そのなかで乳児、とくに担当児とのかかわりをとても大切にしていて、乳児もそばに担当の保育士がいることで安定した生活を送っているのがよく見てとれた1日だった。乳児と保育士のかかわり方は月齢差により対応が変わるが、かかわり過ぎずに見守るむずかしさを知った。自分なりにこの点に留意したが、対応の仕方を認めていただけた。

〈指導者の助言〉

　乳児と一言で言っても、月齢の幅を考えると、一人一人の発達に大きな差があることをよく観察し、考察されていますね。月齢差のなかにもまた個人差があることが、子どもたちの様子を見てわかっていただけたと思います。よく観察し考察されています。一人一人の子どもの保育を大切にするためには、担当保育士が直接つけないことも少なくありません。そのときに離れていてもきちんと見守っていることを知らせていくこと、また、保育士同士が声をかけ合い一貫した姿勢で接していくことが大切ですね。一人一人の姿をしっかりと把握しながら、それに対応していくことは、どの年齢の保育においても基本となっていることです。次回の実習で違う年齢の子どもへの対応点を感じていただけるとよいと思います。

〈別紙〉環境構成

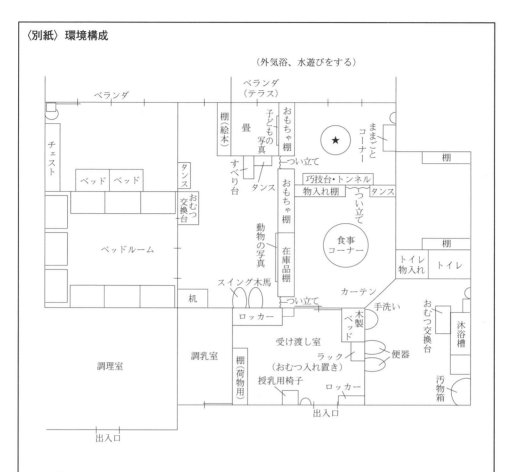

- 食事コーナーを広くする。食事をする子どもが増えたため、ゆったりと食事ができるようにする。「★」の場所は、4月当初はこの部分を食事コーナーとしていた。
- 月齢差が大きいため、少人数で過ごせる場をつくり、落ち着いて過ごせるようつい立てで工夫する。
- 食事コーナーを考えた場合、動線としては調乳室の前がよいのかもしれないが、食後すぐ眠らず、ひと遊びしてからベッドルームへ移動するため上記のようにしている。食事を運ぶ場合、調乳室を通らず受け渡し室を通って配膳。
- 朝、夕の受け渡しの場合も遊び場を区切られているので、子どもたちが落ち着いて過ごせる。
- 一日のなかで食・睡・遊が保障されるように少人数で過ごせるコーナーの工夫がされている。

乳児（0歳児）への援助のポイント

　実習生のなかには、それまで乳児と接する経験が少なく、実習で初めて乳児と接するという人もいるのではないでしょうか。学校の学習で知識としてわかっているつもりでも、いざとなると乳児のどんなところを観察したらよいのか、どのような援助をしたらよいのか、具体的な関わりに戸惑ってしまう実習生をよく見かけます。

　ここでは乳児への保育者の関わりについて、保育者の視点からポイントをまとめておきますので、実習で乳児を観察するときや援助するときの参考にしてください。

① 要求やサインをしっかりと見て関わる
　　保育者は、乳児の日ごろの様子をよく見て、泣いていれば、空腹なのか眠いのか、おむつが濡れているのかを判断し、その要求にこまめにこたえるようにしています。

② 発達段階を的確に捉えて、必要な援助をしていく
　　乳児は月齢によって運動能力や心理的発達が違います。その子どもの発達段階を捉えて、今必要な援助や配慮は何かを確認しながら保育をしています。毎月の身体測定や成長の様子を継続して記録し、園医や看護師と連携を密にし、情報交換を行っています。

③ 一人一人の生活リズムに合わせて保育する
　　連絡ノートや早番の保育者からの申し送りで、前日の様子や起床時間・朝食の摂取量などを把握します。個々の生活リズムに合わせて、食事や睡眠時間を工夫しています。

④ 安定して過ごせるよう、常に特定の保育者が担当する
　　乳児は特定の保育者との応答的な関わりを求めています。保育者間でよく話し合いをもち、同じような関わり方をすることが大切です。

⑤ 探索行動が広がるような環境構成をする
　　引き出して遊べるような玩具や穴に物を入れて遊べるような玩具は、乳児の探索欲求を満たしていきます。ミルクの空き缶や濡れティッシュの空き容器を利用して玩具を作成しています。また、乳児がなめても安全な材質に配慮し、誤飲しないような大きさの玩具かどうかチェックします。また、消毒して清潔を保つことや、コンセントの穴にカバーをするなどの危険防止にも十分注意を払っています。

⑥ 五感を育む保育環境をつくる
　　音楽や歌、きれいな色彩の装飾や玩具、ぬくもりのある木製の椅子やベッド、外の風と光の入る窓、ベランダなど、乳児によい刺激となるような保育空間を整えています。

　実習を行う際は、保育（実習）中のメモは、実習日誌を書く際、とても重要な資料の一つになります。子どもの活動や保育を妨げないように、少しでも素早くメモをとれるように、メモ帳や筆記用具を選ぶ際のちょっとしたポイントを 110 ページに紹介いたしましたので、参考にしてみてください。

3章

参加実習時の日誌

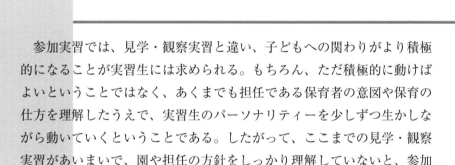

　参加実習では、見学・観察実習と違い、子どもへの関わりがより積極的になることが実習生には求められる。もちろん、ただ積極的に動けばよいということではなく、あくまでも担任である保育者の意図や保育の仕方を理解したうえで、実習生のパーソナリティーを少しずつ生かしながら動いていくということである。したがって、ここまでの見学・観察実習があいまいで、園や担任の方針をしっかり理解していないと、参加実習時の実習生の動きが担任の意図と反したものとなってしまう。

　見学・観察実習の日誌と参加実習時の日誌の違いは、実習生として、この日の保育に参加したときのポイントはどのようなことであったかを明確に記録することである。そのためには、事前に担任の指導計画を見せていただき、一日の生活がどのように展開することになっているのかを十分把握し、担任の動きに合わせて保育に参加するのだが、このとき、実習生として今日一日何に重きをおいて動くのかということをはっきりさせておくことが大切である。ポイントがはっきりしていると、自分でも動きやすく、かつ日誌のなかの実習生の動き・気づきの欄にも記述しやすくなってくる。

　この章では、子どもと一緒に関わり、生活に溶け込んだ、その立場での実感的理解も含め、参加実習の日誌の具体的な書き方や書くときの留意点について、実際の日誌を見ながら解説していきたい。

幼稚園実習の 参加実習時の日誌

1．参加実習時の日誌例1

　この実習生の日誌（p.118〜119「幼稚園の参加実習時の日誌例1」）は、観察実習を経て参加実習の段階に進んだときのものである。けれどもこの日誌を見ただけでは、観察実習であるのか参加実習であるのかよくわからない。実習の目的、内容は実習の段階に応じて変化するものだが、実習日誌の書き方は単調で実習の段階に応じた書き方がなされていないものが意外に多い。それでは参加実習時にはどのような内容をどのように書いたらよいのだろうか。見学・観察実習時とは異なる参加実習時における実習日誌の書き方について、この実習生の日誌を見ながら解説していく。

（1）参加実習で学びたい事柄をねらいとして設定する

　この実習生の日誌に書かれた実習のねらいを見てみよう。ねらいは、「保育者の言葉かけの仕方を学ぶ。」とあり、実習において学びたい事柄が明確で、具体的に書かれている点はよい。けれども参加実習ということでいえば、次の点について注意する必要があるだろう。

① 保育にどのように参加したいかを考える

　参加実習は観察実習から一歩前進して保育に参加していくことが中心となる実習である。「保育者の言葉かけの仕方を学ぶ。」というねらいの書き方では、保育に参加していくという姿勢があまり感じられない。参加実習であるからには、もう少し自分が実習生として保育にどのように参加していくかということを明確にして書いたほうがよいだろう。つまり、この場合、保育者の言葉かけの様子を観察して学ぶことはもちろん、自ら子どもたちに言葉かけをしていくことが実習のねらいの中心となるはずである。

② 保育に参加することを通して何を学びたいかを具体的に書く

　実習生にこの日の実習のねらいについてもう少し詳しく聞いてみると、それまでの見学・観察実習において、保育者の言葉一つで子どもの行動が変わるほど言葉かけが重要であることを学んだので、実際にどのように子どもに言葉かけしたらよいのか学びたかったという。とくに、保育者はさまざまな場面や一人一人の子どもに

合った言葉を考えて言葉かけしていることを知り、場面や子どもに応じた適切な言葉かけについて学ぼうと思ったと話した。

　これらのことを考え合わせると、この日の実習のねらいは単に「……言葉かけの仕方を学ぶ。」と書くのではなく、「保育のさまざまな場面や子ども一人一人に応じた適切な言葉かけを行う。」と書くことができる。参加実習のねらいは、保育に参加することを通して、何を学びたいかということをより具体的に書くことが大切である。

（2）参加実習の視点から一日の流れを記録する

　その日一日どのようなことがあったのか、参加実習においても観察実習と同様に一日の活動内容とその流れくらいは最低限記録しておきたいことである。しかし、観察実習と同じような書き方をしていたのでは参加実習時の日誌とはいえない。この実習生の日誌は、一日の流れがしっかり書かれているものの、参加実習時の日誌という点においては足りないところがある。以下の点に留意し、参加実習の視点から一日の流れを記録することが必要である。

① 自分（実習生）が行った環境構成も書く

　この実習生の日誌には保育者の行ったさまざまな場面における環境が図も活用して具体的に書かれていて大変よい。しかし、保育に参加することが中心となる参加実習においては、実習生でも補助的立場として積極的に環境構成を行うよう努め、その実践について学ぶことが大切である。つまり、実習日誌には保育者の行った環境構成を記録するだけでなく、実習生が自ら行った環境構成も書くようにしたい。

　この実習生にこの日自分がどのような環境構成をしたのか詳しく話を聞いてみると、活動の前後に椅子やテーブルを並べたり片づけたりはしたが、その他とくに環境構成はしていないと答えた。しかし、一緒に話していた担任保育者は、午後の外遊びでは実習生が子どもに三輪車を出してほしいとせがまれ、出してもよいか確認に来たうえで三輪車を出してくれたという。さらに三輪車を出したことで先にボール遊びをしていた子どもたちとぶつかってしまうことに気づいて、いつも担任保育者がしているように白線を引いて三輪車で走れるスペースとボール遊びができるスペースをつくってくれたので安心して見ていたと話してくれた。このような遊具の出し入れや、遊びの空間づくりなども大切な保育援助としての環境構成であることを意識して実習にのぞむことが必要であるし、実習日誌にはそうした自分が行った環境構成の記録を書いておくことが大切である。

【幼稚園の参加実習時の日誌例1】

5月18日（月） 天候　雨のち晴れ	3歳児 たんぽぽ　組	男児 13 名 女児 12 名 欠席 2 名	備考

今日の実習のねらい	保育者の言葉かけの仕方を学ぶ。

時間	環境構成	子どもの活動	保育者の援助・留意点	実習生の動き・気づき
8：45	〈保育室〉自由遊び （棚・ままごと・ピアノ・ロッカー・折り紙・お絵描き・ブロック・ゴザ・車・フラフープの配置図）	・順次登園 ・雨のため、保育室内で遊ぶ（ブロック、お絵描き、ままごと、折り紙、車、フラフープ）	・雨のためテラスで受け入れをする。 ・子ども一人一人に「おはよう」とあいさつする。 ・保護者と話す。 ・子どもと一緒に遊ぶ。	・「おはよう」と声をかける。着替えを手伝いながら子どもの話を聞く。 ・折り紙でチューリップをたくさんつくる。
10：00 10：15	〈絵本の部屋〉 （歯科検診・ジュータン・本棚の配置図） アコーディオンカーテンで仕切り、歯科検診のスペースをつくる。	・片づけをする。 ・Nちゃんが折り紙をしていて片づけをしない。 ・保育者にほめられ、喜んで片づける。 ・絵本の部屋に移動する。 ・少し怖いようで、Aちゃんが泣いてしまう。 ・検診が終わった子から保育室に戻る。	・歯科検診があることを伝え、片づけを促す。 ・「たんぽぽさん、みんなお片づけ早い!!」と声かけをする。 ・子どもたちを絵本の部屋に誘導する。 ・Aちゃんをひざの上にのせて歯科検診を受けさせる。	・「まだお片づけしない」と言って折り紙で遊んでいるNちゃんに「お片づけできるかな」と声をかける。 ・絵本を見ながら順番を待つ。
10：45	〈保育室〉合同礼拝 （棚・ピアノ・ロッカーの配置図）	・保育者をまねて音楽に合わせ、楽しそうに踊る。 ・SちゃんとMちゃんが一緒に踊らないで、車に乗って遊んでいる。 ・SちゃんとMちゃんが話を聞かないでジャンケンをしている。	・「ハトポッポ体操」「アブラハム」などの踊りをする。 ・たんぽぽ、ばら組合同でお祈りをする。	・子どもと一緒に踊る。 ・踊らないで遊んでいるSちゃんとMちゃんに声をかける。 ・Sちゃん、Mちゃんに声をかける。 ・一緒にお祈りをする。
11：15 11：30	〈保育室〉昼食 （棚・ピアノ・ロッカー・ブロックの配置図） ・お茶、台ふきん	・「あくしゅでこんにちは」を楽しむ。 ・排泄、手洗い。 ・昼食の準備をする。 ・「おべんとう」の歌をうたう。 ・「いただきます」のあいさつをする。	・排泄、手洗いをするよう声をかける。 ・昼食の準備をする。 ・「おべんとう」の歌をピアノで弾く。 ・「いただきます」のあいさつをする。	・排泄、手洗いの様子を見る。 ・昼食の準備を手伝う。 ・子どもと一緒にうたう。 ・一緒にあいさつする。

時間	環境構成	子どもの活動	保育者の援助・留意点	実習生の動き・気づき
12:00	〈保育室〉自由遊び 棚／ままごと／折り紙／ロッカー／ブロック／ドア	・おべんとうを食べる。 ・食べ終えた子から片づけ、園庭、保育室で自由に遊ぶ。 ・保育室：ブロック、折り紙、ままごと ・園庭：ボール、三輪車、砂遊び。	・子どもと話しながらおべんとうを食べる。 ・昼食の後片づけをする。 ・子どもと一緒に遊ぶ。	・お茶を配る。 ・子どもと一緒におべんとうを食べる。 ・後片づけを手伝う。 ・子どもとままごとをして一緒に遊ぶ。 ・子どもと一緒にボール遊びをする。
13:30	・子どもの要求に応じて、保育者が足りなくなった赤、ピンクの折り紙を出す。	・片づける。	・片づけるよう声をかけ、一緒に片づける。 ・砂で汚れた子どもの足を洗う。	・子どもと一緒に片づける。 ・着替えの手伝いをする。
13:50	〈保育室〉帰りの集まり 棚／保／ロッカー／ドア	・手洗い、うがいをして帰りの支度をし、椅子に座る。 ・絵本を見る。 ・「さようなら」のあいさつをする。	・手洗い、うがいをするよう声をかけ、椅子を並べる。 ・絵本「もこもこ」を読み聞かせる。 ・「さようなら」のあいさつをする。	・一緒に絵本を見る。
14:00		・降園		・子どもを見送る。

〈感想・反省〉

　今日は、午前中に歯科検診があったり、たんぽぽ、ばら組合同で礼拝を行ったりしました。歯科検診ではAちゃんが怖がって泣いてしまいました。3歳児だと歯を診せるだけの検診もまだ経験がないので、怖がる子がいることがよくわかりました。また、そのとき先生がすぐに気づいてAちゃんを抱き落ち着かせるよう何か声をかけていらっしゃいました。子どもが不安なときすぐに気づいてあげられること、その不安を支えてあげることがとても大切なのだと思いました。合同礼拝では、初めてということもあり、子どもたちが落ち着かない様子でした。いつもの礼拝とは違った様子に思いました。

　踊りをしているとき、話をしているときに、Sちゃん、Mちゃんがほかの遊びをしていました。いろいろと声をかけてみたのですが、遊びは続いていました。子どもたちへの言葉かけは本当にむずかしいです。先生の様子を見てもっと学ばなければと思いました。

〈指導者の助言〉

　子どもへの言葉かけは難しいですね。「いろいろと声をかけてみた」そうですが、どのような言葉をかけてみたのですか。そのときの子どもの反応はどうでしたか。そのときの子どもの反応をよく見て、次はこんな言葉をかけてみようと自分なりに考えて試してみることが大切ですね。

② 子どもとの関わりのなかから見られた子どもの活動を中心に書く

　参加実習では積極的に子どもに関わっていくことになる。子どもが何をしていたかという記録はもちろんのこと、参加実習の場合は、自分の子どもへの関わりに対し、子どもがどのような反応をしたのか、あるいは子どもが自分にどのような関わりをしてきたのか、といったこともあわせて書くようにしたい。

　たとえば、午前の自由遊びでは、実習生の活動を見ると「折り紙でチューリップをたくさんつくる。」と書いてあるが、子どもの活動についてはそのときの様子がよく書かれていない。実習生に詳しく聞いてみると、折り紙をまるめて遊んでいたAちゃんに「何かつくって」とせがまれたのでチューリップをつくって渡すと、まわりにいた女児たちからも次々と「つくって」と要求されてたくさんつくったのだという。また女児たちはそのチューリップを並べてしばらく遊んでいたそうである。ここでは「折り紙」と記録するだけでなく、「Aちゃんが折り紙で何かつくってとせがむ。」、「そのほかの女児たちも興味を示し、自分にもつくってほしいと要求する。」などと記録するとよいだろう。このように参加実習時の日誌には子どもとの関わりのなかから見られた子どもの活動を中心に書くことが大切である。

③ 保育全体を把握するように努め、保育者の援助を捉えて書く

　参加実習では、積極的に保育に参加していくことが求められる。子どもと積極的に関わりを深めていこうとすると、保育全体の様子が見えなくなり、自分の目の前以外の場で保育者がどのような援助を行っていたのか、まったくわからないようなことが起こる。実習日誌は、参加実習になったとたんに保育者の援助・留意点の欄の記入が少なくなり、記述の内容も薄いものになってしまうということがよくある。

　この実習生の日誌は、まさにそのような状態に陥っているようである。全体の活動の際の保育者の援助はおおよそ記入されているが、自由な遊びの場面では、午前も午後も「子どもと一緒に遊ぶ。」とだけ書かれており、何をしていたのか、どのような援助をしていたのかわからない。

　すべての場面をこと細かに見ることは難しいかもしれないが、補助的立場として保育に参加していく参加実習では、保育者がどのように動き、どのような援助をしているのかを、おおよそ把握していなければならない。参加実習では、保育に積極的に参加していくためにも、自分（実習生）の動きだけでなく、保育全体を把握するように努め、保育者の援助を捉えて書くようにしよう。

　また、見学・観察実習の日誌と同様に、参加実習の段階へ進んだら、その援助の意味の読み取りもさらに深めていくようにしたいものである。

④ 援助としての子どもへの関わりを中心とした実習生の動きを書く

　実習生の活動については、参加実習であるのでやはりその日一日保育にどのように参加したのかということを記録していく。具体的には、子どもにどのように関わったのかということを書けばよいのだが、ただ単に子どもと何かをしたという記録に終わるのでなく、保育援助としてどのような意味をこめてその行為を行ったのかという点についても書くようにすることが大切である。

　この実習生の日誌は、自分が一日どのような活動をしたのかしっかり書けている。しかし、「子どもと一緒に踊る。」「子どもとままごとをして一緒に遊ぶ。」というように、子どもと何をしたのかが書かれていても、そのなかでどのような援助を心がけたのかという点が欠けている記述も目立つ。実習生に一つ一つ詳しく聞いていくと、子どもと踊る場面では子どもたちに楽しさが伝わるよう元気に踊って見せるようにしたこと、ままごと遊びでは子どものイメージを理解できるようにできるだけ子どもの言葉を引き出したり聞くようにしたりしたこと……など、援助として心がけていたことが話のなかで実習生自身明確になってきた。参加実習では援助としてどのように子どもに関わっていくかということを意識して保育に参加し、実習日誌にはもう一度自分の行動を思い起こし援助としての子どもへの関わりを中心に実習生の活動として書くようにしよう。

先輩の実習体験談「実習日誌を読み返して……」

　実習生から"実習で得た経験はどんなことですか？"と聞かれ、押し入れの奥から、昔の古い自分の実習日誌を引っぱり出してみました。私が実習させていただいた私立幼稚園は、実習日誌にとても熱心に指導をしてくださる園で、「記述があまい」と実習当初は何度も何度も注意をいただきました。はじめは何をどう書いてよいかわからずその内容はひどいもので、今、見ても記述も少ないですし、実際、どんな関わりを自分がしていていたのか、どんな言葉をかけたりしたのか、日誌を見てもよくわかりません。しかし、実習3日目を過ぎたころから、日誌の記述内容がだんだんと変わってきているのです。よく見ると前日の指導者の先生のコメントに「もっと細かな動きなども注意して見るようにしましょう。そのときにその行動の意味がわからなくても、覚えておくなり、メモをとるなどするとよいですね」と書かれていました。そして、その日以降の日誌には、汚いメモがたくさんはさんでありました（当時実習中にとっていたものを後ではさんだようでした）。その後の日誌は徐々にですが、その日の保育の様子や子どもの様子がわかるように記述されるようになり、わからないなりに一生懸命実習に取り組んでいる自分の姿を見ることができました（もっとも、失敗もたくさん書かれており実習としてはひどいものでしたが……）。今、幼稚園教諭となり6年が過ぎようとしています。子どもたちは日々変化し、毎日、驚きの連続ですが、久しぶりに見た実習日誌は、初心を思い出させてくれるとてもよい機会となりました。しっかりと記録を残すことは、実習を充実させる意味でもその後の参考にする意味でも大切なことですので、実習を経験されるみなさんには、ぜひ意味ある日誌を書き残してほしいと思います。（神奈川県／私立幼稚園勤務6年／S.Y）

（3）自分自身（実習生）の子どもへの関わりを具体的に記述する

　この実習生の日誌の感想・反省は、その日の出来事やそれに対する感想の記述が中心で、自分の子どもへの関わり、援助の内容についての記述があまりない。参加実習では、実際に子どもに関わり実践することを通して援助について学んでいく。日誌には自分が子どもにどのように関わり援助したのかということを具体的に記述しておくことが必要である。

① 印象に残った子どもとの関わりを書く

　その日印象に残った子どもとの関わりの場面や、その日の実習のねらいとして学びとなった子どもとの関わりの場面を振り返って思い起こし、具体的に記述しておこう。実習生にこの日印象に残った子どもとの関わりについて聞いてみると、一斉活動に参加せずほかの遊びを続けていたSちゃんとMちゃんへの関わりの場面について話してくれた。この日誌に多少そのことが書かれてはいるが、「いろいろと声をかけてみた……」では、指導者の助言にもあるように、どのような言葉をどのようにかけたのかわからない。自分がどのように子どもに関わったのか、もう少し具体的に記述しておきたい。

② 子どもとの関わりのなかで困ったこと、疑問に思ったこと、反省したことを書く

　子どもへの関わりが上手くいくこともあるが、実習では上手くいかないことも多いだろう。けれどもそうした上手くいかなかったという経験からこそ学ぶことは多いものでもある。失敗を学びとするためにも、子どもとの関わりのなかで困ったことや疑問に思ったこと、反省したことなどについてしっかりと日誌に書くことが大切である。実習生の話では、一斉活動に参加しないで遊び続けるSちゃん、Mちゃんに「一緒に踊ろうよ」、「楽しそうなことしているよ」、「今はみんな何する時間かな？」……などといろいろな言葉を工夫してかけたつもりだったが、まったく耳を傾けてくれないだけでなく怒られてしまい困り果ててしまったという。さらに、「他の子どもたちと一緒に活動に参加してほしいあまりに、SちゃんとMちゃんの気持ちが見えていなかったのかもしれない」と反省を述べた。こうした経験を日誌に書くことで自分の実習を冷静に振り返り受け止め、そこからその日の学びを整理することができる。

③ 子どもとの関わりのなかで学んだことを書く

具体的な子どもとの関わり、そのなかでの反省などを記述していくなかで、「○○すればよかった」、「自分には○○が足りなかった」……ということが見えてくる。子どもとの関わりを記述するだけでなく、そのなかから学んだことも書いておくことがとても大切である。この実習生は、話していくうちに、「一方的な私の思いで子どもを動かそうとするのではなく、まずは子どもの気持ちを心から理解しようとする姿勢が大切なのではないかと思った」という。また、「今度は私の思いとは違う行動をする子どもに対しても、まずは落ち着いて子どもの思いを読み取ったうえで言葉かけをするようにしたい」などと課題を見いだしている。このように子どもとの関わりを振り返り文章化していくなかで、考えたり、学んだりしたことを書くようにしたい。

見学・観察実習から一歩進めて参加実習の段階に進んだら、実習日誌の書き方も一歩進めて学びを深めたいものである。以上、参加実習時における日誌の書き方について解説したが、この点について修正、加筆したものが実習日誌例1の修正例（次ページ参照）である。参照し学んでほしい。

間違って覚えて使っている用字・用語や漢字はありませんか？

近年、パソコンやメールの普及にともない、きちんと文字を書く機会が少なくなったように思います。いざ、ていねいに文字を書かなければならないときに、"正確に文字が書けない……"などということはありませんか。そのようなとき、まったくわからない文字や漢字であれば辞書を引いて調べます。が、誤字・脱字で意外に多いのは間違って覚えてしまい使っている用字・用語や漢字なのです。以下、実習日誌でよく使用される用字・用語や漢字の一部を挙げますので、間違って覚えてしまっていないか確認してみましょう！

- ×　……卒先して保育を行う。→○　率先
- ×　朝のお向えをする。→○　お迎え
- ×　Aちゃんとは対称的にBくんは……→○　対照的
- ×　不用なものを片づける。→○　不要
- ×　子どもたちは以外にしっかりしていて……→○　意外
- ×　離乳食に移向しつつあり、……→○　移行
- ×　以下のとうりです。→○　とおり（通り）
- ×　担任の保育者は適確なアドバイスを……→○　的確
- ×　指導計画案に基ずいて・元づいて……→○　基づいて
- ×　少しづつできるように……→○　ずつ
- ×　保育者に指適を受ける。……→○　指摘

【 幼稚園の参加実習時の日誌例1の修正例 】

5月18日(月) 天候 雨のち晴れ	3歳児 たんぽぽ 組	男児 13 名 女児 12 名 欠席 2 名	備考

今日の実習のねらい	保育のさまざまな場面や子ども一人一人に応じた適切な言葉かけを行う。

時間	環境構成	子どもの活動	保育者の援助・留意点	実習生の動き・気づき
8:45	〈保育室〉自由遊び （棚／ままごと／ロッカー／折り紙／お絵描き／ブロック／ゴザ／車／フラフープ／ドア／ピアノ）	○順次登園する。 ○雨のため、保育室内で遊ぶ（ブロック、お絵描き、ままごと、折り紙、車、フラフープ）。 ・折り紙……Aちゃんが折り紙で何かつくってとせがむ。そのほかの女児たちも興味を示し、自分にもつくってほしいと要求する。	・雨のためテラスで受け入れをする。 ・子ども一人一人に笑顔で「おはよう」と挨拶する。 ・保護者と話し、子どもについての連絡を確認する。 ・一人でいる子や遊びを見つけられない子を誘って楽しく遊べるように一緒に遊ぶ。	・「おはよう」と声をかける。 ・着替えを手伝いながら子どもの話を聞く。 ・Aちゃんに折り紙でチューリップをつくって渡す。ほかの女児たちにも頼まれ、折り紙でチューリップをたくさんつくる。
10:00	〈絵本の部屋〉 （歯科検診／ジュータン／本棚／本棚）	○片づけをする。 ・Nちゃんが折り紙をしていて片づけをしない。 ・保育者にほめられ、喜んで片づける。	・歯科検診があることを伝え、片づけを促す。 ・「たんぽぽさん、みんなお片づけ早い！！」と子どもたちを認め、意欲的に片づけられるよう援助する。	・「まだお片づけしない」と言って折り紙で遊んでいるNちゃんに「お片づけできるかな」と声をかける。
10:15	・アコーディオンカーテンで仕切り、歯科検診のスペースをつくる。	○絵本の部屋に移動する。 ・歯科検診を順番に受ける。待っている子は絵本を見ながら待つ。 ・少し怖いようで、Aちゃんが泣いてしまう。 ・検診が終わった子から保育室に戻る。	・子どもたちを絵本の部屋に誘導する。 ・Aちゃんをひざの上にのせて歯科検診を安心して受けられるよう配慮する。	・子どもと一緒に絵本を見ながら静かに待てるようにする。
10:45	〈保育室〉合同礼拝 （棚／ロッカー／ドア／ピアノ） ・子どもを待たせないように実習生が素早く椅子を並べる。	○保育者をまねて音楽に合わせ、楽しそうに踊る。 ・SちゃんとMちゃんが一緒に踊らないで、車に乗って遊んでいる。声をかけても反応しない。 ・SちゃんとMちゃんがジャンケンをしている。声をかけると「ヤダ」と怒る。	・「ハトポッポ体操」「アブラハム」などの踊りをする。 ・子どもたちが踊り方がわかるよう大きな振りで踊る。	・子どもたちに楽しさが伝わるよう元気に踊ってみせる。 ・踊らないで遊んでいるSちゃんとMちゃんに声をかける。
11:15 11:30	〈保育室〉昼食 （棚／ロッカー／ドア／ブロック） ・お茶、台ふきん	○お祈りをする。 ・落ち着かない子が数人いる。 ○排泄、手洗い。 ○昼食の活動をする。 ・昼食の準備をする。	・たんぽぽ、ばら組合同でお祈りをする。 ・排泄、手洗いをするよう声をかける。 ・昼食の準備をする。	・静かな気持ちになって子どもと一緒にお祈りをする。 ・排泄、手洗いの様子を見る。 ・昼食の準備を手伝う。

時間	環境構成	子どもの活動	保育者の援助・留意点	実習生の動き・気づき
12:30	〈保育室〉自由遊び （棚／ままごと／ピアノ／折り紙／ロッカー／ブロック） ・子どもの要求に応じて、保育者が足りなくなった赤、ピンクの折り紙を出す。 〈園庭〉自由遊び （砂場／園舎／三輪車／ボール遊び）	・「おべんとう」の歌をうたう。 ・「いただきます」の挨拶をする。 ・保育者や実習生との話を楽しみながら、お弁当を食べる。 ○食べ終えた子から片づけ。園庭、保育室で自由に遊ぶ。 保育室：ブロック、折り紙、ままごと ・ままごとでは「私はお母さん」と自分のイメージをうれしそうに話す。 ・園庭：ボール、三輪車、砂遊び ○片づける。	・「おべんとう」の歌をピアノで弾く。 ・「いただきます」の挨拶をする。 ・楽しいお弁当になるよう子どもと話しながらお弁当を食べる。 ・昼食の後片づけをする。 ・子どもが砂の感触を楽しめるよう、一緒に裸足になって砂遊びをする。	・子どもと一緒にうたう。 ・一緒に挨拶する。 ・お茶を配る。 ・子どもに話しかけたりして楽しくお弁当を食べる。 ・後片づけを手伝う。 ・「それは何？」などと子どものイメージしていることを理解できるよう聞きながら、一緒にままごとを楽しむ。 ・いろいろな子にボールがいくよう気をつけながら、ボール投げをする。
13:30	・子どもの要求に応じ、実習生が三輪車を出す。白線を引いて三輪車で走れるスペースをつくる。		・片づけるよう声をかけ、一緒に片づける。 ・砂で汚れた子どもの足を洗う。	・子どもと一緒に片づける。 ・着替えの手伝いをする。自分で意欲的に着替えられるよう援助する。
13:50	〈保育室〉帰りの集まり （棚／ピアノ／ロッカー／㋺）	○手洗い、うがいをして帰りの支度をし、椅子に座る。 ・絵本を見る。 ・「さようなら」の挨拶をする。	・手洗い、うがいをするよう声をかけ、椅子を並べる。 ・絵本「もこもこ」を読み聞かせる。 ・「さようなら」の挨拶をする。	・一緒に絵本を見る。
14:00		○降園		・子どもを見送る。

〈感想・反省〉

　今日は、午前中に歯科検診があったり、たんぽぽ、ばら組合同で礼拝を行ったりしました。歯科検診ではＡちゃんが怖がって泣いてしまいました。3歳児だと歯を診せるだけの検診もまだ経験がないので、怖がる子がいることがよくわかりました。また、そのとき先生がすぐに気づいてＡちゃんを抱き、落ち着かせるよう何か声をかけていらっしゃいました。子どもが不安なときすぐに気づいてあげられること、その不安を支えてあげることがとても大切なのだと思いました。合同礼拝では、初めてということもあり、子どもたちが落ち着かない様子でした。いつもの礼拝とは違った様子に思いました。

　踊りをしているとき、話をしているときに、Ｓちゃん、Ｍちゃんがほかの遊びをしていました。「一緒に踊ろうよ」、「楽しいことをしているよ」などといろいろな言葉を工夫してかけたつもりでしたが、まったく耳を貸してくれませんでした。「今はみんな何をする時間かな？」と声をかけると、Ｓちゃんは「ヤダ」と言い怒り出してしまい、何と声をかけてよいのかわからず困り果ててしまいました。でもよく考えてみると、ほかの子どもたちと一緒に活動に参加してほしいあまりに、ＳちゃんとＭちゃんの気持ちが見えていなかったのかもしれないと反省しています。一方的な私の思いで子どもを動かそうとするのではなく、まずは子どもの気持ちを心から理解しようとする姿勢が大切なのではないかと思いました。わかっているつもりでしたが、子どもの気持ちを理解し受け止めつつ、こちらの思いを伝えられるような言葉かけは本当に難しいです。今度は私の思いとは違う行動をする子どもに対しても、まずは落ち着いて子どもの思いを読み取ったうえで言葉かけをするようにしたいと思います。

〈指導者の助言〉　　　　　　　　　………略………

2．参加実習時の日誌例2

　この実習生の日誌（p.128〜129「幼稚園の参加実習時の日誌例2」）は、参加実習において子どもたちの遊びに積極的に参加すること、製作活動の援助を実践し学ぶことをねらいとしていた日のものである。実習のねらいも明確であり、その日の実習における自分の子どもへの関わり、援助やそこから学んだことがしっかり記述されており、大変よく書けた日誌である。

　この日誌を参考にしながら、よりよい参加実習時における日誌の書き方について学んでいくことにしよう。

（1）子どもとの関わりの記述が詳細である

　この実習生の日誌は、指導者の助言にもあるように子どもとの関わりが大変的確に書けている。子どもとの関わりについてどのように書いていけばこのような記述になるのだろうか。この実習生の日誌から以下の点を学ぶことができる。

① "どのような場面でどのように子どもに関わったのか"を書く

　まずは、どのような場面でどのように関わったのかという基本的なことをしっかり書くことが大切である。基本的で当たり前のことではあるが、必要なことが書かれていないためによくわからない記述が意外と多いものである。この実習生は、必要なことはもちろん、ブロック遊びへの関わりの記述では「……"かっこいいのができたね"など言葉かけをする。……」というように、どのような言葉かけをしたのかということも具体的に記述していて、その場面が思い浮かぶようである。

② "どのような思いや考えをもって子どもに関わったのか"を書く

　また、この実習生は製作活動において、〈感想・反省〉の欄に「一人一人の要求に対し、ていねいに応えることが大切だと思い」どの子どもの要求もすべて受け入れ、折り紙を切る援助をしたということを記述している。自分がどのような思いや考えをもって子どもに関わったかということも記述することによって、その関わりについての深い考察が生まれるのである。

③ "自分の関わりに対して子どもがどのような反応をしたか"を書く

　さらに、この実習生は製作活動において、〈感想・反省〉の欄に、絵を描けないTくんに「何を描こうか？」という声をかけたら、「T君はますます考えこんでしまいました。」とTくんの反応を記述している。自分の関わりに対して子どもがどのような反応をしたのかということについても記述することが大切である。自分の関わり

がよかったかどうかということは、子どもの反応を受け止めて判断するほかないのである。

（2）子どもとの関わりのなかから深い考察がなされている

このような子どもの関わりの記述により、この実習生は大変深い考察をしている点も評価できる。

たとえば、製作活動において「一人一人の要求に対し、ていねいに応えることが大切だと思い」どの子どもの要求もすべて受け入れ、折り紙を切る援助をしたが、それは子どもが自分でできることまでもやってしまっていたことであることに気づき、さらに「子どもの意欲を引き出す」援助が必要だったという結論にも達している。

また、絵を描けないTくんへの「何を描こうか？」という言葉かけに対するTくんの「ますます考えこんでしまった」という反応から、「何を描いたらよいのかわからないTくん」にとってそれは援助ではなく、「T君を困らせていただけ」であるとTくんの気持ちを読み取っている。そして、絵を描かないTくんを「何とかしなくては」という自分の言葉の裏にある内面的な読み取りにまで至っている。

自分がどのような思いや考えをもって子どもに関わったか、自分の関わりを子どもがどのように受け止め反応したか、ということから子どもの内面を読み取り、子どもの成長にとってそれがよかったのかどうかということをじっくりと考えることで多くの学びを得られるのである。

ある保育者の話「子どもの名前を間違えてしまった実習生」

私の園では実習前にかならず担当クラスの名簿を渡し、確認してもらうようにしていますが、昨年、受け入れた実習生が実習3日目、担当クラス（4歳児）の子どもの名前と性別を間違えて呼んでしまうということがありました。子どもの名前は「流都（ると）」、女の子です。実習生は「りゅうと」くんという男の子と思い込んでしまっていたらしく、遊んでいるときにみんなの前でそう呼んでしまったのです。子どもたちも実習生に慣れ「自分の名前は覚えてる」とみんな思いはじめてきた時期でしたので、流都ちゃんは相当ショックだったらしく、その日は実習生の言葉も聞き入れず顔を見たりもしませんでした。実習生もその日は自分の間違いから流都ちゃんを傷つけてしまったことをとても反省しており思い悩んでいたようでした。次の日、実習生は流都ちゃんに「流都ちゃん、お名前間違ってイヤな気持ちにさせちゃったね。先生だったら泣いちゃったかもしれない。本当にごめんね」と心から謝っていました。そして「流都ちゃんってすてきなお名前ね！　流都ちゃんの"都（と）"っていう漢字は、"みんながあつまる"って意味や"きれいで立派"って意味があるんだよ。先生うらやましいな。すてきなお名前だねー！」と一生懸命話しかけていました。すると流都ちゃんも次第に表情がやわらかくなり「ホント！？　そうなんだー！」と実習生と仲直りすることができたのでした。実習生は子どもの気持ちを考え仲直りしてもらおうと、漢字の意味を調べたりしたとのことでした。そんな実習生の気持ちが流都ちゃんに伝わったのですね。失敗はしないほうがよいですが、この実習生のように失敗したときの対応の大切さも学んでほしいものですね。（千葉県／公立幼稚園勤務8年／A.K）

【幼稚園の参加実習時の日誌例2】

6月19日(木) 天候　晴れ	4　歳児 れんげ　組	男児 15 名 女児 13 名 欠席　1 名	備考
今日の実習のねらい	・子どもたちの遊びに積極的に参加する。 ・保育者を見習い、製作活動を援助する。		

時間	環境構成	子どもの活動	保育者の援助・留意点	実習生の動き・気づき
9:00	〈保育室〉 [保育室の図：ままごと、絵本、ピアノ、粘土、ブロック、棚、ロッカー] ・粘土で遊んでいる子どもたちに、皿、フォーク、スプーンを出す。	○登園 ・「おはよう」と元気に登園する子、はずかしそうに保育者の肩をたたいて登園したことを知らせる子がいる。 ・自分からかばん等、所持品の始末をする。 ○自由に遊ぶ（保育室） ・ブロックで戦いの武器など思い思いのものをつくり、友達や実習生と見せ合う。 ・役になりきり、ままごとを楽しむ。 ・粘土でケーキなどをつくり、ままごとのお家に届けて遊ぶ。	・子ども一人一人に笑顔で「おはよう」とあいさつをし、健康状態を確認する。 ・子どもたちとままごとをして一緒に遊ぶ。粘土で遊んでいる子たちに「おいしそうなケーキ！食べたいな！」と遊びが発展するよう声をかける。 ・片づけを促す。	・子ども一人一人に笑顔で「おはよう」とあいさつする。 ・子どもたちの朝の支度をそばで見守る。 ・ブロックで遊ぶ男児たちに「かっこいいのができたね」など言葉かけをする。また、ブロックでロボットなどをつくり一緒に遊ぶ。
10:00		○片づけ ・保育者にほめられ、みんな積極的に片づけをする。 ○トイレ、手洗い	・「○○ちゃん、お片づけ上手」と声をかけ、意欲的に片づけられるようにする。	・子どもたちと一緒に片づける。
10:15	・机を並べる。 [机配置の図：ピアノ、棚、ロッカー]	○朝の集会 ・「おはよう」の歌をうたう。 ・保育者に名前を呼ばれると、みんなうれしそうに返事をする。	・排泄、手洗いを促す。 ・「おはよう」の歌を弾く。 ・子ども一人一人の顔を見ながら出席をとる。	・排泄の様子を見守る。 ・「おはよう」の歌を一緒にうたう。 ・おしゃべりをしている子のそばへ行き、声をかける。
10:30	・ペン立ての材料 [図：牛乳パックを紙（白）でおおったもの。1人1個。] ※各机ごとに用意：ハサミ、マジック、のり、手ふき、折り紙（1/4に切ったもの）	○製作活動「ペン立てづくり」（父〈保護者〉の日のプレゼント） ・保育者の説明を興味をもって聞く。「やりたい」と声をあげる子も多い。 ・早速材料を手に取り、つくりはじめる。 ・絵を描き思い思いのペン立てをつくる。 ・T君はマジックを握ったまま動かない。保育者の言葉かけで笑顔になり、描きはじめる。	・「みんなの○○さんはどんな人？」など、これからの活動に興味がもてるような話をする。 ・見本を見せながら、つくり方を説明する（牛乳パックに折り紙やマジックで装飾し、ペン立てをつくる）。 ・各テーブルに材料、用具を配る。 ・子どもたちを見てまわり「きれいね」「かっこいい」と声をかける。 ・「T君のお父さんは食べ物、何が好き？」「好きな物描いたら喜ぶかな？」と話しかける。	・材料、用具を配る。 ・折り紙を切るのを援助する。 ・T君に「何を描こうか？」と声をかける。
11:20	・ゴミ箱を部屋の中央に出す。 ・台ふきん、お茶の用意をする。	○片づけ ○排泄、手洗い ○昼食準備	・片づけを促す。 ・排泄、手洗いを促す。 ・昼食の準備をする。	・一緒に片づける。 ・昼食の準備をする。
11:45		○昼食 ・「おべんとう」の歌をうたう。	・「おべんとう」の歌を弾く。	・お茶を配る。 ・一緒にうたう。

時間	環境構成	子どもの活動	保育者の援助・留意点	実習生の動き・気づき
12:30	〈保育室〉(配置図:ピアノ、棚、ロッカー)	・「いただきます」とあいさつする。 ・友達や保育者と楽しそうにお弁当を食べる。 ○自由に遊ぶ（園庭） ・砂場で山づくり、川づくりを楽しむ。 ・男児、女児入り交じってドロケイを楽しむ。	・あいさつする。 ・子どもの様子に目を配りながら、お弁当を楽しく食べる。 ・砂遊びを一緒に楽しむ。自ら裸足になって、子どもとともに砂の感触を楽しむ。	・あいさつをする。 ・会話を楽しみながら子どもと一緒にお弁当を食べる。 ・ドロケイを一緒に楽しむ。できるだけいろいろな子を追いかけるようにする。
13:30	・園庭：ドロケイの基地をラインで引く。	○片づけ	・片づけを促す。	・一緒に片づける。
13:45	・赤白帽の用意。 ・椅子を並べる。 (配置図:ピアノ、棚、ロッカー)	○帰りの集会 ・「すてきなパパ」をうたう。 ・手紙をしまう。 ・保育者の話を聞く。 ・「さようなら」のあいさつをする。	・「すてきなパパ」を弾く、うたう。 ・手紙を配り、明日の話をする。 ・あいさつをする。	・一緒にうたう。 ・手紙を一緒に配る。
14:00		○降園	・子ども一人一人を見送る。	・子ども一人一人を見送る。

〈感想・反省〉

　今日は昨日の反省から「子どもたちの遊びに積極的に参加する」ことを目的として実習にのぞみました。午前の遊びでは男の子たちのブロック遊びに参加しました。最初は「かっこいいのができたね」などと声をかけてみました。すると、男の子たちはみんな「これは○○だよ」と満足そうに自分のつくったものを見せてくれました。それから私もブロックでロボットをつくってみました。つくってみると、とても楽しく時間も忘れて遊んでしまいました。子どもと同じように遊んでみることで、子どもの気持ちに少し近づけたように思います。子どもたちは私のつくったロボットを見て「かっこいい！　ぼくもつくろう」とつくりはじめたり、ブロックでつくった武器でロボットに戦いをしかけてきたりと、遊びが広がり本当に楽しかったです。保育者も子どもたちと一緒になって心から遊びを楽しむことがとても大切なことだと改めて思いました。

　今日のもう1つの実習の目的は「製作活動を援助する」ことでした。昨日、○○先生から「父〈保護者〉の日のプレゼントづくりをするので一緒に援助してみてください」と言っていただき、とても楽しみでした。しかし、実際にやってみるととてもむずかしいことがよくわかりました。私は子どもたちが「折り紙、まるく切って」などと要求するのに応えて折り紙を切る援助をしました。私は一人一人の要求に対し、ていねいに応えることが大切だと思い援助したのですが、子どもが自分でできることまで援助してしまっていたことに保育後の反省会で気づきました。子どもに言われるままに全部折り紙を切ってしまうのではなく、少しだけ切って「○○ちゃんもやってごらん。上手だね」と子どもの意欲を引き出すことも必要でした。子ども一人一人の様子をよく見ながらどこまでやってあげたらよいのかをよく考え、見守ったり励ましたりして、子どもが自分の力でできるよう援助することが大切だということを学びました。製作活動ではT君が絵を描けずに困っている様子でしたが、どのように援助してよいのか、とてもむずかしかったです。私はT君に「何を描こうか？」と声をかけてみたのですが、T君はますます考えこんでしまいました。しかし、○○先生はT君に「T君のお父さんは食べ物、何が好き？」と聞きました。T君は「メロンだよ」と元気に答え、「メロン描いたら喜ぶかな」という○○先生の言葉を聞くと笑顔になり絵を描きはじめたのです。何を描いたらよいのかわからないT君に私の「何を描こうか？」という言葉は、T君の気持ちをまったく理解していないもので、何の援助にもなっていないどころかT君を困らせていただけだったのです。今思うと私は「何とかしなくては」という思いが強く、それがT君にも伝わりT君を追いつめていたのかもしれません。それとは対照的に、○○先生はT君が描きたいと思うものを具体的にイメージできるような言葉をかけていました。援助一つで子どもの活動への取り組みがまったく変わってしまいます。とてもむずかしいですが、保育者の援助がとても大切なのだと実感しました。

〈指導者の助言〉

　今日は、○○さんが子どもたちとの遊びを心から楽しんだように、子どもたちも○○さんとの遊びを心から楽しんでいるように見えました。子どもと一緒に思い切り遊ぶことによって子どもの世界が見えてくるのですね。実習日誌には子どもたちとの関わりの様子がよく書けています。書くことによって気持ちや考えが整理され、考察もよくされています。このような感じで実習を続けていくとよいでしょう。

保育所実習の　参加実習時の日誌

1. 参加実習時の日誌例1

　この実習生の日誌（p.132〜133「保育所の参加実習時の日誌例1」）は、一般的な参加実習時の日誌である。いくつかの点を工夫すると、さらによくなると思える日誌でもあるため、どのように修正すればよいか考えてみたい。この日誌をもとに、よりよい参加実習時の日誌の書き方について解説していく。

（1）参加実習において、今日一日、何を学びたいのかを明らかにする

　この実習生の日誌もまた「この日の実習のねらい」として挙げられている内容に問題がある。参加実習における実習のねらいは、次の2つの点に注意して設定する必要がある。

① 参加実習に適したねらいを設定する

　参加実習である以上、参加実習に適したねらいを設定する必要がある。この実習生の日誌には、「2歳児の一日の生活の流れを知る。年齢、月齢による子どもの発達の姿を知る。」とあるが、2歳児クラスの参加実習ならば、すでに、2歳児の一日の生活の流れは見学・観察実習で会得しているはずである。「2歳児の一日の生活の流れを知る。」はこの段階の実習のねらいには適していない。まだ、「年齢、月齢による子どもの発達の姿を学ぶ。」とだけ書いたほうが、参加実習のねらいにはふさわしい。

② 保育に参加することを通して何を学びたいのかを具体的に書く

　実習生にこの日の実習のねらいについてもう少し詳しくたずねてみると、「それまでの見学・観察実習において、保育者の言葉のかけ方や援助の仕方は、それにより子どもの行動が変わるほど重要であることを学んだため、実際にどのように子どもに言葉かけをすればよいのか、またどのように援助をすればよいのかを学びたかった」ということであった。そして、「とくに保育者は、さまざまな場面や一人一人の子どもに合った言葉かけや援助の仕方を考えて接していることを知り、場面に応じた適切な対応を学びたいと思った」とも話していた。

　これらのことを考え合わせると、この日の実習のねらいは単に「2歳児の一日の生活の流れを知る。年齢、月齢による子どもの発達の姿を知る。」というのではなく、

「2歳児の年齢、月齢による子どもの発達の姿を学ぶ。保育者の言葉のかけ方や援助の仕方を学ぶ。」というように、保育に参加することを通して何を学びたいのかということをより具体的に明確にして書くほうが適切である。

(2) 参加実習の視点から、今日一日、どのようなことをしたのか記録する

この実習生の日誌は、一日の流れはしっかり書かれているが、参加実習時の日誌という点においてはもう少し書き加えたほうがよいと思われるところがある。以下の点に留意し、参加実習の視点から一日の流れを記録することが必要である。

① 時系列に沿ってそれぞれの動きを簡潔、明瞭に書く

実習日誌には、毎日の実習の記録としてその日何があったのか、一日の保育について観察し、参加した事実を記録しておくことが大切である。さまざまな書き方があると思うが、この日誌のように時系列に沿って、環境構成、子どもの活動、保育者の援助・留意点、実習生の動き・気づき、感想・反省などを記入していくと書きやすく、見やすくてよい。けれども、この実習生の日誌は何があったのかの具体性に欠ける箇所があり、十分とはいえない。初期の段階の参加実習では、一日の保育の流れを知り、保育者の言葉のかけ方や援助の仕方を知ることも大切な学びのポイントであるので、一日の保育をしっかりと見て、参加した事実や、そのときの保育者の援助の内容やそのときに実習生が感じたことなどを記録していただきたい。

② さまざまな場面における環境構成を具体的に書く

まず、環境構成の記録であるが、図を活用してわかりやすく書かれている点はよいが、登園時の保育室の環境、製作活動時の材料、遊具が少しだけ書いてあるのみで、これでは不十分である。この日の保育について担任保育者に話をうかがったところ、「自由な遊び、睡眠、昼食などそれぞれの場面に応じて異なる環境を構成していた」とのことだった。この保育日誌と担任保育者の話をもとに環境構成の記録を書き直すと、p.138〜139の実習日誌例1の修正例のように、これだけ書くべきことがある。自由な遊びにおいては、どのような遊具や用具がどこに用意されているのかを書くことで、そこでどのような遊びが展開され、生活が保障されていたのか、遊びや生活と環境との関わりが見える記録となる。また、紙芝居や絵本を見るときやクラスの集まりにおいては、椅子の並べ方など、どのような態勢で子どもを集めているのかを書くことで、さまざまな活動における環境づくりの実際を学ぶことができるのである。また、乳児から2歳までの間には、椅子の種類や高さも大きく変わるので、このような違いにも気づき、写真などを撮影し日誌の裏面に貼っておくとよい (p.141参照)。

【保育所の参加実習時の日誌例1】

5月29日(木) 天候　晴れ	2　歳児 すずらん　組	男児　7　名 女児　3　名 欠席　2　名	備考

今日の実習のねらい	・2歳児の一日の生活の流れを知る。 ・年齢、月齢による子どもの発達の姿を知る。

時間	環境構成	子どもの活動	保育者の援助・留意点	実習生の動き・気づき
9:30	(保育室の見取り図：流し、押入、じゅうたん、机、ピアノ、本ロッカー、じゅうたん、机、オモチャ、オモチャ、テラス)	○登園し、お支度をする。(シールはり、コップ、タオルを出す) ・自由遊び(おままごと) ・片づけをして、トイレに行く。	・子どもと朝のあいさつをする。 ・視察をする。 ・片づけを促す。	・来た子どもに声をかける。 ・おままごとをして遊ぶ。(★1) ・片づけを手伝う。
9:50		○おはじまり ・歌をうたう。(おたまじゃくし、カエルのうた、おはようのうた、どんぐり、手をたたきましょう) ・出席。自分の名前をマイクに向かって言う。	・ピアノを弾く。 ・子どもの活動をリードする。(●1)	・歌を子どもと一緒にうたう。 ・おはじまりの様子を見る。 ・子どもの名前を覚える。
10:10		○おやつ ・手を消毒しおやつを配ってもらう。 ・食べる。 ・うがいをしてコップを片づける。 ○壁画の製作(あらかじめカエルの手、体、頭をつくっておく) ・目の部分にシールを貼り、クレヨンで口を書く。最後に、のりで手を体につけ、頭をくっつける。	・おやつを配る。 ・はじめに子どもたちがわかりやすいように、説明する。 ・活動を援助する。	・おやつの様子を見る。 ・子どもが困っているときには、手助けをする。(★2)
10:30	(通路、山が2つ、通路、カメ コイ 池)	・トイレに行く。 ○散歩 ・2人組で手をつなぎ、門の前に並ぶ。全員そろったら、出発。 ・歩いて神社まで行く。 ・池と小さな山が2つある広場で自由に遊ぶ。 ・歩いて園まで戻る。	・トイレを促し、援助する。 ・危険がないように、子どもたちを見守る。 ・子どもと一緒に遊ぶ。	・トイレの援助をする。 ・子どもと一緒に手をつなぎ散歩へ。(★3) ・危険がないよう見守りながら一緒に遊ぶ。
11:15		・トイレに行き、給食の準備をする。手を消毒してもらう。 ・紙芝居を見る。「ちょきちょきばさみ」	・トイレを促し、援助する。 ・紙芝居を読む。	・トイレの援助をする。

時間	環境構成	子どもの活動	保育者の援助・留意点	実習生の動き・気づき
11:30		○給食 ・配ってもらっているときは、手はおひざにして待っている。	・給食を配膳する。 ・食事を援助する。	・食事。残しているものを食べるように声をかける。
12:30	ロッカー	・食べ終わったら、うがいをして、トイレに行き、パジャマに着がえる。 ・絵本を読んでもらう。	・ボタンの脱着はむずかしいので手伝う。布団を敷く。 ・絵本を読む。子どもを寝かす。	・着がえを援助。(とくにボタン)(★4) ・トイレが遅い子どもに付き添う。援助する。
12:45 2:45		○午睡 ・起きた子どもから、トイレに行き、洋服に着がえる。	・トイレに行くよう促す。トイレを手伝う。 ・着がえを手伝う。布団をたたむ。	・子どもが眠れるようにトントンする。 ・トイレ、着がえを手伝う。
3:10		○おやつ ・手を消毒し、おやつを配ってもらう。 ・食べる。 ・食べ終わったら帰りの支度をする。(コップ、タオルを片づけ、バッグをフックにかける) ・トイレに行く。	・おやつを配る。 ・帰りの支度を促し、タオルをコップの中に入れてあげる。 ・トイレに行く援助をする。	・おやつを配る。 ・帰りの支度がスムーズにいくように手助けをする。 ・トイレの援助をする。
3:40		○外に出て、お迎えまで自由遊びをする。(すべり台、砂場、遊具、乗り物など)	・外で一緒に遊ぶ。視察。(お迎えが来たときには、ちゃんとあいさつをしてから、さよならをする)	・子どもと一緒に遊ぶ。(すべり台、砂場、乗り物など)
4:00		○降園		

〈感想・反省〉

　今日は10名と子どもが少なかったため、全員とたくさんかかわることができた。人見知りをしていた子どもたちともすぐに慣れることができた。昨日までの幼児のクラスとは違い、援助がたくさん必要だった。トイレの後、パンツがはけないという子どもに対して、「カッコイイところを見せてよ！」と声をかけるとはじめは甘えていたが、自分でちゃんとはいてもらうことができた。また同じ年齢でも、パンツだったり、トレーニングパンツ、おむつと成長の差を実際に自分の目で見て感じることができた。

〈指導者の助言〉

　自分のことが、だんだんと自分でできるようになってきて、何でもやりたいと思う反面、まだまだできないこともあったり、甘えたいところもたくさんある子たちです。個人差も大きいので、その子に合わせた対応が必要だと思います。保育者の声かけでやる気をもたせてあげるのも大切だと思います。子どもたちにはどんどん積極的に話しかけてあげると子どもも心を開いてくれますよ。

③ 子どもとの関わりのなかから見られた子どもの活動を書く

　参加実習では積極的に子どもに関わっていくことになる。子どもが何をしていたのかという記録はもちろんのこと、参加実習の場合は、自分の子どもへの関わりに対し子どもがどのような反応を示したのか、あるいは子どもが自分にどのように関わってきたのか、といったことも合わせて書くようにしたい。

　たとえば午前の製作遊びでは、実習生の活動を見ると、★2「子どもが困っているときには、手助けをする。」と書いてあるが、子どもの活動については、そのときの様子がよく書かれていない。実習生に詳しく聞いてみると、紙を貼っていたKちゃんが「せんせい、やって」と言うので手伝うと、周囲にいた子どもたちからも次々に「やって」「やって」と要求されたのだという。また、子どもたちの活動の欄に「壁画の製作」と記録するだけでなく、「Kちゃんがやってとせがむ。」と記録し、実習生の動きとして「Kちゃんを手伝う。それを見てほかの子どもたちもやってほしいと要求する。」などと記録するとよいだろう。このように参加実習時の日誌には、子どもとの関わりのなかから見られた子どもの活動を書くことが大切である。

④ 保育者の活動・援助の意味を的確に捉えて書くように努める

　実習生にとって保育者から学ぶことは非常に多い。また、保育者の動きをよく見ていなければ保育に参加することはできないのであり、参加実習においては、保育者の活動・援助をその意図まで含めて、よく観察しておきたいものである。この実習生の日誌は、保育者が一日どのような活動・援助をしたのかについてはだいたい記録しているといえるが、参加実習時の日誌としては、これでは十分とはいえない。観察実習では実習の初期の段階であるので、保育者の一日の仕事内容やそのやり方など表面的な事柄が中心になり、その援助の意味の読み取りが適切にできないことが多い。しかし、参加実習の段階に進めばさらに進めて、その保育者の活動・援助の意味を的確に捉えて記録するよう努めたいものである。

　たとえば、午前中のおはじまりの場面で、●1「子どもの活動をリードする。」とあるが、この保育者の行為をよく考えてみると、おそらく言葉かけをすることで、名前を言おうとしている子どもを認め、意欲的に表現することができるように援助をしていることが考えられる。つまり、「子どもたちを認め、意欲的に表現し、歌を楽しめるよう援助する。」と記録することができる。さらにそのときの様子を担任にたずねてみると、「名前を言う子だけでなく、言えない子には、そっと後方から耳元でささやき、子どもが言いやすいように言葉をかける」ということであった。このように一つ一つの保育者の行為について、それが子どもへの援助としてどのような意味をもつものかを考えるように努めることで、より深い学びが得られるのである。

⑤ 自分自身（実習生）の、子どもへの関わりを具体的に記述する

　この実習生の日誌は、その日の出来事の記述が中心であり、自分の子どもへの関わり、援助の内容についての記述があまりない。参加実習では、実際に子どもに関わり、実践することを通して援助について学んでいく。日誌には自分が子どもにどのように関わり、援助したのかということを援助の意味も含めて具体的に記述しておくことが必要である。

ア．援助としての子どもへの関わりを中心とした自分の活動を書く

　実習生の活動については、参加実習であるので、その日一日保育にどのように参加したのかということを書けばよいのだが、ただ単に子どもと何かをしたという記録に終わるのでなく、保育援助としてどのような意味を込めてその行為を行ったのかという点についても書くようにすることが大切である。

　この実習生の日誌は、自分が一日どのような活動をしたのかは書けている。けれども、★1「おままごとをして遊ぶ。」、★3「子どもと一緒に手をつなぎ散歩へ。」というように、子どもと何をしたのかが書かれていても、そのなかでどのような援助を心がけたのかという点が欠けている。

　実習生にたずねてみると、ままごと遊びでは、「子どものイメージを理解できるように、できるだけ子どもの言葉を引き出したり聞くようにしたりした」こと、子どもと散歩の場面では、「子どもたちに楽しさが伝わるよう元気に歩いてみせるようにした」こと、さらに「園内での遊びの際、玩具の取り合いなどトラブルが多いので、戸外遊びでも注意深くよく見守るようにする」など、援助としてどのように子どもに関わっていくのかということを意識して保育に参加していたと思われる。実習日誌には、もう一度その日の自分の行動を思い起こし、援助としての子どもへの関わりをその意味も含めて実習生の活動として書くようにすることをすすめたい。

イ．印象に残った子どもとの関わりを書く

　その日印象に残った子どもとの関わりの場面や、その日の実習のねらいとして、学びとなった子どもとの関わりの場面を振り返って思い出し、具体的に記述してみたい。実習生にこの日印象に残った子どもとの関わりについて聞いてみると、★4の「着替えの援助」とのことであった。しかしながら、日誌の「着替えを援助。（とくにボタン）」という記録だけでは、どのような言葉をどのようにかけたのかわからない。自分がどのように子どもに関わったのか、もう少し具体的に記述しておきたい。着替えの援助の場面を詳しく聞いてみると、以下のようなことであった。

　「Rちゃんのボタンはめ」：Rちゃんは、自由遊びのとき、熊のお人形の大きなボタンを一つはめるたびに、「見て！」と実習生に見せにきていた。ボタンはめに自信

をつけてきたようである。お昼寝前のひととき、Ｒちゃんは、今度は自分のパジャマのボタンをはめようと大奮闘している。しかし、熊のお人形のものと違ってボタンは小さく持ちにくくうまくいかない。顔は真剣そのもの、今にも泣き出しそうな表情である。どこで声をかけようかとずっと様子をうかがっていたが、「Ｒちゃん、ボタンできるようになったんだね。先生も一緒にやっていい？」と声をかけた。わずかにうなずいたＲちゃんに、「一番下のボタンから入れてみようか」と、一番下のボタンの位置とボタンホールを合わせ、洋服の下位の部分を合わせ、一緒にボタンを入れてみたら、うまくはめることができた。とてもうれしそうに、「できた、次は入れるね」と、その上のボタンをＲちゃんは一人で入れていた。ボタンをはめることができたＲちゃんの顔はうれしさで一杯である。私もうれしい気持ちになった。

　とてもよい実習体験であるので、日誌にはこれらを簡潔に記述しておくことをすすめる。

（３）今日一日、どのようなことを感じ、考えたか

　この実習生の日誌には、感想・反省の欄に「人見知りをしていた子どもたちともすぐに慣れることができた。」「幼児のクラスとは違い、援助がたくさん必要だった。」「成長の差を実際に自分の目で見て感じることができた。」と書かれているが、それ以外には気づきに関した記述はない。参加場面の状況が見えるような具体的な記述がないために、参加実習から何を感じ、何を学び取ったのかということの記録までには至っていない。感じたことが羅列してあるのみで、参加実習から得られた表面的な気づきにとどまっている。

① 印象に残る出来事を通して、何を感じ考えたかを書く

　参加したことを記述しただけでは学びにならないので、参加実習したことから何を感じ何を考えたのかを具体的に書いてみよう。この日、実習生が参加実習したなかで印象に残る出来事を聞いてみると、「食事を楽しく食べるよう、担当の保育者がとても工夫した言葉のかけ方をしていたこと」であると語っていたが、これなどはとてもよい気づきである。

　２歳児期といえども、まだまだ発達差が大きいため、個々の子どもの状況を適切に把握し、的確に対応していく必要がある。そのため保育者と子どもとの関係を継続的なものにしようとする試みが「担当制」である。特定の保育者を特定の子どもの担当者として位置づけ、その担当者が食事や排泄・睡眠などの「生活」活動をできるだけ担うようにしている。子どもが安心できる保育を通して、子どもはその保育者にアタッチメントを形成し、信頼関係を培っていく。見学・観察実習の章で乳

児に対して愛着（アタッチメント）がとても重要であることを述べたが、2歳児でも保育者と子どもの間での愛着（アタッチメント）の形成はとても大切である。

2歳児は自我が芽生える時期のため、保育者は十分に個々の状況を受け止め、食事をすることができたらそれを認め、食べられない子は励まし、楽しく食事ができるよう心がけている。その様子を実習生として観察し、強く感じられたことはとてもよいことだと評価する。こうしたことを感想としてまとめておくと意味のある記録となる。

② 自分が関わった活動のなかでの考察や反省を書く

実習生に聞いてみると、「着脱の援助の仕方にはコツがあることを初めて体験し、保育者の言葉のかけ方しだいで2歳児でも自分でやろうとする意識と行動が一致するものだと感じた」と語っていた。前ページの「Rちゃんのボタンはめ」への援助では、この実習生はとても適切な対応をしている。これは、それまでの学内での学習や実習のなかで学んだことが、こうした援助に結びついたのだと思われるが、そのあたりを考察としてまとめておくとよいであろう。

また、実習生は「散歩の際、保育者が危険への配慮をたくさんしていたので、驚いた」とも語っていた。そのときに、自分はどの部分に、どのように関わっていたのかも記述しておくことをおすすめする。

2歳児の着脱について

2歳児は、自分で簡単な衣服の脱ぎ着ができるようになってきています。靴を自分ではいたり、パンツを自分ではいたり、パジャマを脱いだりといったように、着脱に関心をもち、徐々に自分でできることが増えていきます。「自分で！」と何でも自分でやらないと納得しない反面、うまくいかずイライラしたり、ときには自分でできるところも保育者に甘えて、「できない！」と、やってほしがったりもします。子どもが自分でしようとしているときは、脱ぎ着のできるところは時間がかかってもゆっくりと見守り、子どもがやってほしいと要求してきたらいつでも手助けをしてあげるようにしましょう。

また、お気に入りの服をいつも着たがり、汚れていても着替えようとせず、保育者を手こずらせてしまうことがあります。このようなこだわりもこの時期の特徴と捉え、気持ちを受け止めてゆったりと構えたほうがよいでしょう。「くまさんの服とうさぎさんの服とどっちがいい？」というように、子どもが自分で選べるような言葉かけをするなどの対応も大切です。脱いだ物をたたもうとしたり、ボタンをかけることや、裏返しを直すことにも関心をもちはじめます。子どもの興味に応じて、前後・裏表などを知らせたり、一緒にたたんだり、ボタンかけを見守ったりしながら、自分でやろうとする気持ちを育て、できたときには一緒に喜び合うようにしていきたいものです。

【 保育所の参加実習時の日誌例1の修正例 】

5月29日（木） 天候　晴れ	2　歳児 すずらん　組	男児　7　名 女児　3　名 欠席　2　名	備考

今日の実習のねらい	・2歳児の年齢、月齢による子どもの発達の姿を学ぶ。 ・保育者の言葉かけや援助の仕方を学ぶ。

時間	環境構成	子どもの活動	保育者の援助・留意点	実習生の動き・気づき
9:30	〈保育室〉 （図：流し、タオルかけ、机、ピアノ、オモチャ、ままごとコーナー、押入、本、ロッカー、机、コップを出すケース、トイレ、テラス、じゅうたん）	○登園し、お支度をする。（シール貼り、コップ、タオルを出す） ・自由遊び（ままごと） ・片づけをして、トイレに行く。	・子どもと元気に朝の挨拶をし、十分に視診する。 ・遊んだ玩具の片づけを促す。片づける場所を伝えながら、一緒に片づける。	・登園した子ども一人一人にていねいに声をかける。 ・ままごとをして遊ぶ。 ・子どものイメージを理解できるように、できるだけ子どもの言葉を引き出したり聞くようにする。 ・片づけを手伝う。
9:50		○おはじまり ・歌をうたう。（おたまじゃくし、カエルのうた、おはようのうた、どんぐり、手をたたきましょう） ・出席。自分の名前をマイクに向かって言う。	・ピアノを弾く。 ・子どもの活動をリードする。子どもたちを認め、意欲的に表現し、歌を楽しめるよう援助する。 ・名前を言う子だけでなく、言えない子にはそっと後方から耳元でささやき、子どもが言いやすいように言葉をかける。	・歌を子どもと一緒にうたう。 ・うたう子、うたわない子の様子を見て、そのときの保育者の対応を見る。 ・おはじまりの様子を見る。 ・子どもの名前を覚える。
10:10	〈保育室〉おやつ・製作時……子どもと保育者の位置 	○おやつ（牛乳・おせんべい） ・ポケットおしぼりタオルで手を消毒しおやつを配ってもらう。 ・食べ終わったら、うがいをしてコップを片づける。 ○壁画の製作（あらかじめカエルの手、体、頭をつくっておく） ・目の部分にシールを貼り、クレヨンで口を書く。最後に、のりで手を体につけ、頭をくっつける。 ・Kちゃんがやってとせがむ。 ・トイレに行く。	・おやつを配る。 ・「おいしいね」など子どもと話しをしながらおやつの時間を楽しむ。 ・はじめに子どもたちがわかりやすいように、大きな紙を用意し貼りつけ、説明する。 ・子どものやる気を大切にしながら活動を援助する。 ・トイレを促し、援助する。	・おやつの様子を見る。 ・製作で子どもがどのようなところで困っているのかを見、困っているときには、手助けをする。 ・「どこに貼りたいの？」と子どもの気持ちを優先して言葉をかける。 ・Kちゃんを手伝う。それを見てほかの子どもたちもやってほしいと要求する。 ・トイレの援助をする。
10:30	〈散歩〉 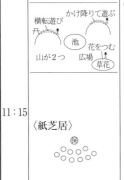	○散歩（徒歩10分ほどの園の近所） ・2人組で手をつなぎ、門の前に並ぶ。全員そろったら、出発。 ・歩いて神社まで行く。 ・池と小さな山が2つある広場で自由に遊ぶ。 ・歩いて園まで戻る。 ・トイレに行き、給食の準備をする。手を消毒してもらう。 ・紙芝居を見る。「ちょきちょきばさみ」	・歩調の差異を考慮し、手をつなぐ子を選ぶ。 ・危険がないように、子どもたちを見守る。 ・子どもと一緒に遊ぶ。 ・2つの山、それぞれに保育者がつき、草花つみを広場でしている子にも目が届くよう配慮する。 ・トイレを促し、援助する。 ・紙芝居を読む。全員がよく見えるよう紙芝居の位置や高さに配慮する。	・パンツを脱がずに便器に座る子などうまくできない子を手伝う。 ・子どもと一緒に手をつなぎ散歩へ。 ・子どもたちに楽しさが伝わるよう元気に歩いてみせる。 ・危険がないよう見守りながら一緒に遊ぶ。園内での遊びの際、玩具の取り合いなどトラブルが多いので、戸外遊びでも注意深くよく見守るようにする。 ・トイレの援助をする。 ・集中していない子に「もうすぐはじまるよ」と声をかける。
11:15	〈紙芝居〉			
11:30		○給食（カレーライス） ・配ってもらっているときは、手はひざにおいて待っている。	・給食を配膳する。 ・楽しく食べることを大切に食事を援助する。	・残しているものを食べるように「やわらかくておいしいよ…」などと声をかける。

時間	環境構成	子どもの活動	保育者の援助・留意点	実習生の動き・気づき
12:30	〈午睡の寝具の様子〉 頭 足 頭 ロッカー 〈トイレ周辺の様子〉 パンツをはく台 トイレ 裏返しのパンツやおむつ、紙おむつを保育者が直して置いておく。	・食べ終わったら、うがいをして、トイレに行き、パジャマに着がえる。うまくボタンをはめられない子がいる。・絵本を読んでもらう。	・ボタンの着脱は難しいので穴の入れ方等手伝う。布団を敷く。・午睡前を配慮し、おだやかな口調で絵本を読む。子どもを眠りに誘う。	・着替えを援助をする。Rちゃんはパジャマのボタンをうまくはめられずにいるので、「先生も一緒にやっていい？」「一番下のボタンから入れてみようか」と声をかけ援助する。
12:45		○午睡	・トイレに行くよう促す。トイレを手伝う。	・トイレが遅い子どもに付き添う。援助する。
14:45		・起きた子どもから、トイレに行き、洋服に着替える。	・着替えの遅い子には「一緒にやろうね」と声をかけ手伝う。布団をたたむ。	・子どもが眠れるようにトントンをする。すぐに寝つかない子には安心できるよう手を握る。・トイレ、着替えを手伝う。
15:10		○おやつ（やきそば） ・手を消毒し、おやつを配ってもらう。・食べ終わったら帰りの支度をする。（コップ、タオルを片づけ、バッグをフックにかける）・トイレに行く。	・おやつを配る。・こぼしてしまう子や、まだ食べることが苦手な子を援助する。・帰りの支度を促し、コップが割れないよう配慮し、タオルをコップの中に入れてあげる。・トイレに行く。	・おやつを配る。・「ボクが先！」と手を出す子には「こぼれるから待ってね」と声をかける。・帰りの支度がスムーズにいくように「何入れるの？」と声をかけ手助けをする。・トイレの援助をする。
15:40		・外に出て、お迎えまで自由遊びをする。（すべり台、砂場、遊具、乗り物など）	・外で子どもの様子を把握しながら一緒に遊ぶ。（お迎えが来たときには、子どもの様子を伝え、挨拶をしてから、さよならをする）	・子どもと一緒に遊ぶ。（すべり台、砂場、乗り物など）
16:00		○降園		

〈感想・反省〉

　今日は子ども全員とたくさん関わることができ、人見知りをしていた子どもともすぐになれることができた。昨日までの幼児のクラスとは異なりとくに生活面での援助が多く必要であった。
　「着替え」の援助の際、ぬいぐるみの大きなボタンをはめられたことで「ボタンはめ」に自信をもっていたRちゃんが、パジャマの小さなボタンがうまくはめられず悪戦苦闘していた。「先生も一緒にやっていい？」「一番下のボタンから入れてみようか」と声をかけたところ、一緒にボタンをはめることができた。Rちゃんはとてもうれしそうに「できた、次はRが入れるね」と、一人でボタンをはめて見せてくれた。その顔はうれしさでいっぱいで、私もとてもうれしい気持ちになった。ほかにも着脱では、袖口を少し引いてあげるとスムーズに脱げることに気づき、援助の仕方にはコツがあることを初めて体験した。また、トイレの後、パンツがはけないという子どもに「カッコイイところを見せてよ！」と声をかけると、はじめは甘えていても自分でちゃんとはくことができた。製作活動への関わりでは、のりで貼る部分の作業でKちゃんに「やって」とせがまれ、手伝ってあげたところ、それを見たほかの子どもたちにも「やって、やって」と言われ、ただ「やってあげる」という関わりとなってしまった。この私の対応には、子ども一人一人の状況を見て、できること、できないことに応じて、言葉をかけたり対応を考えるべきだったと反省している。
　このようなことから2歳児は「自分で」という気持ちがあったり、「甘えたい」という気持ちが出たりと、保育者の言葉のかけ方、関わり方しだいで子どもの行動に大きく影響を与えるものだと実感した。そして、言葉のかけ方しだいで2歳児でも自分でやろうとする意識と行動が一致するものだと感じた。これからの実習も、指導者の先生方の細かな言葉かけにも注意深く耳を傾け、学んでいきたいと思う。
　また、発達面では同年齢でも、パンツ、トレーニングパンツ、おむつと一人一人違い、成長の差を実際に自分の目で見て感じることができた。個々の子どもの発達の状況を適切に把握し、的確に対応するためにも実践されていた「担当制」の有効さも感じた。今後の実習では担当制のそれぞれの先生方の動き、子ども一人一人の発達に合った綿密な関わり方を学び、私も一人一人の子どもの発達に合った援助を行えるよう心がけていきたいと思う。

〈指導者の助言〉　　　　　　　………略………

2．参加実習時の日誌例2

　この実習生の日誌（p.142〜143「保育所の参加実習時の日誌例2」）には、環境構成、子どもの活動、保育者の援助・留意点、実習生の動き・気づき、感想・反省すべての項目において一日の保育の記録が過不足なく記録されている。その日一日、子ども、保育者、実習生がそれぞれ何をしたのか、簡潔明瞭によく書けている。また、簡潔明瞭というだけではなく、それぞれの場面において大切なポイントをつかんで記録している点が大変よい。たとえば環境構成の面でも、その場面がどのような場面であったのか、ポイントをしっかりつかんで記録できている。参照していただきたい。

　まず、この日誌には散歩に行く前に公園を事前に点検しておくことや、誤飲を避けるための注意等、安全面についての記入がされている点がとてもよい。戸外散歩での注意事項として別紙にまとめられており（〈別紙1〉参照）、参考になる内容である。保育所内は環境が整備されているが、戸外は危険が多いために遊具を点検しておくこと、釘の飛び出ているところは注意すること等、具体的に細かく記入されていて好ましい。また、公園内で保育者などはどの位置にいたのか記入してあるところなどは、後日、指導案を作成するときの役にも立つ。

　ほかにも、散歩前後の保育者のさまざまな働きかけの様子や、実習生に話しかけた具体的内容も記入されていて、自分の行動を客観的に捉える視点も感じられ、記録内容として評価したい点である。

　「実習の今日のねらい」でもあるおむつ交換と着脱の援助については、保育者の援助の仕方、とくに、すべて手伝うのではなく、2歳児の発達年齢を捉えて、袖口を引くことにより、残りの部分は子どもが自主的に脱げるように見守っている点などをおさえて記入していることも好ましい。パンツ台の高さは、2歳児が座ってパンツや紙おむつをはくときちょうどよい高さであり、この台があることにより、効果

〈別紙1〉戸外散歩での注意事項

- 戸外に出ると、子どもたちはうれしくて、はしゃぐ。保育者として、楽しく遊ばせたいが、細心の注意を払い屋外での事故の予防を心がける。
- 公園で空き缶やタバコの吸殻を見つけたときは、誤飲を避けるために拾う。
- 公園内の遊具は安全か事前に点検しておく。
- 木製遊具の劣化、釘の飛び出しにより、とげが刺さる、すり傷ができるなどのけがや、チェーンの劣化による転倒など大きなけがにつながることもある。
- 戸外では、保育者は全体が見える場所に立ち、一人一人を確認しながら、遊びを見守る姿勢が大事である。

〈別紙2〉

【写真1】保育室の棚の様子
玩具が固定されていて、転倒防止が施されている。

【写真2】発達に合わせた椅子の差異
左/肘付き椅子：9～12か月児、右/肘付き椅子：12～24か月児

的であることを見つけた点もよい。絵本を読み聞かせるときに子どもと保育者がどの位置にいることが、子どもが安定して絵本を見られるか、また、お迎えが気になるとき出入口に背中を向けるように子どもが遊べる環境を配慮している点に気づき、記録されている点などもよい。

さらにこの日誌には、発達に合わせた椅子の違いなどを写真に撮り、資料として別紙に添付してある（〈別紙2〉参照。日誌に貼付されていた写真の一部）。この日誌のように、さまざまな活動における環境づくりの実際を書き加えておくと、よりよい学びにつなげることができるのである。

 「事故防止」へのワンポイントアドバイス

　保育者は保育のなかで、何よりも一番、事故防止や危険防止に注意しています。次に挙げる例は、実際に参加実習中に起きた事故です。
　"いやがってなかなか着替えたがらないSちゃん（2歳）の着替えを手伝っていた実習生が、洋服を脱がせようと手を強引に引っ張ったので、Sちゃんの肘が抜けてしまった。"
　これを肘内障といいます。子どもの肘は抜けやすく、それが習慣になりやすいことを理解し、子どもがいやがったときに強制的に力で思いどおりにしようとしてはいけません。また、子ども同士で手をつないで逆に走り出したときにも肘が抜けることがあります。同一方向でも手をつないで走り出したときに肘が抜けてしまうこともあるので、十分な注意を払う必要があります。
　また、2歳児は行動範囲が広がるとともに、何にでも興味をもち、行動に移していきます。大人が考えられないような行動に出ることもあるので、保育者には常に子どもの位置の把握が必要とされ、安全への配慮が大切なのです。

【保育所の参加実習時の日誌例2】

6月2日（木） 天候　晴れのち曇り	2　歳児 うさぎ　組	男児　6　名 女児　8　名 欠席　3　名	備考
今日の実習のねらい	\multicolumn{3}{l}{クラス全体の1日の様子を観察しながら積極的に子どもとかかわる。とくにおむつ交換と着脱の援助を学ぶ。}		

時間	環境構成	子どもの活動	保育者の援助・留意点	実習生の動き・気づき
8:15	（保育室の見取り図：絵本、オモチャロッカ、積み木、ままごと、テーブル、玩具、花、水道、ベランダ、トイレ、水道タオル、押入、花、出入口、廊下、保護者用スペース、出入口）	○登園した子どもから自由遊び。 ・2～5歳児まで合同でブロック、ままごと、お絵描きなどをする。	・登園児の受け入れ。 ・保護者から子どもの様子をよく聞き、視診をする。 ・水ぼうそうの可能性のある2歳児を看護師が見て、病院へ行ってもらうように伝える。 ・登園して園庭、保育室で遊んでいる子どもたちに目が届く位置で見守る。	・登園して、各先生方、保護者、子どもたちに笑顔であいさつをする。 ・次々に登園してくる子どもの名前をしっかり覚え観察をし、遊びに参加する。
8:40		○各クラスに戻る。 ・オモチャを片づけて手洗い。	・各クラスの保育者が子どもを誘導。片づけの声かけ。 ・なかなか片づけられない子には「今日のおやつ何かな？」とおやつの時間であることを伝える。	・片づけがゆっくりな子と一緒に片づける。
9:10	☆保護者が保育室に入らなくてすむように、ここでエプロン、ビニール袋、タオル、衣服、連絡帳等をカゴの中に入れ、支度をするようになっている。大人が必要以上に保育室に出入りすると子どもは落ち着いてゆったりと遊ばなくなる。	○おやつ（せんべい、牛乳） ○おむつ交換、トイレ、洋服調整。	・おやつの準備、各テーブルに保育者が1人ずつつく。 ・おむつ交換、トイレへの声かけ、援助、洋服着脱の介助。 ・着脱の際、すべて手伝うのではなく、袖口を引いてあげたり、子どもが一人でできるところまでの援助をする。	・おやつと、その後のトイレ援助をする。 ・おやつ片づけ。 ・片づけ、手洗いの見守り、保育者の援助をよく見て、子どもが衣服を着脱しやすいよう援助をする。
9:50	・ままごと、玩具、絵本等、室内の整理整頓は学ぶ点が多い。別紙2参照。（本文 p.141） 〈公園〉 （公園の見取り図：ベンチ、池、花） 〈おむつ交換〉	○体調の悪い数名は残り、他は近くのB公園まで散歩に行く。 ・小山の上り下り、タンポポの綿毛をさがしたり、草ぶえづくりを楽しむ。 ・ベンチでジャンプやかけっこ遊びで思い思いに遊ぶ。	・散歩への声かけと誘導。 ・手をつないで、車に気をつけながら歩く。それぞれの遊びを見守り、必要があれば手を貸して、遊びを盛り上げる。 ・ベンチジャンプを楽しむ子どもの危険に気をつけ見守る。 ・草ぶえづくりやかけっこ競争など戸外遊びの楽しさを子どもと一緒に味わう。 ・遊びのあと、疲れているので、園までは危険に十分気をつける。	・散歩への声かけをし、公園まで危なくないように手をつないで歩く。 ・公園ではかけっこを一緒にしたり、草花を見つけ、「この葉っぱの形おもしろいね」など自然のことなどを話す。 ・遠くまで行きそうな子には「かけっこしよう」と声をかける。 ・帰りも車に注意し、園に戻る。
11:15	（保育室の見取り図：ベランダ、水道、テーブル、花、おむつ交換（パンツ）着脱台、水道、押入、トイレタオル、花）	○園に戻る。 ・手洗い、足洗い、着替え、トイレ、おむつ交換などをすませ、木製パズルで遊ぶ。	・着替えの援助、トイレへの声かけ、遊びの見守り。 ・昼食の準備に取りかかる。 ・野菜嫌いの子もいるので、バランスよく食べるように配慮する。	・手洗い、足洗い、着替えの援助、トイレへの声かけをして、パズル遊びを見守ったり、一緒に遊んだりする。 ・昼食の準備を手伝う。
11:35		○昼食（ハヤシライス、野菜サラダ、牛乳）。		

時間	環境構成	子どもの活動	保育者の援助・留意点	実習生の動き・気づき
12:30 14:30 15:00 15:30 16:00 17:00	〈食事の場面〉 （テーブル配置図） ㋺ テーブル ○ ○○○ テーブル ㋺ ㋺ テーブル ・絵本を読むときや夕方のお迎えを待っているときは、出入り口に背中を向けるように、子どもたちの座る位置を配慮する。 ベランダ ㋺ ○○○○ 出入口	・野菜サラダを嫌がる子がいる。 ○昼食を終えた子どもからパジャマに着替え、午睡に入る。 ・1人ずつ起きたり、まだ布団の中でゴロゴロしたりする。 ○おむつ交換、トイレ ・洋服に着替えてベランダに出たり、ままごと、パズルで遊ぶ。 ○おやつ（きつねうどん、グレープフルーツ） ・手洗いをし、おやつを食べる。 ○自由遊び ・ままごと、ボール遊び、粘土遊び、絵本を読んでもらうなどして遊ぶ。 ○順次お迎えがきて降園する。	・公園で遊んだことを話しかけたりしながら食べる。 ・食後の片づけ、午睡への誘導。午睡の様子に注意を払いながら連絡ノートの記入を行う。 ・カーテンを開けて、トイレへ誘う。おむつ交換、布団の片づけ、衣服着脱の援助。 ・おむつ交換をはずかしがる子はトイレで交換するよう配慮する。 ・遊びの見守りをしながらおやつの準備、手洗いの声かけをする。 ・おやつの見守りと後片づけ。 ・様子を見ながらトイレへの声かけ、おむつ交換を手早くする。 ・遊びにも参加する。 ・落ち着いて遊べる遊びもたのしめるよう粘土を出す。 ・お迎えの対応、保護者へ今日の子どもの様子を正確に伝える。夕保育の先生に引き継ぎ。 ・実習生との反省会を行う。	・とくにサラダはおいしそうに食べてみせる。 ・昼食の一部援助をした後、片づけと布団敷きを手伝う。午睡への誘導を行う。パジャマの着替えを手伝う。 〈休憩〉 ・担任の先生から話を聞き、アドバイスを受ける。 ・起きた子どもの着替えを手伝い、トイレへの声かけ、布団片づけ。 ・おやつの準備と一部援助、そして後片づけを行う。 ・「先生、読んで」と言われ、テラスで絵本を読む。声の大きさやめくり方に気をつける。 ・TVのキャラクター等を一緒に粘土でつくりお迎えを待つ。 ・「お迎えまだ来ない」と泣く男児と電車を一緒につくる。 ・反省会をしていただく。

〈感想・反省〉

- 1か月ぶりにあった2歳児クラスの子どもたちは私のことを覚えていてくれたらしく、たくさん話しかけてくれた。
- 数名が体調が悪かったが、全体的に落ち着いていて、のびのびと遊ぶ姿が見られた。1か月前はまだ泣いてばかりいた子がほとんど泣かなくなり、成長を感じた。保育者、友達とのかかわりが深くなっているようだ。それは保育への配慮がなされているからで、危険への留意、それぞれの発達に応じた遊び、生活習慣の自立などを意識して適宜声かけをされていることを学んだ。
- 2歳児のおむつ交換は、子どもが早く遊びに入りたいために、スピードが要求される。また、恥ずかしがる子もいるので、そっとトイレに行き、交換した。
- 着脱援助のポイントは袖口を引くことと、肩の上部か、脇を下に引くと、子どもが衣服を脱ぎやすい。
- 高さ15cmほどのパンツ台は、子どもが座ってパンツを着脱するのにとても効果があると思える。

〈指導者の助言〉

　細かいところもよく見ているし、質問もきちんと考えてしてくるし、私たち保育者もよい勉強になります。実習生という立場上、どこまで踏み込んでよいのか迷うこともあるでしょうが、今日の様子でよいのではないでしょうか。実際クラス担任をするときには、先生の姿勢も変わるし、子どもたちもそれを受け止めると思います。よく遊んでいただいている子どもたちは先生が大好きです（とくにKくんは）。

正しい敬語の使い方　ワンポイントアドバイス！！

　実習先では、園長先生をはじめとする指導者の先生や保護者の方など、目上の人と話す機会が多くなります。せっかくの感謝の気持ちや思いが、言葉（敬語）の使い方の間違いで、誤解されて伝わってしまったり、敬語がわからずうまく質問できなかったり、答えられなかったりということがないようにしたいものですね。

　敬語には、相手に敬意を表す尊敬語、自分についてへりくだる謙譲語、表現をていねいにする丁寧語の3種類があります。これらを正しく使って話せると園の先生方や保護者の方の印象度も良くなります。ここでよく使う語句を挙げておきますので、日ごろから気をつけましょう。

通常の表現	尊敬語	謙譲語	丁寧語
見る	ご覧になる	拝見する、見せていただく	見ます
聞く	お聞きになる	うかがう、拝聴する	聞きます
行く	いらっしゃる、行かれる、お出かけになる	参る、うかがう、上がる	行きます
来る	いらっしゃる、おいでになる、お見えになる、お越しになる	参る、うかがう	来ます
いる	いらっしゃる、おいでになる	おる、おります、いさせていただく	います
する	なさる、される、お……になる	いたす、お……する、（させていただく）	します
思う	思われる、思ぼし召す	存ずる、拝察する	思います
会う	お会いになる、会われる	お会いする、お目にかかる	会います
話す	お話しになる、話される	お話しする	話します
使う	お使いになる、使われる	使わせていただく	使います

　よくある間違いとしては、「おる」「参る」を相手の行為に対して使用してしまうケースが挙げられます。たとえば「○○先生は参られましたか」という言い方は間違いで、この場合「○○先生はおいでになりますか（お見えになりますか）」が正しい言い方です。「おる」「参る」は自分がへりくだった言い方の謙譲語ですので、間違えないようにしましょう。

　また、「お（ご）」を使うときは「れる（られる）」はつけないようにしましょう。過剰な敬語になってしまいます。たとえば「ご出席になられる」は間違いで、「ご出席になる」でよいのです。ただし、「お知らせいたします」など相手に直接関係のあることで、こちらが敬意を払う場合は自分の行動にも「お（ご）」をつけて使います（敬語にはこのような例外も多く、理屈だけでは覚えきれない部分もありますので、日ごろから使い慣れることが大切ですね）。

　さらに丁寧語ではありませんが、丁寧語に準ずる言葉の例も挙げておきますので参考にして下さい（通常の表現→丁寧語に準ずる言葉）。

　　すぐに→ただいま／どこ→どちら／どんな→どのような／少し・ちょっと→少々／今日（きょう）→本日（ほんじつ）。

4章 部分実習時の日誌

　実習が深まっていくと、実習生が自分で指導計画案（以下、指導案という）を作成し、一日の保育のある部分や一日を通して責任をもって行う実習（責任実習）を行うことになる。一般的には、前者を「部分実習」、後者を「全日実習」（あるいは「一日実習」「担任実習」）と呼んでいる。

　どちらも、保育者の活動や援助を観察したり、見習ったりしての保育の場に参加して学習していた実習が、保育の準備から展開、まとめまで自分で責任をもって行う実習となる。そのため、初めてこの実習を行うときには、かなりの緊張感やプレッシャーを感じるものであるが、それだけに体験して得るものもまた大きい実習である。

　この章では、責任実習のうち部分実習を取り上げて、その日の日誌の内容や書き方について解説していく。

　なお、部分実習における実習日誌は、その日一日の流れのなかでの任された時間帯の活動にポイントを当てて書くということになるが、その一部分のみを書けばいいということではない。当然なことではあるが、基本的な考え方としては、一日を通して行う保育のなかの部分であるので、一日の流れのなかに位置づけて、日誌を書く必要がある。ただ、本書では、紙面の都合もあり、実例の日誌は部分の実習の部分だけを取り上げて掲載し、解説している場合もあるので、その点ご了解いただきたい。

幼稚園実習の 部分実習時の日誌

1．部分実習時の日誌の形式について

　実例の日誌の解説に入る前に、指導計画案（以下、指導案という）を立てて行う部分実習や全日実習の場合の日誌の形式についてふれておく必要がある。実習生が指導案を立てて行う部分実習や全日実習の場合には、実習生が保育者の立場に立って保育を行うことになるので、この場合の実習日誌の形式は、見学・観察や参加実習時のものとは少し異なったものとなる。それは、下記のような形式となる。

①　　　　　　　　　全日実習・部分実習時の日誌の形式

月　日（　） 天候	歳児 組	男児　　名 女児　　名 欠席　　名	備考
今日の実習のねらい			
時間	環境構成	子どもの活動	保育者（実習生）の援助・留意点

　実習生の活動は、実習生が保育者の立場で活動を行うので「保育者（実習生）の援助・留意点」の欄に書くことになる。観察・参加実習の場合に設けられていた「実習生の動き・気づき」の欄は設けないのが一般的である。また、この場合に、保育者の方からアドバイスや手助けをしていただいたときには、「保育者の援助・留意点」の欄に（　　）書きでその内容を書き込んでおくことになる。

　ただ、全日実習の場合には、この形式で一日が過ごせるが、部分実習の場合には、この形式は部分実習の該当部分以外には適用しにくいことになる。そこで、部分実習の一日を通した日誌の形式は、観察・参加時と同じ様式の欄割り（次ページ「②」）とし、部分実習の部分のみを別紙とし「①」の様式で書いて実習日誌に貼付しておいたり、指導案のなかに必要事項を書き込んで、実習のその時間帯のところは「別紙」として記入し、別の用紙に書く場合も多い。しかし、これらの形式については、実習先での指示もあるので、事前に相談して、指示を受けるようにしたほうがよい。

②

月　　日（　） 天候	歳児 組	男児　　名 女児　　名 欠席　　名	備考

今日の実習のねらい				
時間	環境構成	子どもの活動	保育者の援助・留意点	実習生の動き・気づき
			部分実習の指導案は○ページに添付	

2．部分実習時の日誌例の検討 ―紙芝居の部分実習（3歳児）―

（1）指導案は妥当なものであったか

　部分実習には、実習生があらかじめ指導案を準備して行うものと、保育の流れのなかで担任の保育者の方から「この部分をやってみますか」という形で、その日、急に提案されるものとがある。どちらのケースの部分実習であっても日誌の内容に差があるわけではないが、指導案を作成して行う部分実習のほうが、指導案の内容も含めて論及しておくべきことが多いので、ここでは、まず後者のケースの日誌例（p.151「幼稚園の部分実習時の日誌例」）を取り上げて解説する。

　さて、この実習生のこの日の部分実習の日誌について解説していくのだが、日誌の内容を点検するということは、責任実習の場合にはその日の保育者としての活動を点検するということになる。ということは、この日の活動のプランである部分実習の指導案の中味がどうであったかということにふれないわけにはいかない。そこで、この日の指導案（p.148）を見てみると、ぜひ考えてみなければならない点がある。

① 紙芝居の選定について

　紙芝居を選ぶときには、対象の子どもの発達の段階や、興味・関心のあり様を考慮して、内容、紙芝居の長さなどを検討し選定していく。この場合には「ばいきんバイバイ」が選ばれているが、対象が3歳児であることを考えると12場面からなるこの紙芝居は少し長すぎると思われる。これでは、途中であきてしまう子どもが出るおそれがある。3歳児のこの時期の紙芝居であれば、8場面くらいのものが適当であったであろう。現に、この実習生の日誌の反省（p.151参照）には「もっと短いものを選び、終わったときの余韻を……」とのことが書かれている。

実習生の作成した部分実習指導案

学校名　　　　　　　学年　　　　氏名

日時：6月13日（金） 対象児：3歳児（こばと組）20人 ・中心となる活動……紙芝居「ばいきんバイバイ」 ・時間……12時50分～13時00分 ・ねらい……生活に必要な手洗いの大切さを知る。

時間	環境構成	子どもの活動	保育者（実習生）の援助・留意点
12：50 13：00	ピアノ （図）	・「きょうの紙芝居はなんでしょう」の歌をきく。 ・紙芝居「ばいきんバイバイ」を見る。	・楽しく演じることができるように、十分に練習しておく。 ・子どもたちがこれから見る紙芝居に期待をもてるように歌をうたう。 ・食べ続けている子に「がんばろうね」と声をかける。 ・子どもたちが集中できるような、または期待できるような言葉をかける。 ・読むときの声の大きさ、強弱に気をつけ、感情豊かに絵の抜き方などストーリーに合わせ、子どもたちが楽しめるように工夫する。 ・子どもたちの様子を見ながら、他のことが気になってしまっている子には一言声をかけて、すっと先に進む。 ・紙芝居が終わったら、余韻を楽しめるように内容を少し振り返る。また、手洗いの大切さに気がつくような言葉を1つ加える。

② 環境構成について

　紙芝居を行う場所や子どもたちの座る位置は、どのように考えられていたのか。この指導案からは、どこで行うのかは明らかではなく、おそらくはクラスの部屋であったであろうが、子どもたちの座る位置がかなり問題である。環境構成の図から判断すると、子どもが顔を横に向けるか体をずらして紙芝居を見なければならないようになっている。保育者に対して全員が正面を向いて紙芝居が見られるような扇形に座る配置に変えたほうがよい。これは紙芝居や絵本の読み聞かせを行う際の基本である。このことは指導案を提出した時点で園の指導者から指摘されることも多いと思われる。すると、この日の部分実習の日誌の下方に「指導案は事前に提出してください」という指導者のメモが入っている。どうやらこの実習生は指導案の事前の提出を怠っていたようである。

以上、この日の実習を行うに当たって、当初から問題になると思われる様子が、この指導案には見受けられるのである。

（2）実習日誌の内容の検討

　では次に、この日の実習がどのような展開を示したか、実習日誌から推測しながら、その日誌の記述内容を検討してみよう。

　まず、この日の一日を通しての実習日誌（日誌例）を見てみると、ここではその日誌の全体の掲載は略すが、かなりポイントを押さえて的確な記述がなされていた。そのなかで部分実習の「紙芝居」の箇所については「別紙指導案コピー参照」となっている。見てみると、別紙は、この日の指導案のコピーに、実習後、気づいたことや反省が書き込まれ、この日の実習日誌の次ページにとじられている（P.151「指導案を活用した部分実習の日誌」）。その内容を見てみると、次の①～④が記述されている。

　① ごはんをまだ食べ終わらない子がいたが、時間が押していたので始めてしまった。
　② 紙芝居を見る子どもたちの座る位置がよくなかったと指導者の方から指摘を受けた。
　③ 12場面の紙芝居は長すぎたのか、子どもたちがあきてしまった。
　④ 紙芝居の余韻を楽しむことができなかった。

　①について言えば、みんなで一緒の活動を始めるときには、全員が参加できるような状態で始めるのが常識であるが、そこまで待てなかった状況が、それまでに生まれてしまっていたようである。実習日誌の内容からは、その原因が何であったのかは定かではないが、おそらくまだ食べ終わらない子がいるような状態であったが、予定していた時間がきてしまったので、あせって始めてしまったのであろう。ここは、こういうケースでどこまで待つべきかは難しいところであるが、あわてず指導者に相談して、以降の保育の流れを検討したほうがよいであろう。難しいところだと思うが、学習してほしい。

　②、③、④については、指導案のところで前述したことが、実際になってしまったようである。これは指導案を事前に提出していれば、当然、そのときに教えてもらえたことで、むしろ提出を怠ったことを反省すべきである。

　以上のような実習上の反省点はいくつかあるが、この実習生の日誌には、それらの問題点に対しての気づきや反省がすべて書かれている。したがって実習の内容はともかくとして、日誌の内容としてはまずよく記述できているといってよいであろう。

たとえば、もともとの内容であった「読むときの声の大きさ、……子どもたちが楽しめるように工夫をする。」という内容に対して、「読むのみではなく、画面を見ながら絵を指すようにした。」と書かれている。このように自分自身が実際にどのような工夫をしたかを書き込んでおくことは、その後の実習に生かすための具体的なよい記述といえよう。また、環境構成についても、「こうすればよかった」という環境構成を図で書き直してあり、「子どもが見えやすい位置の座席にすればよかった」と、なぜそうすればよかったかのコメントも簡潔に書き記されている。

　このような日誌が記述できるということは、実習した内容を自分のものとすることができ、次の実習に生かしていくことができる実習生であろうと思われる。今後が期待できる。

　なお、指導案を使って日誌の一部としてもよいという指導者からの許可があった場合には、この実習生のように指導案のコピーをとり、それに読みやすく書き込みをするのであれば、時間の節約にもなり、こういう方法をとらせていただくようにするとよいと思う。

実習日誌の書き方 "素朴なQ&A！"

Q. よく指導案などで指摘を受けたときに、"指導を受けたときは、指導内容を書き込みましょう"と言われますが、ペンで書き込んでしまってよいのでしょうか？　また、書き込みが多すぎて汚くなってしまってもよいのでしょうか？

A. 基本的に日誌への書き込みは、わかりやすく読みやすく書き込むことが基本です。あまりにも書き込むことが多すぎて、ごちゃごちゃしてしまう場合には、書き直すかまたは別紙として貼付するようにしましょう。指導案などに指導者の助言や加筆・修正を加える際には、赤色以外のサインペンを用いるようにしましょう（赤色は通常は指導者が使いますので、同じ色ですと後で見たときに誰のコメントなのかわからなくなってしまいます）。青や緑のわかりやすい色がよいでしょう。また、消せるペンは字が消えることがあるので避けましょう。

Q. 私はとても字が下手なのですが、字が下手なことは日誌の評価に関係してしまいますか？

A. 字の上手下手で日誌の評価が変わってしまうということはありません。評価はあくまでも日誌に書かれている内容で決まります。
　下手な字と汚い字はまったく意味が違います。汚く乱雑な日誌は"よい"とは言えませんが、多少字に自信がなくても、読みやすく整理されており、ていねいに書いてある日誌は、必然的に"よい"日誌になりますので、ていねいに、わかりやすく書くということがとても重要です。努力してみましょう。

【 幼稚園の部分実習時の日誌例 】

6月13日（金） 天候　晴れ	3歳児 こばと　組	男児　12　名 女児　8　名 欠席　0　名	備考 部分実習〈紙芝居〉
今日の実習のねらい	・紙芝居を通して、生活に必要な手洗いの大切さを知る。 ・前日までの遊びがさらに広がるような言葉かけをする。		

時間	環境構成	子どもの活動	保育者の援助・留意点	実習生の動き・気づき
〜〜〜				
12：00		・昼食 麦茶を配られ「ありがとう」が言える子や、のどがかわいていたのかおかわりをたくさんもらう子もいる。	・昼食の準備、昼食 ・食べている子に声をかけたり、集中できない子に声をかけていた。	・一人一人のコップに麦茶を配り、こぼれないよう弁当のふたに置く。
12：45		・紙芝居（実習生）（→別紙指導案コピー参照）		
〜〜〜				

〈別紙〉指導案を活用した部分実習の日誌

※網かけ部は、実習生が色ペンで指導案に加筆し、日誌となるよう表記した部分。

日時：6月13日（金）
対象児：3歳児（こばと組）20人
・中心となる活動……紙芝居「ばいきんバイバイ」
・時間……12時50分〜13時00分
・ねらい……生活に必要な手洗いの大切さを知る。

時間	環境構成	子どもの活動	保育者（実習生）の援助・留意点
12：50	ピアノ（座席図） ピアノ（座席図） ・子どもが見やすいような位置の座席にすべきであった。	・「きょうの紙芝居はなんでしょう」の歌をきく。 ・紙芝居「ばいきんバイバイ」を見る。 ・読むのみではなく、画面を見ながら絵を指すようにした。	・楽しく演じることができるように、十分に練習しておく。 ・子どもたちがこれから見る紙芝居に期待をもてるように歌をうたう。 ・食べ続けている子に「がんばろうね」と声をかける。 ・子どもたちが集中できるような、または期待できるような言葉をかける。 ・読むときの声の大きさ、強弱に気をつけ、感情豊かに絵の抜き方などストーリーに合わせ、子どもたちが楽しめるように工夫する。 ・子どもたちの様子を見ながら、他のことが気になってしまっている子には一言声をかけて、すっと先に進む。
13：00		・指導案は事前に提出してください。 （指導者の署名）	・紙芝居が終わったら、余韻を楽しめるように内容を少し振り返る。また、手洗いの大切さに気がつくような言葉を1つ加える。

（吹き出し）ごはんを食べ終えた子、まだ頑張って食べ続けている子がいた。

（吹き出し）ごはんを食べ終え全員が席に着くまで、待つべきであったが、時間が押してきて始めてしまう。

〈部分実習での感想・反省〉
　時間に押されて、まだ、ごはんを食べ終えていない子がいたのに始めてしまったのは、大きな失敗でした。次回には気をつけたいと思います。12場面の紙芝居を選んだため、少し長すぎたのか、子どもたちが飽きてしまったようでした。そのため、手洗いの大切さが伝わらなかったように思いました。また、そのため終わった後に余韻を楽しめるまでに至りませんでした。手洗いの大切さを知るためにはもっと短いものを選び、終わったときの余韻をたっぷり味わえるようにすればよかったと思います。

保育所実習の 部分実習時の日誌

　先述したとおり、部分実習は、見学・観察、参加実習を経て、一日の保育のなかの一部分を責任をもって担当する実習であり、その内容は、生活援助や遊び、保育の5領域（保育のねらいや内容をまとめて示している「健康」「人間関係」「環境」「言葉」「表現」の5つの領域）などを部分的に担当し指導の実際を経験することである。具体的には、「登園からおやつまで」「昼食から午睡まで」「紙芝居や絵本の読み聞かせ」などの場面が挙げられる。

　部分実習を行うにあたっては、担当クラスの園児の特徴を把握し、指導案を立案し、準備に関しては担任もしくは指導保育者の助言を受けることが大切である。

1. 部分実習時の日誌例1 ―手遊び・絵本の読み聞かせの部分実習（2歳児）―

　この実習日誌（p.153「保育所の部分実習時の日誌例1」）は、手遊び・絵本の読み聞かせの部分実習の日誌である。保育所の部分実習では、実習生が責任をもって行う内容として手遊び・絵本の読み聞かせの部分実習が比較的多い。これは保育者が主体となって子どもたちを集め一斉に行う活動で、実習生が初めて行うにはやりやすいという面があるからであろう。しかし、安易に集めてやって見せればよいわけではない。

　ねらい、環境構成、子どもの年齢、内容、方法、時間帯などを考えて実習し、実習日誌に次の実習に生かせるように記入する必要がある。

　この実習生の場合、指導案が立案されないまま実習にのぞんでいた。指導保育者によれば、毎日の日課のなかに組み込まれている活動のため、とくに求めなかったとのことであったが、実習生としてプランを立てることは当然である。立案することで、環境の整え方、立つ位置、子どもの姿などが予想できてくるはずである。手遊び・絵本の読み聞かせの場合、今、子どもたちが楽しんでいるものは何かを考え、さらに年齢・発達に合った絵本を選択し、そして実習にあたり十分に練習を重ねることが成功の鍵といえる。それがあったうえで、実習しての考察や反省等が日誌に記入されることが求められるのである。この実習生の実習日誌は、部分実習のところがとても簡単に記述されていて、学びや考察がわかりにくい。以下の項目に添って記述することで、部分実習が整理され、今後の実習につながり活きてくるだろう。

【 保育所の部分実習時の日誌例　1 】

9月26日（金） 天候　晴れ	2歳児 ひまわり組	男児　7名 女児　6名 欠席　1名	備考 部分実習〈絵本の読み聞かせ〉
今日の実習のねらい	子どもたちの気持ちを考えながら接する。		

	時間	環境構成	子どもの活動	保育者の援助・留意点	実習生の動き・気づき
	8:30		○順次登園 ○自由遊び ・KくんとHくんはままごとをしている。	・登園した子どもを受け入れる。健康状態を見る。 ・子どもと一緒に遊ぶ。	・あいさつをし、子どもたちと一緒に遊ぶ。 ・KくんとHくんのままごとの様子を見守る。
部分実習前後	15:10		○おやつを食べる。 ・Kくんはクッキーを食べるときに鳴るザクザクという音に対して、「いい音がするね」と話してくれる。 ・食べ終わり、帰りの支度のできた子は廊下に座る。	・おやつを配り、一緒に食べる。「チョコ見つかったかな」などと、呼びかけながら食べる。 ・おやつの片づけをする。 ・また保育室を掃除する。 ・絵本を読み聞かせる。	・おやつを配り、一緒に食べる。KくんとRちゃんの間に座る。Kくんと話しながら食べる。
	15:35		○手遊び（部分実習） ・手遊びを上手にやる。 ○絵本（部分実習） ・『どうぞのいす』、『ぐりとぐらの遠足』 ・絵本に出てくる動物に反応を示したりと集中している。		・だいたいそろったところで、「大きな栗の木の下で」をやる。 ・子どもたちが静まったので、絵本『どうぞのいす』、『ぐりとぐらの遠足』を読む。
	16:00		○自由遊び（室内） ・積み木やパズルなどで各自、自由に遊ぶ。 ・Rちゃんは、実習生の読んだ絵本に興味をもち何度か読んでいる。	・子どもたちと一緒に遊ぶ。 ・降園する子どもと保護者にあいさつをする。	・Rちゃんにさっき読んだ絵本を読み聞かせる。ほとんど、出てくる登場人物や食べ物を追う形で読んだ。

〈感想・反省・考察〉
　今日は、部分実習をやらさせていただきました。手遊びは、昨日の様子を見て「大きな栗の木の下で」をとても楽しそうにやっていたので、私も子どもたちと一緒にやってみました。栗は絵本の中にも出てくるので、ちょうどいいなぁと思いました。その後、「やきいもグーチーパー」をみんなでやろうと思ったのですが、子どもたちが絵本を聞く態勢になっていたので、すぐに絵本を読みはじめることにしました。私が想像した以上に、みんな真剣な表情で集中して聞いてくれていたので、とても驚きました。なので、もう少し絵本に出てくる動物に注目させたり、ドングリや栗などにも注目させれば、もっと楽しめたのではないかと思います。「早い！」「短い！」「遅い！」という子どもたちからの評価も、今後に役立てていこうと思います。

〈指導保育者の助言〉
　部分実習お疲れさまでした。実際に子どもたちの前でやってみて、先生自身、勉強になったのではないかと思います。本や紙芝居がとても大好きなクラスですが、ときにはほかのことに気をとられてしまったり、座り方が変になってしまう子もなかにはいます。そういう子をどう楽しませ、こちらに目を向けさせるかは、私たち保育者の話の内容や声、話し方しだいだと思います。今日の経験を今後に生かしてください。

（1）ねらい、環境の構成について

　この保育所は、デイリープログラムでは、おやつ後に子どもたちを集めて、絵本の読み聞かせを行っている。とすると、今回この部分実習をするにあたり、その意図、たとえば、「降園前に身支度の確認をし、落ち着いて過ごす環境を整える。」「友達と一緒に絵本の読み聞かせを聞き、楽しさを味わい共有する。」等のねらいがこの活動にはあることをつかみ「今日の実習のねらい」を考えて記入することが大切である。

　しかし、実習生のねらいは、「子どもたちの気持ちを考えながら接する。」となっている。一日を通して、子どもたちに向き合うときの配慮としてはわかるが、これだけでは漠然としている感は否めない。上記したことを踏まえれば「2歳児の発達に合った手遊びや絵本の読み聞かせを行い、みんなと一緒に楽しむ。」といったねらいが必要である。

　環境の構成は、毎日の取り組みのため、決まったコーナーがあると思われるが、実習生が考える工夫の記入があることが望ましい。どのような形態で、どのように読み聞かせたのか次ページの実習日誌例1の修正例のように記入しておきたい。

（2）内容、方法について

　内容は日ごろ楽しんでいる手遊びと、絵本は手遊びのなかに出てくる栗が出て季節に合ったものを選択していることはよいと思う。事前に十分に練習を重ね、当日を迎えたと思うが、子どもたちはさまざまな反応を示したと思われる。しかし、それに関する記述はあまりない。また、その子どもたちの反応に対して実習生はどう応えたのかの記述もない。このあたりについては、詳しく記述することが求められる。

　絵本の読み聞かせ後、この絵本に興味をもった子どもへの関わりも大切なことである。絵本は1対集団だけでなく、1対1の関わりのなかでも味わいたいものであり、その気づきの記入があるとよい。

　手遊びは、この場面のように子どもたちがそろうまでのつなぎのように取り組まれることがあるが、それでは手遊びそのものの楽しさが十分味わいきれていないことに目を向けてほしい。

　これらについては、修正例の感想・反省・考察の欄に若干書き加えておいたので、参照してほしい。

（3）感想、反省、考察欄について

　ここには、今日の部分実習の感想、反省、考察をしっかりと記入してもらいたい。ねらいは達成できたか、2歳児の発達に合った絵本の選択であったか、練習しての

【 保育所の部分実習時の日誌例1の修正例 】

9月26日(金) 天候　晴れ	2歳児 ひまわり組	男児　7名 女児　6名 欠席　1名	備考 部分実習〈絵本の読み聞かせ〉
今日の実習の ねらい	| ・子どもたちの気持ちを考えながら接する。 ・2歳児の発達に合った手遊びや絵本の読み聞かせを行い、みんなと一緒に楽しむ			

時間	環境構成	子どもの活動	保育者の援助・留意点	実習生の動き・気づき
8:30		○順次登園 ○自由遊び ・KくんとHくんはままごとをしている。	・登園した子どもを受け入れる。健康状態を見る。 ・子どもと一緒に遊ぶ。	・挨拶をし、子どもたちと一緒に遊ぶ。 ・KくんとHくんのままごとの様子を見守る。
〜〜〜〜〜〜〜〜〜〜〜〜〜〜〜〜〜〜〜〜〜〜〜〜〜〜〜〜〜〜〜〜〜〜〜〜〜〜〜				
15:10		○おやつを食べる。 ・Kくんはクッキーを食べるときに鳴るザクザクという音に対して、「いい音がするね」と話してくれる。 ・食べ終わり、帰りの支度のできた子は受け渡し室に移動する。	・おやつを配り、一緒に食べる。「チョコ見つかったかな」などと、呼びかけながら食べる。 ・おやつの片づけをする。 ・また保育室を掃除する。 ・絵本を読み聞かせる。	・おやつを配り、一緒に食べる。KくんとRちゃんの間に座る。Kくんと話しながら食べる。 ・おやつの後、絵本の会話を盛り込み期待をもてるようにする。 ・帰りの支度を見守り、確認する。
15:35	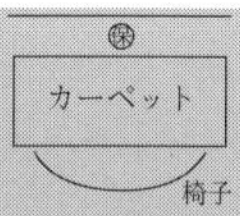 （図：カーペット・椅子） （必要に応じて用意） ※受け渡し室で行うので人の交錯に配慮し、保育者の背後は壁のところを選び、絵本に集中できる場所を選ぶ。	○手遊び（部分実習） ・手遊びを上手にやっている。 ○絵本（部分実習） ・『どうぞのいす』、『ぐりとぐらの遠足』 ・絵本に出てくる動物に反応を示したりと集中している。その反面、「早い！」などの反応を示す子もいる。		・だいたいそろったところで、「大きな栗の木の下で」をやる。 ・子どもたちが静まったので、絵本『どうぞのいす』、『ぐりとぐらの遠足』を読む。 ・「この絵本、お部屋に置いておくね」と話し、受け渡し室から保育室へ移動する。
16:00		○自由遊び（室内） ・積み木やパズルなどで各自、自由に遊ぶ。 ・Rちゃんは、実習生の読んだ絵本に興味をもち何度か読んでいる。	・子どもたちと一緒に遊ぶ。 ・降園する子どもと保護者に挨拶をする。	・Rちゃんにさっき読んで絵本を読み聞かせる。ほとんど、出てくる登場人物や食べ物を追う形で読む。

（左端縦書き：部分実習前後）

〈感想・反省・考察〉

　今日は、部分実習をやらせていただきました。手遊びは、昨日の様子を見て日ごろの遊びのなかで楽しく取り組んでいる「大きな栗の木の下で」を選び、私も子どもたちと一緒にやってみました。栗は絵本の中にも出てくるので、ちょうどいいと思いました。子どもたちはよく知っている手遊びで楽しめているように思いましたが、後から来た子どもたちへの配慮が不足していたと思います。その後、「やきいもグーチーパー」をみんなでやろうと思ったのですが、子どもたちが絵本を聞く態勢になっていたので、すぐに絵本を読み始めることにしました。絵本は季節感を味わえ、繰り返しの場面のあるものと遠足のお弁当など、身近な楽しみのあるものを選びました。私が想像した以上に、みんな真剣な表情で集中して聞いてくれていたので、とても驚きました。選んだ絵本は適していたように思います。実習前に練習は重ねていましたが、もう少し絵本に出てくる動物に注目させたり、ドングリや栗などにも注目させれば、もっと楽しめたのではないかと思います。「早い！」「短い！」「遅い！」「もう1回！」という子どもたちからの反応には少し慌てましたが、環境の構成の際、落ち着かない子や興味の薄い子に前列に来てもらうなど工夫の余地がありました。読み聞かせの後、室内自由遊びで絵本を「読んで」と求める子がいました。少人数のなかでの絵本の読み聞かせの大切さも感じた場面でした。今後に役立てていこうと思います。

〈指導者の助言〉　　　　　　　　………略………

ぞんだ読み聞かせはうまくいったか、子どもたちは絵本の世界を楽しんでいると感じたか、集中しない子や子どもたちの声をどう思い対応したか、環境の構成はどうだったのか等、項目を押さえて記入することが大切である。

以上の点について、日誌として書いておくべき内容をp.155【実習日誌例1の修正例】に書き込んでおいたので参考にしてほしい。

なお、この部分実習は指導案を立てずに行ったもので、実習日誌の欄の区切りは観察・参加実習時のものと同じ形で記入されている。こういう形式で記入する方式をとっている実習園もあるので、これはこれとして参考にしてほしい。

2．部分実習時の日誌例2 —朝の受け入れから朝の集まりまでの部分実習（1、2歳児）—

この実習日誌（p.159～160「保育所の部分実習時の日誌例2」）は、朝の受け入れから朝の集まりまでの部分実習の日誌である。特徴としては、実習園が1、2歳児合同クラスの構成であるという点が挙げられる。1、2歳児が合同で生活するということは、各年齢の発達特徴を考えたとき、配慮しなければならないことが山積みであることが予想される。登園場面、遊びの場面、排泄、手洗い、おやつの援助などの生活場面をしっかり考察した記述が大切である。

また、実習園ではデイリープログラムとして、朝の集まりを設定している。実習生は、ともすると朝の集まりで行う手遊びなどがうまく演じられたかどうかという視点にとらわれやすいが、乳児にとって、遊びを中断してまで集まりをする必要性があるのか、そのねらいは何なのか、1、2歳児の子どもたちがともに楽しめる活動はどんな内容のものなのか、そうしたことの考察が必要である。そのあたりもよく記述されたp.159～160の実習日誌例2は、参考になるのでよく見てほしい。

（1）十分に練られた部分実習の指導案

先にも述べたが、部分実習には指導案が必要になる。この実習生は、1、2歳児合同の環境を踏まえ、工夫が見られる指導案を立案している。

たとえば、登園の場面では、泣いてしまう子どもを予想し抱っこでの受け入れを考慮している点、遊びでは、2歳児の興味が出てきたことを把握し、遊具を準備する姿勢、おやつの場面で、1歳児には、エプロンをつけオシボリで手をふくのに対して、2歳児は水道で手洗いを促すといった発達に応じて援助しようとする点、そして朝の集まりでは、手遊びはもちろんのこと次の遊びの導入も行い、意義を見いだそうとする点などである。

実習生の作成した部分実習指導案

学校名　　　　　　　学年　　　　　氏名

日時：9月11日（水）
対象児：1、2歳児　11人
（1歳児5人　2歳児6人）
・実習内容……朝の受け入れから朝の集まりまで
・時間……8時30分〜10時00分
・ねらい……好きな遊びをじっくり楽しむ。

時間	環境構成	子どもの活動	保育者（実習生）の援助・留意点
8:30	○各コーナーの遊具の整理をしておく。 ・積み木、ままごと ・机の上：パズル・手先の遊び、絵本 ・新しくボタンホールのオモチャの用意	○登園 ・上機嫌に登園する子どももいれば、泣いて母親と離れない子もいる。 ・1歳児は保護者が支度をし、2歳児はできるところは自分でやる。 ○遊び ・好きな遊びのコーナーで遊びはじめる。 ・遊具を片づける。	・温かく笑顔で、明るくあいさつをして、迎え入れる。 ・泣いている子には抱っこで受け入れたり、好きな遊具で誘いかける。 ・視診をする。 ・年齢に合わせて支度の様子を見守り、援助する。 ・連絡帳に目を通し、報告する。 ・遊びの発展を見守りながら、必要なものを用意したり援助する。 ・友達関係の仲立ちをする。 ・2歳児の子どもを中心に興味を示しているボタンはめの遊具を提供する。 ・子どもができる片づけを促し、保育者も一緒に片づける。
9:10	○おやつの用意、テーブルふき、配膳	○手洗い、おやつ、排泄 ・1歳児はオシボリで手をふき、2歳児は手洗いをする。 ・おやつを食べる。 ・トイレで排泄したり、おむつを替えてもらう。	・おやつの用意をする。 ・体調を考慮して、牛乳の量を加減する。 ・2歳児は手洗いをするので、洗い方・ふき方を援助する。 ・1歳児はエプロンをつける。 ・年齢に合わせて排泄に誘う。
9:35	○視覚で楽しめる手袋シアターの手遊びの用意 ・むすんでひらいて ・大きな栗の木の下で 　　　　�保 　前　1歳 　カーペット 　後　2歳	○朝の集まり（手遊び、歌） ・誘いかけに、集まっている子や興味を示さない子がいる。 ・何をするのか気になって保育者を見る子がいる。	・担任の保育者と連携をとり、興味のない子への対応を柔軟に行う。 ・何をするのか気になっている子には、手遊びと手袋シアターをすることをきちんと伝える。 ・子どもたちに見えやすいように、動作を大きくする。
10:00		・手袋シアター、歌を一緒に楽しんだり、うたう。	・「お外で運動会の練習をしよう」と誘い、身支度を促す。

（2）指導案に基づいて進めた実習の様子が適切に記述されている

　この実習生の実習日誌（日誌例2）の部分実習の箇所は、時系列に従って環境構成、子どもの活動、保育者（実習生）の援助・留意点の項目に分けてわかりやすく書かれ、〈別紙★〉（p.160）としてまとめられている。日誌の形式としては、責任実習の場合、部分実習・全日実習とも実習生は保育者として活動するので、別紙のこの欄のような項目の取り方になるが、この場合、保育中に担当の保育者と連携する場面や助言などももっとあったと思われるので、そのような保育者の動きなどは（　　）書きなどで記入しておいたほうが今後の実習に活きると思う。また、このように指導案と実際の実習での展開が大きく異ならなかった場合は、別書きせず幼稚園の日誌例（p.151参照）で挙げたように指導案を活用する形で日誌をまとめてもよかったように思うが、日誌内容の記述はわかりやすくよい日誌といえるだろう。

　朝の集まりでは、予想より時間が余ってしまうが、運動会の練習という次の活動をきちんと把握していたため、次の活動につながり、年齢にも合った絵本を用意して対応したことはよかった点である。このように、保育者は子どもの姿をよく見て、その見る目を確かなものとして、子どもと向き合うことが求められるのである。

　長時間、保育所で生活する子どもたちにとっては、時間を区切られて一斉に行動する場面ばかりではなく、つながりをもった子ども自身がじっくりと遊びこめる環境を用意したいものである。

（3）気づきが書かれている感想・反省・考察欄

　先述したように、ここには部分実習をやってみての感想・反省・考察を書くのだが、それが一日の保育の流れに従ってわかりやすく記述されている。

　受け入れの場面の大切さ、実際に実習したときのポイントに気づき、緊張感のなかにもきちんとおさえられている。

　環境構成の重要性も子どもを主体として整えようとする姿勢がうかがえる。

　朝の集まりでは、率直な感想とともに今後に向けての取り組みも記述されている。

　保育所の乳児クラスは、複数担任でチームワークよく保育することが求められるが、実習を通して複数担任が多い乳児クラスでの保育者同士の連携の大切さに気づき、記入されているところなどは評価したい内容である。

　ただ、ここの欄だけをきちんと記述しようとすることは無理なことなので、その前の指導案の立案、子どもの発達の理解などをしっかりと理解しておき、絶えず問題意識をもって実習にのぞむことが大切である。そうすることで、よりよい感想・反省・考察の記述となるのである。

【 保育所の部分実習時の日誌例 2 】

9月11日（水） 天候　晴れ	1歳児5名（男児3・女児2） 2歳児6名（男児3・女児3）	男児6名 女児5名 欠席0名	備考 部分実習〈朝の受け入れから 朝の集まりまで〉

今日の実習のねらい	・1、2歳児の発達の差異を知る。 ・好きな遊びをじっくり楽しむ。

時間	環境構成	子どもの活動	保育者の援助・留意点	実習生の動き・気づき
8：30		「朝の受け入れから朝の集まりまで」（8：30〜10：00） 部分実習（→別紙★参照）		
10：00		○運動会の練習 ・全体体操、かけっこ、遊戯、玉入れ（途中休憩をする） ・話を聞いてから、帽子をかぶり、外へ出る。 ・靴を援助してもらいながらはく。早くはけると走り出す。 ・クラスごとに分かれて集まり、列になっている。	・実習生の読んだ絵本『ヨーイドン!』を受け、「みんな、お外で運動会の練習の時間です。ヨーイドンでお外へ行こう」と子どもたちに話す。 ・子どものできるできないに合わせ、靴をはく援助を行う。 ・列からはずれてしまう子に声をかける。	・帽子をかぶって、外へ出ようと促し、一緒に外へ出る。 ・他に興味を示し、いろいろなところに行ってしまう子を運動会の練習に誘う。 ・列をつくりやすいような言葉かけをする。

〈感想・反省・考察〉

　今日は部分実習で、朝の受け入れから朝の集まりまでをやらせていただきました。

　受け入れは一日のスタートが気持ちよくできるか大事な場面で、とても緊張しました。機嫌の悪い子の受け入れ、保護者からの連絡をもれなく聞くなど、大切なことがいっぱいあることがわかりました。遊びでは環境構成をしっかりすることで、子どもたちが好きな遊びを見つけてじっくり取り組めることに気がつきました。子どもの遊びの様子を見きわめ、何を要求しているのか気づき、環境を整えていくことが大事だと思いました。

　朝の集まりでは、実際に自分が前に出てやってみると、まったく余裕がなくなってしまって、歌詞も先生方に助けてもらってやっと出てくるような感じになってしまいました。また、考えているのと、実際にやるのとでは時間や間がすごく違ってしまい、外に出るまでに時間があまりすぎてしまいました。次は何分かかるのかを正確にチェックして計画したいと思います。そして、もう少し落ち着いてできるように気をつけたいと思います。養護の面も含めて乳児では保育者同士の連携がとても重要ということを感じました。

〈指導者の助言〉

　一日、実習お疲れさまでした。部分実習は初めてで緊張していたようですね。実習をして少しでも経験したことが生かせるようにこれからもがんばってください。

〈別紙★〉「朝の受け入れから朝の集まりまで」の部分実習時の日誌例

時間	環境構成	子どもの活動	保育者（実習生）の援助・留意点
8:30	〈保育室〉 （保育室の見取り図：机上、手先の遊び、ままごと、積み木、食事、流し、おむつ交換、トイレ、入口、ロッカー）	○順次登園、遊び ・登園後、できる身支度をし、自由に遊ぶ。 ・積み木コーナーで、積み上げては「○○」と言ったり、積んではくずす。 ・ままごとでは、飲むまねや人形を寝かしたりして遊んでいる。	・担当の先生と受け入れをして、視診をする。 ・担当の保育者に連絡をする。 ・遊びを見守り、必要に応じて遊具の出し入れをする。 ・安全に気をつける。 ・片づけをしながら、声かけをする。 ・手洗いの援助（袖まくり、石けんの使い方、手をふく等）をする。
9:10	〈おやつ〉 （座席配置図：保、2歳、1歳、1歳、保） ・テーブルふき、オシボリの用意。（年齢に合わせて座る人数を考慮）	○手洗い、おやつ ・玩具を片づけて、手洗いをして、椅子に座る。 ・「いただきます」のあいさつをみんなでして、食べはじめる。 ・「おいしい」と保育者に向かって順にみんな言う。 ○排泄 ・食べ終わったら順に排泄を済ませる。	・おやつの準備をする。 ・配膳する。 ・子どもが長く待つことがないようにする。 ・合図をして、みんなで「いただきます」をする。 ・子どもが「おいしい」と言うのに対して、「よかったね」など、声をかける。 ・行儀の悪い子に座り方を知らせる。 ・片づけや排泄の声かけ、援助をする。 ・席に着くように促す。
9:35 10:00	（座席配置図：保、前 1歳、カーペット、後 2歳） ・様子を見て、2歳児用の椅子を準備し、手袋シアターを見やすくする。	○朝の集まり ・席に着き、手袋シアターを見たり、保育者の手遊びに合わせて一緒にうたい、振りをする。 ・名前を呼ばれると手をあげて返事をする。 ・絵本を興味をもって見るが、あきてしまい立ち上がる子もいる。	・手遊びを始める。 ・いくつか手遊びをしたら、名前を呼ぶ。 ・「グーを出して」と言い、「むすんでひらいて」を始める。 ・間をとりながら「たまご」「ねこのこ」「大きな栗の木の下で」をやる。 ・時間があまってしまい『ヨーイドン！』の絵本を読む。 ・あきてしまった子を担当の保育者にお願いする。 ・絵本の導入から、運動会の練習へと促す。

5章 全日実習時の日誌

　全日実習は、一日を通して実習生が保育を任され責任をもって行う実習である。今まで学んできた理論、そして見学・観察、参加、部分実習で得たことを十分に生かしてのぞむ集大成の実習といえるであろう。

　実習前日までの子どもの姿をしっかり把握して、その年齢の発達特徴を踏まえて、指導案を立案することが求められる。事前に、準備できることはしっかり行い、技術面では未熟なのはいたしかたないことなので、あわてずに落ち着いて実習したい。

　当日は、指導案に基づいて実習を行うことになるが、いろいろな場面に遭遇することが予想される。そのときに感じたこと、考えたこと、反省したことを指導案とあわせて検証し、実習日誌に記入することが大切である。その年齢の発達に見合った活動内容であったのか、環境構成はどうだったか、子どもたちに適切な援助ができたか、養護の面はどうであったか等が挙げられる。単に実施したことを羅列したり、起こったことを記入するのではなく、温かい目で子どもを受け入れ、子どもの心の動きにも目を向けた記入が求められる。

　一日の実習を終えての充実感や担任保育者との意見交換、保育者として自分は今後どうありたいか、実習前の目標は達成できたのかも記入したい。実践したことを実践だけにとどめず理論と照らし合わせ、裏づけをとったり、理論との違いを感じることも実習する意義である。

　全日実習をぜひ有意義に行い、次回に生かせる日誌となるよう、全日実習の日誌の書き方を実例を見ながら解説していく。

幼稚園実習の 全日実習時の日誌

全日実習時の日誌例

　実習期間中に実習生はさまざまなことを経験する。それを経験したうえで全日実習の指導案を立て、実習を行い、その内容を実習日誌に書くことになる。

　この実習生の日誌（p.166～168「幼稚園の全日実習時の日誌例」）は、全体的にはよく書けていると思われるものであるが、もう少し工夫するとよいと思われる点もある。どのような点を修正すればよいのだろうか。この実習日誌をもとに、全日実習時の日誌の書き方について解説していく。

　なお、この日の実習は自らが立てた指導案に従って、一日の保育を展開していくのであるから、その日の日誌は当然、指導案の内容を反映したものになる。そこで、この日の指導案を掲載（p.164～165）しておくので、この指導案も見ながら実習日誌の内容を解説していくことにする。

（1）全日実習時の日誌の欄の項目について

　まず、実習日誌の欄の項目についてであるが、部分実習の146ページでも述べておいたが、見学・観察実習や参加実習の場合には、「保育者の援助・留意点」の欄には保育者の援助の内容を書き、実習生の活動等については、「実習生の動き・気づき」の欄を設けてそこに書き入れていた。しかし、実習生が責任をもって保育を行う部分実習や全日実習の場合には、実習生が保育者の立場になるので、実習生の活動等については「保育者（実習生）の援助・留意点」の欄に記入し、「実習生の動き・気づき」の欄は設けないことになる。したがって、もし、保育者の方からアドバイスや手助けをいただいたときには、（　　）書きとして「保育者（実習生）の援助・留意点」の欄に書き入れておくとよい。（ただし、PART 1 の 2 章の p.54～57 で解説したように、何らかのトラブルがあり、指導案と保育の流れが大きく異なってしまった場合は、「保育者の援助・留意点」の欄を設けて書き直したほうがわかりやすい。）

　日誌例（p.166～168）を見てみよう。欄の設け方としては、日誌例のような形でよいと思う。この日誌は部分実習のところで述べたような指導案のコピーを使用して加筆・修正したものではなく、日誌としてあらたに書き直したものである。非常にていねいに書かれていてそれは評価できるが、指導案と実際の活動に大きな違いは

見られなかったと思われるため、こういう場合には、指導案（のコピー）を使用して加筆・修正した日誌としてもよかったように思う。

（2）「ねらい」は具体的に書く

　一日の保育は１つの活動を行うだけではないが、その日の中心となる活動がはっきりしている場合には、その活動のなかで何を子どもたちが経験してくれるかということが、その日の保育の大きなねらいとなる。実習生が全日実習を行う場合には保育の流れのつくりやすさや活動の展開のしやすさから、一日のなかに主な活動として時間帯を設け保育を行うことが多い。となると、指導案で考えている〈中心となる活動〉の〈ねらい〉は十分に考慮したものとし、また、その表現にも注意を払う必要がある。

　この日の指導案および日誌に書かれているねらいを見てみると「思いがけない色が出てくることに驚き、楽しむ。」とある。ここでは、「驚く」ということと「楽しむ」という２つのことをねらいにしていると思われるが、２つめの楽しむというねらいでは、何を楽しむのかということを具体的に書いたほうがわかりやすかったであろう。この場合はねらいは、「思いがけない色が出てくることに驚き、スクラッチを楽しむ」となるべきであった。こうしたことは指導案の内容と思われるかもしれないが、実習後その内容を吟味して記録するのが、日誌の目的であるので、ただ指導案のねらいをそのまま書き写すのではなく、もし、そのような反省があれば、それも含めて記述をしておいたほうがよい。それを書くことにより、この実習生がこの日の実習において、ねらいとしてどんなことを子どもに願っていたかが明確に理解できるからである。

　また、この日の実習のねらいとして、この実習生は中心となる活動のねらいしか挙げていない。全日実習は一日に責任をもち行う実習である。先述したとおり、中心となる活動のねらいは重要であるが、それだけでは全日実習時のねらいとしては十分とは言えない。後日、この実習生に聞いてみると「実習も終盤になり、子どもとの関わり方にも慣れてきたが、どうしても次の活動の時間を先に気にしてしまい、子どもと最後まで関わりきれていないことが多く、気になっていた。全日実習では"一人一人の子どもの思いを理解し、最後まで十分につきあう"ということを大事にしたいと思っていた」と話してくれた。つまり、ほかにねらいをもっていなかったのではなく、それを明確にねらいとして意識していなかったため"書かなかった"のである。日誌例の修正例（p.175～177）のように、上記のようなことを全体を通してのねらいとしてまとめ、実習のねらいとしてもう１つ立て、日誌に記述すべきであったと思う。

全日実習指導案

学校名　　　　　　　　学年　　　　氏名

日時：6月27日（金）
対象児：4歳児（さくら組）24人
- 中心となる活動……スクラッチ（ひっかき画）
- ねらい……思いがけない色が出てくることに驚き、楽しむ。
- 材料・準備……カラーの広告（つるつるしたもの）、画用紙、クレヨン（黒）、割り箸

時間	環境構成	子どもの活動	保育者（実習生）の援助・留意点
9:00	・外での遊びが十分に楽しめるよう環境を整えておく。 ・雨であったらホールに技巧台を用意しておく。濡れ雑巾を忘れずに置く。	○登園 ・保育者とあいさつをする。 ・荷物整理をし、スモックに着替える。 ○自由遊び ・すべり台や砂場で遊ぶ。 ・ままごとをする。 ・(晴)園庭で戸外遊びを楽しむ。 ・(雨)ホールで技巧台で遊ぶ。	・子ども一人一人とあいさつし視診をして、持ち物整理と着替えをするよう声かけする。シールを貼ったかの確認もする。 ・クワガタ、ザリガニ、アゲハなど生き物に対して目がいくよう、小さな変化でも話す。 ・天気がよければ、外で体を動かすよう、「外、楽しそうだよ、一緒に行ってみない？」と声をかけて一緒に遊ぶ。 ・誰がどのコーナーで遊んでいるのか見てまわり、その際トラブルが起こっていないかも確認する。 ・トラブルが起こった場合、どうしたのか本人に聞く。また保育者の見ていないところでのトラブルは、近くにいる子どもに状況を聞いてみる。ケンカのトラブルは、双方の気持ちを聞き、しっかりと受け止め相手の気持ちを伝える。 ・各コーナーをまわり「お片づけだよ！」と声をかける。 ・遊びに夢中な子どもには「何秒で片づけられるかな？」や「あと○つ数えたら片づけられる？それまで好きに遊んでいいよ」と声をかけ、遊びを無理矢理にはやめさせないようにする。また「○○ちゃん素敵！」と励まし、他児に刺激となるような言葉かけもしてみる。
10:20 10:45	・テーブルを6つ出し、当番グループ4人で座る。 ・讃美歌の伴奏を弾く。 [ピアノ配置図：ピアノ、保、座席]	○片づけ ・各自、片づけをする。 ・排泄・手洗いをする。 ○朝の集まり ・椅子を各自用意し、当番のグループで座る。 ・朝のあいさつをする。 ・讃美歌「ぱらぱらおちる」をうたう。	・片づけに時間がかかるコーナーがあれば、他児に「片づけのお手伝いしてくれる人いるかな？」と声をかけてみる。 ・部屋に戻ってきた子どもに排泄、手洗いを促す。 ・当番のグループで座るよう、声をかける。 ・おしゃべりや立ち歩くなどで進められない場合、「〜ちゃんの座り方、素敵ね」と刺激を与えたり、「それはおかしいと思うよ(かっこう悪い)」「楽しいことする時間がどんどんなくなっちゃうね」と自分で気づいて直せるような言葉をかける。
11:00	・割り箸を用意する。 ・黒のクレヨンでぬりつぶした広告を用意する。 ・見本を貼った模造紙を用意する。 ・汚れ防止のために、新聞紙を用意する。 ・黒板に模造紙をとめておき、見本をいくつか貼る。	○中心となる活動（スクラッチ） ・活動の話を聞く。 ・驚き、席を立って見に来る。 ・クレヨンを取りに行く。 ・黒クレヨンで、広告をぬりはじめる。 ・各自、好きなように描きはじめる。	・「今日はね、先生、魔法のペンを持ってきたの！」と子どもの興味が向くように話をはじめ、割り箸を出して見せる。 ・「これで絵を描こうと思うんだけど……」と模造紙をひっかいたりしてみせる。→「描けないね」 ・「じゃあ、これに描いてみるよ」と黒のクレヨンでぬりつぶした広告をひっかいてみせる。全員に見えるように、広告を持ってまわる。→「この紙じゃないと描けないみたい」 ・「ジャンジャジャーン」と見本を貼りつけた模造紙を出し、「こんな風に絵も描けるんだよ」と、やってみたいという思いをさらにもてるように言葉をかける。 ・「この紙はね、これ（広告）を黒いクレヨンでぬるんだけど、そーっとぬったりぐわーって強くぬるのはだめなんだ。上手くぬれるかな？」と声をかける。 ・まず男の子から取りに行くよう声をかけ、次に女の子の順とし、混雑しないようにする。 ・新聞紙と広告を1枚ずつ配る。

時間	環境構成	子どもの活動	保育者（実習生）の援助・留意点
			・だいたいぬり終わるところで魔法のペンを各自に配る。このとき「これで人をつっつくのはいいのかな？だめだよね」と扱いの注意を子ども自身に確認する。
		・でき上がった作品を保育者や友達に見せる。 ・作品を保育者に渡し、クレヨンを片づける。（そのまま続けている子どももいる） ○自由遊び ・園庭で遊ぶ。 ・車づくりの続きをする。 ・ままごとをする。	・「まちがえちゃったよー」という子どもがいたり、もしいなかったとしても、「あっ、先生失敗しちゃった」と言い、「でも大丈夫！この黒いクレヨンが消しゴムに変身するんだ」と実際やって見せる。 ・子どものテーブルをまわり、絵や模様に共感する。また他児に「○○ちゃん、こんなの描いてるよ」と紹介する。 ・子どもの名前を書き、作品を集める。 ・終わった子どもに「クレヨンを片づけて、ご飯まで遊んでていいよ」と声をかける。 ・手の汚れがひどい子どもには手洗いを促す。 ・部屋での作業を見つつ、誰がどこで遊んでいるか様子をうかがう。
12：00		○片づけ ・各自、片づけをする。 ○排泄・手洗い ・保育者の声かけにより、トイレへ行く。 ・各自、昼食の準備をし、座って待つ。	・10：20〈片づけ〉と同様。 ・部屋の片づけを中心にする。 ・部屋へ戻ってきた子どもに排泄・手洗いを促す。 ・お弁当を持ってきて、中心となる活動と同じ席に座るよう声かけをする。 ・「今日のお当番さんは○○です。前に出て来てください」と言う。
12：20	・「おべんとう」の伴奏を弾く。 ・はみがき表に貼るシールを用意する。	○昼食 ・当番が前に出てきて「おべんとう」の歌をうたう。 ・お祈りをする。 ・「いただきます」のあいさつをし、当番はお茶を取りに行く。 ・保育者、友達とおしゃべりしながら食べる。 ・食べ終わった弁当箱を見せにくる。 ・はみがきをし、保育者のチェックを受け、シールを貼る。	・大きな声ではっきりとうたう。 ・楽しい雰囲気のなかで食べられるように子どもと会話をしながら食べる。 ・お弁当箱を見せにくる子どもに「わー、きれいに食べれたね」とほめ、はみがきをするよう声をかける。 ・「お腹いっぱい」という子どもには、「ここまで食べようか」と目標をつくり、食べられたら「頑張って食べたね」とほめる。
12：50		○自由遊び ・園庭で遊ぶ（すべり台、砂場） ・ままごとをする。	・部屋の片づけをし、終わり次第、各コーナーを見に行く。 ・天気がよければ、外へ出て遊ぶよう声をかける。
13：20		○片づけ ・各自、片づけをする。 ・帰りの支度をする。	・10：20〈片づけ〉と同様。 ・金曜日は絵本袋、上履き、上履き袋、タオルも持ち帰るので、忘れ物がないよう、声かけをし、確認する。
13：40	［ピアノ配置図］	○帰りの集まり ・扇形に椅子に座る。 ・紙芝居「おばけパーティ」を見る。 ・「おかえりのうた」の歌をうたい「さよなら」のあいさつをする。	・声色を変えたり、強弱をつけて読む。 ・大きな声ではっきりとうたう。
14：00		○降園	・子どもの顔を見てあいさつをする。 ・子ども一人一人とあいさつをし、見送る。

【 幼稚園の全日実習時の日誌例 】

6月27日(金) 天候 晴れ	4歳児 さくら 組	男児 10名 女児 12名 欠席 2名	備考〈中心となる活動〉スクラッチ (ひっかき画) 〈材料・準備〉カラーの広告(つるつるしたもの)、画用紙、クレヨン(黒)、割り箸
今日の実習のねらい		・思いがけない色が出てくることに驚き、楽しむ。	

時間	環境構成	子どもの活動	保育者(実習生)の援助・留意点
9:00		○登園 ・保育者とあいさつをする。 ・荷物整理をし、スモックに着替える。 ・Kくんがアゲハが生まれているのに気づく。 ○自由遊び ・園庭でままごとを楽しむ子どもたちがいる。 ・コピーの部屋でセーラームーンごっこをする。 ・Mちゃんがお面づくりをする。 ・ホールでライダーショーをする。(ホールに椅子を並べ、客席も用意する) ・砂遊び	・子ども一人一人とあいさつをする。と同時に表情、声に注意を向ける。 ・シールを貼り終わった子どもから支度をすませて、天気がよいので「外で遊ぼう」と声をかける。 ・「Kくんが一番に気づいたよ」と声をかける。 ・Mちゃんのセーラームーンブルーンのお面づくりを手伝う。「描けない」と言うので「髪の毛はどんなふうになっているの?」「目は大きいの?」などと聞きながら私とMちゃんで順に描いていく。 ・ホールでSくん、Uくん、YくんがライダーショーをするというのでEちゃんと一緒に見に行く。「おぉ、かっこいいー!」などと声をかける。 ・はじめ、コピーの部屋にいる子どもに片づけの声かけをしたが、「まだやりたい」という返事が来たので「もう1回先生来るからそれまで遊んでいいよ」と声をかける。ホール、園庭とまわり声をかけるが、なかなか片づけが始まらず、手伝っていたためコピーの部屋へ行くのが遅くなってしまった。 ・ホールで使った積み木の片づけ方で、私が「このまま(カゴに適当に入った状態)でいいよ」と声をかけたため、やり直し、余計に時間がかかってしまった。(片づけの仕方をわかっていなかったことを反省してます)
10:20		○片づけ ・遊びに夢中で、片づけがなかなか進まない。 ・保育者の声かけにより、手洗い、排泄を済ます。	・部屋に戻り、排泄、手洗いを促す。
11:00		○朝の集まり ・各自、椅子を用意し、当番グループにわかれて座る。 ・朝のあいさつをみんなでする。 ・讃美歌「ぱらぱらおちる」をうたう。 ・お祈りをする。	・「~グループのみんなはもう準備できてるよ」とまわりの子どもに刺激となる声かけをする。 ・『朝のうた』をうたいます」と私が言ったので、Hくんは違うのをうたってしまっていた。いつも先生が言うように「『ぱらぱらおちる』をうたいましょう」と声をかけなかったのが原因だったと思う。 ・お祈りの言葉を言う。
11:05		○中心となる活動(スクラッチ) ・活動の話を聞き、見て、興味をもって「やりたい」と言う。 ・各自クレヨンを取りに行く。	・「今日先生ね…」と言いながら、割り箸をポケットの中から出して「魔法のペンを持ってきたの」と声をかける。 ・「けどここには描けないみたい」と黒板を引っかいてみせる。そして、広告(黒くぬりつぶしたもの)を取り出し、「じゃあこれに描いてみようかな」と言い、波線を描いて見せる。「赤とか黄色が見えるよ、不思議だね」と言いながらテーブルをまわり、子どもに見せる。 ・「この黒い紙はこれ(広告)をクレヨンでぬるんだけど、絵が見えなくなるようにまっ黒にするんだよ」と声をかける。 ・ここで見本を出す予定だったが、忘れてしまった。 ・男の子、女の子の順でクレヨンを取りに行くよう声をかける。

時間	環境構成	子どもの活動	保育者（実習生）の援助・留意点
11:15		・新聞紙、広告をもらい、クレヨンでぬりはじめる。	・新聞紙、広告を1枚ずつ配る。（新聞紙を下にして、セットで渡す）
11:20		・ぬり終えたら、魔法のペンで引っかいてみる。 ・ペン先が細く、また筆圧が弱いためハッキリと色が出ず線だけ描いて終わりにする。	・「ぬれた！」という子どもに魔法のペンを渡し、「これで描いてごらん」と声をかける。 ・子どもの「できたよ」という声に、作品を見て「わぁ、○○ちゃんのこんなにいろいろな色が出てるね」と声をかけほめ、さらに他の子どもに紹介する。（けれど「もう終わりにする」と子どもが作品を持って来た。私がやって見せたとき線しか描かなかったこと、また見本を出さなかったことで視覚からの情報が少なく、また私の言葉かけも簡単なものだったので"絵を描く"というところまでいかず、おもしろさを味わえなかったと思う。）
11:30		・スクラッチを終えて自由遊びをする。（全員ではないが大半の子ども） ・スクラッチを「もっとやりたい」ともう1枚始める。	・部屋での様子ばかりに気がいってしまい、園庭、ホールで何をして遊んでいるかまで把握できなかった。
		・「黒じゃないとだめなの？」と保育者に聞く。	・「いろんな色でやってみてごらん」と声をかける。けれどその後の「やっぱり黒じゃないとできないみたいね」という言葉をかけられなかった。
		・間違いで違うところを引っかいたという子もいる。 ・S先生の描く絵をまねするKくん。	・「大丈夫、この黒いクレヨンでその上をぬってごらん」と声をかけ、その場で実践し、「これはね、消しゴムにもなるんだよ」と伝える。 ・「クワガタむずかしくて描けない」というKくんに、「じゃあ一緒に描いてみよう！」と声をかけ、割り箸を一緒に動かす。
		・本物のアゲハを見ながら描くOちゃん。	・本当に上手に描けていたので、「このアゲハ見ながら描いたの？とーっても上手ね。みんなに見せてきたらどう？」と声をかける。するとうれしそうに絵を持って走って行った。
12:00		○片づけ、排泄、手洗い ・保育者の声かけにより、各自片づけをする。 ○昼食準備 ・エレクトーンで遊び、なかなか準備をしないFくん、Iくん、Nくん、Yくん。 ・椅子の上に立っているRくん。	・片づけが済んでいないのに部屋にいる子どもに排泄、手洗いの声かけをしてしまった。その後「コピーの部屋のお片づけ手伝ってくれる？」とSくん、Uくんに声をかける。すると「うん、いいよ」という返事が来た。 ・片づけにも時間がかかったが、この昼食準備の際、Fくん、Iくん、Nくん、Yくんのことを待ち過ぎてしまい、早く準備していた子どもを20分以上待たせてしまった。「その格好はおかしいよ」「みんな待ってるよ」などと声をかけてみたが、声が届いていなかったのか、きちんと座るまで時間がかかってしまった。
12:30		○昼食 ・△△グループが前に出て来て、みんなで「おべんとう」をうたう。 ・お祈りをする。 ・「いただきます」を言い忘れ、当番はお茶をとりに行く。 ・保育者や友達とおしゃべりをしながら食べる。立ち歩いてしまう。 ・食べ終わった弁当箱を見せにくる。 ・「先生食べられない」と言う。	・「今日のお当番さんは△△グループです」と知らせる。 ・「～ちゃんお願いします」と、順にお祈りの言葉を言うよう声をかける。 ・子どもと一緒に「いただきます」をしようとしたらすでに当番がいなくなっていた。 ・お祈りを一緒にする。 ・立ち歩いて話す子どもには「座って食べようね」と声をかけ、それから話を聞く。 ・「すごい、全部食べられたんだね！」と十分にほめ、ハミガキをするよう声をかける。 ・「どれなら食べられそう？」と子どもに聞き、「じゃあここまで食べようか」と目標をつくる。

時間	環境構成	子どもの活動	保育者（実習生）の援助・留意点
		・ハミガキをし、保育者のチェックを受けシールを貼る。	・「ハミガキしたよ」と来る子どもに「見せて！」と言い、汚れがないかチェックし、「とってもキレイだよ」とシールを渡す。ハブラシを忘れた子どもには、うがいをするよう声をかける。
13：00		○自由遊び ・すべり台で遊ぶ。 ・ままごとをする。 ・ハムスターごっこをする。TちゃんはTちゃんは、はいはいでやりたいのだが、EちゃんとLちゃんは立ってやる、と保育者のところへ言いに行く。	・EちゃんとLちゃんに、「Tちゃんは全部はいはいでやりたいんだって」と伝えたが、1度目は聞こえてないようだったのでもう1度Tちゃんの気持ちを伝える。「うん」と返事が来て、3人ではいはいでハムスターになりきっていた。
13：20		○片づけ ・Kくんがいなかったので、UくんがKくんの使ったござを片づけていた。するとそこにKくんが来て「まだしまわない」と泣きながらござを引っ張る。Uくんもはなさず泣き出した。	・はじめ、自分の使っていたござをUくんに片づけられてKくんがいやがったのだと思ったが、そうではなくてまだ遊びたくて泣いたようだった。なかなか片づけはじめる様子ではなかったので、「じゃあ先に行ってるよ、待ってるからね」とKくんに声をかけた。
13：45		○帰りの集まり ・紙芝居「おばけパーティ」を見る。 ・保育者の質問に答える。 ・1人、絵本を見ていたFくん。 ・「おかえりのうた」をうたい、「さようなら」のあいさつをする。 ・全員園庭に出て、生まれたアゲハを外へ逃がすところを見る	・うしろの子にも聞こえるよう大きな声で読む。絵を楽しむ紙芝居だったので、「次は何だろうね」と言いながら話をすすめていく。 ・読み終わった後、前の場面を出し、話を振り返ってみる。「何食べたらこんな色になっちゃったのかな？」とクイズのように子どもたちに聞いてみる。 ・Fくんは紙芝居の最初から最後まで違うことをしていた。紙芝居を読むことに私は一生懸命で、何も声をかけられなかった。みんなで同じものを見て楽しむ経験は大切だと思うので、途中「Fくん次は何が出てくると思う？」と聞き、紙芝居に注意が向くような声かけができたらと思った。 ・子どもの顔を見てあいさつをする。
14：00		○降園	・子ども一人一人と握手をし、「さようなら」とあいさつをする。

〈感想・反省・考察〉

　今日一日、保育者としての立場で過ごしてみて、力のなさを感じました。今までは、補助という形で入っていたので、どこか頼ってしまい"全体へ目を向ける"という意識が欠けていたのだと思います。片づけでは、子どもたちが次の活動へ期待をもてるような言葉かけができませんでした。また、中心となる活動でのスクラッチの説明で一番のポイントとなるのは"見本"を見せることでしたが、それを出すタイミングを逃し結局出さずじまいでした。失敗は「失敗」として見せ、"子どもに伝えたいことはしっかりと伝える"という思いをもつ大切さを教えていただきました。失敗で気持ちは下降していくばかりだったのですが、そのなかでただ1つ"紙芝居"では、子どもの気持ちをとらえることができたと思います。お化けに興味をもっているということ、また、内容が視覚で楽しめるものだったので、子どもたちは喜んで見ているようでした。それほど緊張せずにできたのも、子どもたちの反応がよかったからかな、と思いました。

〈指導者の助言〉

　すべてが自分一人‼ということで大変緊張したことと思います。"何を子どもたちに伝えたいのか"を考えて、声かけ、指導など、今日の反省を生かしていってください。一人一人の気持ちを受け止め、ていねいに対応するという点ではよかったと思いますよ。また、子どもの姿から、活動や紙芝居などを選んでこられたことで、子どもたちの興味をひきつけていましたね。技術も磨いて素敵な保育者になってください。

(3) 一日の流れをわかりやすく書く

① 一日の時間の流れをわかりやすく正確に書く

　全日実習の記録は、一日の保育における出来事を、時間の流れに沿って事実を正確に記録しておくことが必要である。この実習日誌のように時間の流れに沿って、環境構成、子どもの活動、実習生の活動（保育者の援助・留意点として）を記入していくと書きやすい。

　この点、この実習生の日誌は、時間の流れに沿って、正確に書かれているのでよいと思う。しかし、欲をいえば、ていねいに文章化され書かれているため記述量も多く、全体的に読みにくい印象がある。この場合、読みやすさを考慮すると、「保育者の援助・留意点」の欄も「子どもの活動」の欄と同じように、まず項目を簡潔に記し（○印）、次に詳細（・印）を書いたほうが読みやすくなったように思う。また、この実習生自身の感想や反省が「・」印や（　　）書きとバラバラに記述されているのも日誌を読みにくくしているように感じる。前述したとおり、（　　）書きは指導者から受けた助言等にとどめ、感想や反省は、基本的にはその日のまとめとして「感想・反省・考察」の欄に、文章化して記述しておいたほうがよいであろう。ただし、それでは「感想・反省・考察」の欄が多くなりすぎてしまう場合には、【　　】書きなどで日誌内にまとめてもよいであろう。日誌例の修正例（p.175～177）を参照してほしい。

② 環境構成は一目でわかるよう、できるだけ図式化を

　その日の環境構成を図に表すことにより、その日の保育の展開をイメージしやすく、子どもたちの動きを予想しやすくなり、適切な援助活動が行いやすくなる。この日の指導案では環境構成の内容はいろいろ考えられているが、もう少し図式化して書いておいたほうがよいと思う。また、その日の保育を振り返る際にも、具体的にどんな室内環境、室外環境であったかがわかりやすく、より的確に保育の中味を反省、考察することができるからである。しかし、この実習生の日誌には、環境構成の欄は設けてあるものの、何も書かれていない。これはどういうことであろうか。指導案に若干書かれているからよいと思ったのかもしれないが、振り返りを適切なものにし、次の保育につなげるためにも、日誌にもその日行われた保育の環境がどのように考えられていたのか、その内容をできるだけ図式化して書いておく必要がある。

　たとえば、登園場面での保育室の環境と中心となる活動での保育室の環境では、まったく異なると思われる。また、中心となる活動での机の配置や保育者の位置なども書かれていないため、果たしてその配置が子どもたちにとってもっとも活動しやすい構成であったのかどうかが、一目見ただけではわからない。このほかにも、昼

食時の机の配置、降園時の環境構成など、図式化して書かれていたほうがよいところがあると思われる。

環境構成とは、「園生活において、場、道具や材料、出会いやふれあい、時間などを配慮したり、工夫したりすることにより、子どもたちの思いが実現しやすい状況」を構成するのであるから、次の実習への反省点へつなげていく意味でも、大切な項目なので、しっかりと書き示しておく必要がある。実習日誌例の修正例には、この点を修正して書き入れてあるので、参照してほしい。

（4）正確に記録したい子どもの活動の内容

全日実習のなかで中心となる活動のねらいとしてかかげた内容は、その日の園生活においてもっとも大切にされるものであるので、子どもがそうした方向性に向かっていけるような配慮を実習生はしていったはずである。したがって、子どもの活動の内容をできるだけ正確に実習日誌に書くことにより、その日あった子どもの行動や言動を思い浮かべることのできる内容にし、その日のねらいがどの程度達成されたかを知る資料としたい。

その点を考慮しながらこの実習日誌を見ていくと、この日誌は比較的よく書かれているほうだと思うが、いくつか気になる点があるので修正しておきたいと思う。

① 自由遊びの場面で

具体的にどんな自由遊びをしていたかをしっかり把握し、記録しておくことは次の日の活動の手がかりとなる。この日の自由遊びは、中心となる活動の前後と昼食の後にあり、活動の前のほうと昼食後の自由遊びについての内容の記述はあるが、スクラッチを終えた後の自由遊びの場面の内容が書かれていない。実習生に聞いてみると、「部屋でのスクラッチの様子ばかりが気になってしまい、園庭やホールへ行った子どもの活動を把握できなかった」とのことであった。あちらもこちらも把握しつつ保育を展開するのは実習生にとっては難しいことだと思うが、せめて、クラスの子どもがどこで何をしているのかくらいは把握しておくようにしたい。スクラッチが気になっても、一度自分のクラスの子どもの様子を見に園庭、ホールに行くことも大切である。そして日誌にその記録を残せるようにできればベストである。

当日の実習内容としては反省すべきことはあるものの、この実習生は自分自身で把握できなかった園庭やホールでの子どもたちの様子を担任の保育者に後で聞いたと話していた。わからなかったこと、できなかったこと等を後で保育者に聞くということは評価できる。ただ、それならば反省だけでなく、修正例のようにその子どもたちの活動を記述しておくべきである。

② 片づけの場面で

　片づけは、幼稚園での共同生活を展開していくうえで大切なことであるが、子どもたちが夢中になっている遊びを中断して片づけさせるということは、実習生にとっては大変勇気のいることである。だからであろう、片づけの場面において、遊びに夢中で片づけがなかなかすすまないと日誌にある。よくある風景である。このような場合には、子どもたちがどんな遊びに夢中で片づけられなかったのか、どんな言葉かけをしたのかなどを記録しておくようにしたい。後日の同じような状況での言葉かけを工夫する際に役に立つ。

③ 中心となる活動の場面で

　この場面は、全日実習のなかの一番のメインである。今回は、スクラッチが中心となる活動であり、思いがけない色が出てくることに子どもたちが驚き、楽しむというねらいが立案されている。

　ここで一番大切なことは、中心となる活動をしたときに子どもがどのような反応を示したかを書いておくことである。実習生の活動の説明により子どもたちがすぐに理解できたか、実習生が立案した活動とそのねらいが上手く子どもたちに伝わり、反応が返ってきたのであろうかなど、後に反省点として考察する意味でもできるだけ子どもたちの具体的な言葉や反応を書きとめておくとよい。しかし、この実習日誌を見てみるとそういうことはまったく書かれていない。子どもたちとのやりとりの記述が少し見られるものの、そもそもの実習のねらいであった「驚き」や「楽しみ」という視点での子どもたちの様子がこの日誌からではわからないのである。魔法のペンで引っかいてみたとき、どんな反応を子どもが示したか、どんな会話があったのかなど、印象に残った点だけでも書きとめておくとよかったと思う。

　以上、この実習日誌の「子どもの活動」の欄の記事中で主に気になる点を考察してきた。子どもは、同じ活動に取り組んでもそこで経験していることは、みんな同じとは限らない。実際には異なる経験をしているということも多い。このスクラッチの場合でも、もう1回やりたいと思う子どももいれば、少し引っかいただけで終わりにしてしまう子、引っかくことによっていろいろな色が出てきて楽しんでいる子もいれば、表の色を黒ではなく別の色でやってみるとどうなるであろうかと、実習生のねらいとは異なったところに興味をもつ子どももいるのである。これは、片づけの場面や自由遊びの場面においても同じことがいえるのである。こういう一人一人の子どもたちの違いを認識していくためには、できるだけ子どもの活動の記録を残すことが大切になってくる。実習日誌を書くということは、そうした保育者の活動の入り口に立ったことでもある。このことをよく考えて実習日誌の内容を考え

ていってほしいと思う。

(5) 実習生の活動を書くことの重要性

　子どもたちは、こうしたいという思いや実現したいことがあって、子どもたちの力で進めていきたくても、経験が不十分という理由で行きづまってしまうことも多々ある。また、もう少しというところで失敗してしまったときには、慰めてもらったり励ましてもらったりすることも必要となる。このように子どもたちは、さまざまなことで全日実習においては実習生の援助を必要としている。したがって、子どものその場面場面での活動における実習生の援助や言葉かけは、非常に重要なことなのである。できるだけ子どもにかけた言葉や援助については書き記しておくとよいと思われる。この点を考慮しながらこの日誌を見ていくことにしよう。

　まず登園してからの場面であるが、セーラームーンプルーンのお面づくりの場面で、描けないという子どもに対し、具体的に一つ一つの部分を聞きながら一緒に描いていったというところは、具体的な記述で援助の様子がわかりやすくてよいと思う。

　次に片づけの場面であるが、コピーの部屋にいる子どもに片づけの声かけをしたのなら、やはりそこでしっかり片づけるべきであったと思われる。子どもの気持ちを考え過ぎて、次の活動への影響が出てしまうことはよいことではないので、このような場合には片づけの言葉かけの工夫をし、片づけるように促すことが必要だったと思う。が、日誌の内容としては状況もわかりやすくよく書けている。

　朝の集まりのところでは、文の書き方に注意をする必要があるので一言記しておく。「朝の歌」をうたいます……のところがあり、その後に「違うのをうたってしまった」とあるが、ここは「違う歌」ときちんと書くべきであり、中心となる活動の場面においても同様で、「けどここには描けないみたい」ではなく、「けれど」としっかり記述すべきである。

　また、スクラッチを終えての場面は、先述したとおりである。

　次に昼食の準備の場面では、何人かの子どもの気持ちを大切にしたために、早く準備していた子どもを20分以上待たせてしまったとあるが、実習の内容とすれば、やはり、他の子どもたちがお腹を空かして待っているということを伝え、早く準備ができた子どもたちへの配慮ができるような言葉かけができているとよいと思われる。が、日誌の記述とすれば状況もわかるのでこれでよいと思う。

　最後に、降園のところで大切にしてほしいことは、子どもたちには明日園へ来ることへの期待をもたせるような言葉かけが必要であるということである。日誌には、

どんな言葉かけをして子どもたちに翌日園に来る楽しみがもてるようにしたかを書く必要があるので、忘れてほしくない点である。

　全体的にこの実習生の日誌は、実習の内容については以上述べてきたようにいくつか注文はあるが、全体的にはかなりよく書かれているといえる。ただ先にもふれたが、「保育者（実習生）の援助・留意点」の欄では、一つ一つの項目に、まず何をしたか、たとえば「片づけの声かけをする」「帰りの支度をするように声をかける」などはっきりと自分が行った内容を書き記してから、どうだったのかという文をその下に書いていったほうが日誌としてよりわかりやすいものになったであろう。保育者の援助（実習生の活動）は、子どもを受容したり、共感したり、励ましたり、手伝ったり、教えたりなどさまざまであるので、そのあたりは少し整理して書いたほうがよいと思う。

（6）感想・反省・考察の欄の記述について

① 感想はポイントを絞って書く

　この日までの実習を通して、さまざまな体験をし、助手的な立場から部分実習を経て全日実習をしたわけである。この実習生の日誌には、全体へ目を向けるということに関して意識が欠けていたということが書かれている。このことを感じたことは、これから先、保育をするにあたり、とても重要なことである。このように、感想は漠然としたものではなく、ポイントを絞って記述しておくとよい。

② 反省点をしっかりと書く

　また、自分の失敗は失敗で受け止めたうえで、それをただ単に失敗だったと書くのではなく、どういう言葉かけや活動が失敗だったのかという反省する内容がはっきりと書かれているところも日誌の書き方としてはよいと思う。反省点をしっかりと書くことは翌日の保育へとつながることになる。

③ ねらいどおりに実習ができたかどうかを書く

　この実習生のこの日のねらいは「思いがけない色が出てくることに驚き、楽しむ」であるが、それができたか否かは書かれていない。やはり、この日の実習のねらいは大切であるので、具体的にどういうところでねらいが達成できて、どういうところができなかったのかを書いておくことが必要である。

　また、日誌には記述はされなかったが、実習生の先の話から「一人一人の子どもの思いを理解し、最後まで十分につきあう」という思いもあったはずである。日誌の内容からは、片づけの場面で子どもの思いを優先させすぎ、次の活動を遅らせてしまったことや、紙芝居の全体での活動で目一杯になってしまい紙芝居を見ようと

しないFくんに言葉をかけたりできなかったなど、その様子がうかがえる。ねらいとして立てられていれば、また記述も違ったのかもしれないが、ぜひ、このあたりも感想・反省としてまとめてほしかった。修正例には、実習生の話と日誌から推測し、このことがねらいとして立てられていればこのような記述ができた、と思われる内容を書き込んであるので参考にしてほしい。

④ 反省点のみでなく、自分のよかった点も書いておく

子どもたちが自分の言葉かけや活動によって反応がよかったり、楽しんでできたと思ったところは率直に書いてよい。それを指導者に読んでいただきコメントがいただければ、大きな自信となる。また、その場面場面でのよいと思った子どもへの言葉かけを書き記しておくことは、自分の今後の保育への参考になる。

⑤ 最後のしめくくりを忘れずに

この実習生の日誌には、最後にこれらの反省点を通して、これからどのように子どもたちに対して保育していきたいかということが書かれていない。やはり、全日実習を通して、いろいろなことを感じ、反省し、考察してきたのなら、それらを踏まえてこれからどのように保育者として子どもたちに接していきたいかを書いておくべきであろう。修正した日誌には参考までにこのような文を入れておきたいという意味で書き込んでおくので参照してほしい。

以上のようなことを踏まえ、次ページに実習日誌例の修正例を一部実習生の話をもとに加筆・整理し掲載してある。ぜひ参考にしていただきたい。

ここまで、全日実習の実習日誌の書き方について、幼稚園を例に、その実習の内容にもふれながら、解説してきたが、日誌を書くときにもっとも大切なことは、一日経験したことを時系列に沿って、そのありのままの姿をしっかりと把握し、活動のポイントを押さえて記述することである。的確な記録は、貴重な全日実習の日の体験を語る大切な実習生の宝物になるはずである。

【幼稚園の全日実習時の日誌例の修正例】

6月27日（金）天候　晴れ	4　歳児　さくら　組	男児　10名　女児　12名　欠席　2名	備考〈中心となる活動〉スクラッチ（ひっかき画）〈材料・準備〉カラーの広告（つるつるしたもの）、画用紙、クレヨン（黒）、割り箸

今日の実習のねらい	・思いがけない色が出てくることに驚き、楽しむ。 ・一人一人の子どもの思いを理解し、最後まで十分につきあう。

時間	環境構成	子どもの活動	保育者（実習生）の援助・留意点
9:00	〈保育室〉（棚・ロッカー／黒板／ピアノ／机×5／窓／出入口／お面づくり） 〈ホール〉（出入口／ライダーショー／客席に見立てた椅子／出入口／玩具の物入）	○登園 ・保育者と挨拶をする。 ・荷物整理をし、スモックに着替える。 ・Kくんがアゲハが生まれているのに気づく。 ○自由遊び ・園庭でままごとを楽しむ子どもたちがいる。 ・コピーの部屋でセーラームーンごっこをする。 ・Mちゃんがお面づくりをする。 ・ホールでライダーショーをする。（ホールに椅子を並べ、客席も用意する） ・園庭で砂遊びをする。	○朝の受け入れをする。 ・子ども一人一人と笑顔で挨拶をする。表情、声にも注意を向ける。 ・シールを貼り終わった子どもから支度をするよう、声をかける。 ・天気がよいので「外で遊ぼう」と声をかける。 ・「Kくんが一番に気づいたよ」と声をかける。 ○受け入れ後、自由遊びを一緒に楽しむ。 ・Mちゃんのセーラームーンプルーンのお面づくりを手伝う。「描けない」と言うので「髪の毛はどんなふうになってるの？」「目は大きいの？」などと聞きながら私とMちゃんで順に描いていく。 ・ホールでSくん、Uくん、Yくんがライダーショーをするというので、Eちゃんと一緒に見に行く。「おぉ、かっこいいー！」などと声をかける。
10:20	〈コピー機の置いてある部屋〉子どもたちが遊べるスペースになっている。（棚・ロッカー／セーラームーンごっこ／押入／作業台／出入口／作業台／コピー機）	○片づけ ・セーラームーンの遊びに夢中で、片づけがなかなか進まない。 ・「片づけだよ」の声をかけたのに「えー！」「まだやりたい！」と言う。 ・保育者の声かけにより、手洗い、排泄を済ます。	○片づけ、排泄、手洗いを促す。 ・コピーの部屋にいる子どもから声かけをしたが、「まだやりたい」という返事が来る。 ・「もう1回先生来るからそれまで遊んでていいよ」と声をかける。ホール、園庭とまわり声をかけるが、なかなか片づけが始まらない。【手伝っていたためコピーの部屋へ行くのが遅くなってしまった。また、ホールで使った積み木の片づけ方で、「このまま（カゴに適当に入った状態）でいいよ」と声をかけたためやり直し、余計に時間がかかってしまい、片づけ方がわかっていなかったことを反省している。】
11:00	〈朝の集まり〉（黒板／ピアノ／棚・ロッカー／机／出入口）	○朝の集まり ・各自、椅子を用意し、当番グループにわかれて座る。 ・朝の挨拶をみんなでする。 ・讃美歌「ぱらぱらおちる」をうたう。 ・お祈りをする。	○部屋に戻り、朝の集まりを行う。 ・「○○グループのみんなはもう準備できてるよ」とまわりの子どもに刺激となる声かけをする。 ・朝の挨拶をするように言葉をかける。 ・「『朝のうた』をうたいます」と私が言ったので、Hくんは違う歌をうたってしまっていた。【いつも先生が言うように「『ぱらぱらおちる』をうたいましょう」と声をかけるべきであった。】 ・お祈りの言葉を言う。
11:05	〈スクラッチ〉（黒板／ピアノ／棚・ロッカー／机×3／出入口）	○中心となる活動（スクラッチ） ・活動の話を聞き、見て、興味をもって「やりたい」と言う。 ・各自クレヨンを取りに行く。	○スクラッチの説明をする。 ・「今日先生ね…」と言いながら、割り箸をポケットの中から出して「魔法のペンを持ってきたの」と声をかける。 ・「けれどここには描けないみたい」と黒板を引っかいて見せる。そして、広告（黒くぬりつぶしたもの）を取り出し、「じゃあこれに描いてみようかな」と言い、波線を描いて見せる。「赤とか黄色が見えるよ、不思議だね」と言いながらテーブルをまわり、子どもに見せる。 ・「この黒い紙はこれ（広告）をクレヨンでぬるんだけど、絵が見えなくなるようにまっ黒にするんだよ」と声をかける。【ここで見本を出す予定だったが、忘れてしまった。】 ・男の子、女の子の順でクレヨンを取りに行くよう声をかける。

時間	環境構成	子どもの活動	保育者（実習生）の援助・留意点
11：15		・新聞紙、広告をもらい、クレヨンでぬりはじめる。	・新聞紙、広告を1枚ずつ配る。新聞紙を下にして、セットで渡す。
11：20		・ぬり終えたら、魔法のペンで引っかいてみる。 ・「わぁー、いろいろな色が出てくるよ」「あまり色が出ないよ」とそれぞれスクラッチをした感想を述べる。 ・ペン先が細く、また筆圧が弱いためハッキリと色が出ず線だけ描いて終わりにする子どもがいる。	・「ぬれた！」という子どもから魔法のペン（割り箸）を渡し、「これで描いてごらん」と声をかける。 ・子どもの「できたよ」という声に、作品を見て「わぁ、○○ちゃんのこんなにいろいろな色が出てるね」と声をかけ、ほめ、さらに他の子どもに紹介する。 ・線だけしか描かず、興味が続かなかった子は自由遊びをはじめるが、まだ書いている子どもたちに関わる。
11：30	〈園庭〉 すべり台　砂場 ブランコ	○スクラッチを終えて自由遊びをする。（全員ではないが大半の子ども） ・園庭ですべり台やブランコで遊ぶ。 ・ホールでセーラームーンごっこを始める。 ・スクラッチに興味のある子どもは「もう1枚やりたい」と言ってやりはじめる。 ・「黒じゃないとだめなの？」と保育者に聞く。 ・間違いで違うところを引っかいたという子もいる。 ・S先生の描く絵を見てまねするKくん。 ・本物のアゲハを見ながら描くOちゃん。	○自由遊びをする。 ・園庭では、ブランコやすべり台、砂遊びをする子どもが見られた。ホールではセーラームーンごっこをしている様子が見られた。【部屋での様子ばかりに気がいってしまい、園庭、ホールで何をして遊んでいるかまで把握できなかった。】 　（園庭・ホールの様子を担任が見守る） ・「いろんな色でやってみてごらん」と声をかける。【しかし、その後の「やっぱり黒じゃないとできないみたいね」という言葉をかけられなかった。】 ・「大丈夫、この黒いクレヨンでその上をぬってごらん」と声をかけ、その場で実践し、「これはね、消しゴムにもなるんだよ」と伝える。 ・「クワガタむずかしくて描けない」というKくんに、「じゃあ一緒に描いてみよう！」と声をかけ、割り箸を一緒に動かす。 ・本当に上手に描けていたので、「このアゲハ見ながら描いたの？とーっても上手ね。みんなに見せてきたらどう？」と声をかける。するとうれしそうに絵を持って走って行く。
12：00	〈昼食〉 黒板　ピアノ 棚・ロッカー　当番 机　机　机 机　机　机 出入口	○片づけ、排泄、手洗い ・保育者の声かけにより、各自、片づけをする。 ○昼食準備 ・エレクトーンで遊び、なかなか準備をしないFくん、Iくん、Nくん、Yくん。 ・椅子の上に立っているRくん。	○片づけ、排泄、手洗いを促す。【片づけが済んでいないのに部屋にいる子どもに排泄、手洗いの声かけをしてしまった。】 ・「コピーの部屋のお片づけ手伝ってくれる？」とSくん、Uくんに声をかけると「うん、いいよ」という返事が来た。 ○昼食の準備の声かけをする。 ・片づけにも時間がかかったが、この昼食準備の際、Fくん、Iくん、Nくん、Yくんのことを待ち過ぎてしまい、早く準備していた子どもを20分以上待たせてしまった。「その格好はおかしいよ」「みんな待ってるよ」などと声をかけてみたが、声が届いていなかったのか、きちんと座るまで時間がかかる。
12：30		○昼食 ・△△グループが前に出て来て、みんなで「おべんとう」をうたう。 ・お祈りをする。 ・「いただきます」を言い忘れ、当番はお茶をとりに行く。 ・保育者や友達とおしゃべりをしながら食べる。Rくんが立ち歩いてしまう。 ・食べ終わった弁当箱を見せにくる。	・お祈りをするように言葉をかける。 ・「今日のお当番さんは△△グループです」と知らせる。 ・「～ちゃんお願いします」と、順にお祈りの言葉を言うよう声をかける。【みんなで「いただきます」をしようとすると、すでに当番がいなくなっており、言葉かけのタイミングの悪さを反省している。】 　（先にお茶をとりに行った当番の様子を担任が見守る） ・お祈りを一緒にする。 ○昼食をみんなで食べる。 ・立ち歩いて話す子どもには「座って食べようね」と声をかけ、それから話を聞く ・「すごい、全部食べられたんだね！」と十分にほめ、ハミガキをするよう声をかける。

幼稚園実習の全日実習時の日誌

時間	環境構成	子どもの活動	保育者（実習生）の援助・留意点
		・「先生食べられない」と言う。	・「どれなら食べられそう？」と子どもに聞き、「じゃあここまで食べようか」と目標をつくる。
		・ハミガキをし、保育者のチェックを受けシールを貼る。	・「ハミガキしたよ」と来る子どもに「見せて！」と言い、汚れがないかチェックし、「とってもキレイだよ」とシールを渡す。ハブラシを忘れた子どもには、うがいをするよう声をかける。
13：00	〈自由遊び〉（見取り図：黒板・ピアノ・棚・ロッカー・ままごと・ハムスターごっこ・出入口・机）	○自由遊び ・すべり台で遊ぶ。 ・ままごとをする。 ・ハムスターごっこをする。Tちゃんは、はいはいでやりたいのだが、EちゃんとLちゃんは立ってやる、と保育者のところへ言いに行く。	○自由遊びをする。 ・EちゃんとLちゃんに、「Tちゃんは全部はいはいでやりたいんだって」と伝えたが、1度目は聞こえてないようだったのでもう1度Tちゃんの気持ちを伝える。「うん」と返事が来て、3人ではいはいでハムスターになりきっていた。
13：20		○片づけ ・Kくんがいなかったので、UくんがKくんの使ったござを片づけていた。するとそこにKくんが来て「まだしまわない」と泣きながらござを引っ張る。Uくんもはなさず泣き出した。	○片づけの声かけをする。 ・はじめ、自分の使っていたござをUくんに片づけられてKくんがいやがったのだと思ったが、そうではなくてまだ遊びたくて泣いたようだった。なかなか片づけはじめる様子ではなかったので、「じゃあ先に行ってるよ、待ってるからね」とKくんに声をかけた。
13：45	〈帰りの集まり〉（見取り図：黒板・ピアノ・棚・ロッカー・出入口・机・保）	○帰りの集まり ・紙芝居「おばけパーティ」を見る。 ・保育者の質問に答える。 ・1人、絵本を見ていたFくん。 ・「おかえりのうた」をうたい、「さようなら」の挨拶をする。 ・全員園庭に出て、生まれたアゲハを外へ逃がすところを見る	○帰りの支度をする。 ・紙芝居「おばけのパーティ」を読む。 ・うしろの子にも聞こえるよう大きな声で読む。絵を楽しむ紙芝居だったので、「次は何だろうね」と言いながら話をすすめていく。 ・読み終わった後、前の場面を出し、話を振り返ってみる。「何食べたらこんな色になっちゃったのかな？」とクイズのように子どもたちに聞いてみる。 ・明日への期待がもてるような言葉かけをする。 ・子どもの顔を見て挨拶をする。 ・生まれたアゲハを外へ逃がす。
14：00		○降園	・子ども一人一人と握手をし、「さようなら」と挨拶をする。

〈感想・反省・考察〉

　今日一日、保育者としての立場で過ごし力のなさを感じた。今日のねらいの"子どもと最後まで十分につきあう"という点では、片づけの場面等で子どもの気持ちを聞くつもりが、"全体へ目を向ける"という意識に欠けて、全体の活動を遅らせてしまうという結果になってしまった。また、紙芝居の場面ではずっと違うことをしていたFくんに対し、気づいていたにもかかわらず紙芝居を読むことに一生懸命で何も声をかけられなかった。同じものを見て楽しむ経験は大切なため、途中「Fくん次は何が出てくると思う？」と聞き、紙芝居に注意が向くような声かけをすべきだったと反省している。中心となる活動のスクラッチでは、一番のポイントとなる"見本"を見せるとき、出すタイミングを逃し結局出さずじまいとなってしまった。また、やって見せるところでも線を書くだけで、スクラッチの楽しさを伝えきれていなかったと感じている。そのため、子どもたちにとって、スクラッチの楽しさや驚きである視覚的な情報が少なく、また私の言葉かけも簡単なものだったので絵を描くというところまでいかず、おもしろさを味わえなかったのだと思う。まず、自分自身が"子どもに伝えたいことはしっかり伝える"ということの大切さを知ることとなった。反省ばかりの実習ではあったが、紙芝居では反省はあるものの、全体的に子どもの気持ちを捉えることができたように思う。お化けに興味をもっているということ、また内容が視覚で楽しめるものだったので、子どもたちは喜んで見ているようだった。緊張せずにできたのも子どもたちの反応がよかったからだと思う。全日実習は自分自身が責任を負うという意識を強くもってのぞんでいたので、今までの実習よりも積極的に子どもたちと関わり、子どもとつきあうこともできたと感じている。しかし、子どもたちの思いを受け止めて声をかけたり、関わるよう心がけたつもりだったが、余裕がないため私の枠のなかで、自分の考えている方向に子どもたちを引っ張っていこうとする場面が多々見られたように思う。今後は経験を重ねるなかで、子どもの自由な発想や思いを受け止め、遊びが広く展開していけるような援助ができる保育者になりたいと思う。

〈指導者の助言〉　　　　　　　　　………略………

保育所実習の 全日実習時の日誌

1．全日実習時の日誌例1

　保育所における全日実習も幼稚園同様、基本的には実習生がその日一日に責任をもって行うものである。しかし、保育所の場合、幼稚園よりも受け入れている子どもの年齢の幅も広く、時間も長い。そのため生活に関する援助が多く必要とされることから、衛生面、養護面、安全面を十分に配慮しなければいけない。とくに乳児や年齢の低い場合は、保育者が一人で保育するということはなく、複数担任制でチーム保育が行われている。

　このようなことから、保育所の全日実習では、幼稚園のように指導案どおりに実習生が中心となり、一日を任されて過ごすということは、現実には非常に難しい。そのため、〈中心となる活動〉であったり、一日のある時間帯を中心に責任実習を行わせてもらうケースが多い。事前に一日の指導案と責任をもって行う部分（中心となる活動の場合が多い）の細案を提出して、実習をさせていただくという形が一般的であろう。

　このような場合、全日実習時でも担任の保育者の動きはその日の保育のなかでは重要なものであり、日誌としては記録しておかなければならない。日誌の形式としても、たとえ指導案とその日の保育の流れにあまり違いがなかったとしても、「保育者の援助・留意点」の欄は必要と考えるため、見学・観察実習や参加実習のような欄の設け方が適当であろう。

　細案の部分に関しては、立案したものと実際の保育とに大きな違いがなければ、部分実習のときのように細案のコピーに加筆等して貼付してもよいだろう。細案と実際の実習で内容が変わり、細案のコピーなどを使用せず、あらたに全部、書き直す場合は「実習生の動き・気づき」の欄に実習生自身（保育者という立場で書かれる）の「援助・留意点」を記入し、「保育者の援助・留意点」の欄には、責任実習の際、担任の保育者の方に助けていただいたり助言をいただいたらその内容を書き入れておく。とくに指導を受けなかった場合には記述する必要はない。部分実習の際もそうであるが、責任実習を行った部分は、その部分を線で囲んでおくなどしておくと後で見てもわかりやすくてよいであろう。

部分実習時の日誌の書き方と形式としては似ているが、やはり全日実習の場合は、事前に一日の指導案を立案、提出し指導をいただき行う実習である。任された時間以外でも、自分自身が立案した指導案と照らし合わせながら責任をもって行う実習である。それまでに経験してきた実習より、保育者としての責任や意識をより強く感じて行われるべき実習終盤の大切な実習である。日誌にも一日を通して責任をもって行ったという意識のもとでの記述が求められる。

　それでは、上記のような場合の実習日誌を取り上げ、解説していきたいと思う。（ただし、子どもの人数が少なかったり、年齢等の関係で、幼稚園のように一日すべてにわたり全日実習を行わせていただける場合には、幼稚園で解説したような形での日誌の記述も可能であると思われるので、その場合にはそちらを参照してほしい）

　次に挙げる実習日誌（「保育所の全日実習時の日誌例1」p.182～184）は、保育所の3歳児クラスを担当し行った全日実習の日誌である。指導案、細案も見ながらこの日誌を例に、保育所の全日実習時の日誌の書き方について解説していく。

（1）全日実習の意義を理解しよう

　先にも述べたように、全日実習は一日を通して実習生が責任をもって保育にあたる実習である。指導案を作成し、準備し、実施し、評価するプロセスを経験する。そのためにそれまでのさまざまな取り組みを生かすのだが、何よりも実習生自身が自覚と責任をもって主体的に取り組むことが求められる。したがってこの日の日誌には、全日実習の意義を理解して、必要な内容がきちんと記入されているかが大切である。

　では、実際に次ページからのこの指導案と中心となる活動の細案、そして実習日誌例1を見てみよう。まず、この実習日誌の準備段階として次の2点は欠かすことのできない記述になるであろう。

① 指導案をしっかり練って、十分な準備をする

　全日実習には指導案はかならず必要なものであり、その段階でどれだけの準備ができるかが、当日の実習の成功の可否につながるといっても過言ではないであろう。前述したように実際には一日すべてを任されないとしても、全日実習の指導案は、実習生自身が保育者の立場として一日の保育を行うことを前提に立案するものである。その指導案がそれまでの保育を振り返り、よく練られているかどうかは、当然のことながら有意義な全日実習が行えるかどうかの最大のポイントとなる。

実習生の作成した全日実習指導案

| 学校名 | | 学年 | | 氏名 | |

日時：10月4日（金）	対象児：3歳児（きく組）22人

子どもの姿	元気がよく、活発である。保育者の話をよく聞くことができる。3〜4人の集団で遊ぶ傾向がある。また、パズルのように集中して行う遊びも好んでする。

- 中心となる活動……動物村で見て触った、うさぎの絵を描こう。
- ねらい……動物の絵を描くことを楽しむ。

時間	環境構成	子どもの活動	保育者（実習生）の援助・留意点
8：30	登園	・順次登園し、保育者にあいさつをする。 ・連絡ノートを提出する。 ・手ふきタオルを用意する。	・笑顔で元気にあいさつをする。 ・その日の子どもの状態を見る。
	自由遊び（室内・プレイルーム）	・自由に好きなもので遊ぶ。	・子どもと一緒に遊ぶ。
9：50	片づけ 排泄	・自分が遊んでいたものを片づける。 ・トイレに行き、自分の椅子に座る。	・「片づけをしましょう」と声をかける。 ・なかなか席に着かない子どもには、席に着くよう言葉かけをする。
10：00	朝のあいさつ	・大きな声で「おはようございます」と言う。	・朝のあいさつをする。
	中心となる活動→別紙「中心となる活動の細案」参照		
11：20	片づけ 排泄 着替え 昼食の準備	・遊具を片づけ、トイレに行き、自分の席に座る。 ・「いただきます」のあいさつをする。	・「片づけをしましょう」と呼びかけ、トイレへ行くように言葉をかける。 ・昼食を運び、お皿に盛りつける。 ・残さず食べられる量に減らす。
11：30	昼食	・「ごちそうさまでした」と言ってから、歯を磨き、口をゆすぐ。口ふきタオルをビニール袋にしまう。 ・トイレに行く。	・「いただきます」のあいさつをする。 ・子どもたちと一緒に食事をとる。会話をたくさんして、楽しい食事を心がける。 ・衣服の着脱を手伝う。
12：15	絵本を読み聞かせる	・だんだん集中して見るようになる。 ・読み終わると、男女2人1組になって手をつなぎ、ホールに移動する。 ・給食室の前で「ごちそうさまでした」とあいさつをする。	・ゆっくりと読む。声色を変えたりする。 ・2人1組になって手をつなぐよう呼びかける。 ・給食室の方に「ごちそうさま」のあいさつをする。 ・今日のおやつを子どもたちに伝える。
12：30 14：30	午睡 起床 排泄 手洗い	・背中をトントンとすると寝る。 ・起きたら、布団をたたむ。トイレに行ってきく組に戻る。 ・自分の椅子に座る。	・眠れない子の背中をトントンする。 ・子どもたちを起こす。トイレに行って、きく組へ戻るよう呼びかける。
14：50	おやつ	・「いただきます」のあいさつをして、食べる。目覚めの遅い子を待っててあげる子どももいる。 ・友達とお話をしながら、楽しく食べる。	・おやつを運び、用意する。

時間	環境構成	子どもの活動	保育者（実習生）の援助・留意点
15：15	片づけ（おやつ）、歯磨き、口ゆすぎ 帰りの支度 清掃	・「ごちそうさまでした」と言ってから、歯磨き、口ゆすぎをする。 ・連絡ノートをカバンにしまう。 ・プレイルームで遊んでいる。	・「ごちそうさまでした」をして、食器を片づける。 ・テーブルをふき、床を掃除する。 ・金曜日なので、明日来ない子どもは、口をゆすぐときに使うコップと、手ふきタオル（室内用とトイレ用）を持って帰るよう呼びかける。
	片づけ	・遊んでいたものを片づける。 ・室内に戻り、席につく。（座らせない）	・「片づけましょう」と声をかける。 ・子どもがそろってきたら、各グループの名前を呼んでいく。
15：40	帰りのあいさつ	・「トンボのめがね」と「おかえりのうた」をうたう。 ・「さようなら」のあいさつをする。 ・園庭で自由に遊ぶ。	・ピアノの伴奏を弾く。 ・あいさつをする。 ・子どもを見守りながら、一緒に遊ぶ。
	外遊び	・迎えが来たら、帰る。	
15：50	順次降園 片づけ	・遊具を片づけて、室内に入る。	・遊んでいたものを片づけるよう呼びかける。
16：50	入室		

全日実習指導案【別紙】
中心となる活動「動物村で見て触ったうさぎの絵を描こう」の細案

時間	環境構成	子どもの活動	保育者（実習生）の援助・留意点
導入 （5分）	朝のあいさつ	・元気よく「おはようございます」と言う。 ・描く動物についての特徴などを口々に言う。ほかの動物のことも言ったりする。	・元気よく大きな声で朝のあいさつをする。 ・今日は、昨日動物村で見た、うさぎの絵を描いてもらうことを話す。 ・どんな動物だったかたずねる。
展開 （10～15分）	画用紙を配布 絵を描く	・クレヨンを自分のロッカーから持ってくる。 ・絵を描きはじめる。 ・早く描き終わった子どもは、外（園庭）で遊ぶ。（ほとんど全員が描き終わっていたら、子どもたちに一人一人描いた絵を見てもらう）	・クレヨンを持ってくるうちに、画用紙を配布する。 ・各テーブルをまわり、一人一人に声をかける。 ・描き終わったら、絵を集める。
まとめ	・片づけ ・外遊び ・片づけ ・入室	・クレヨンをロッカーにしまう。 ・靴をはいて、帽子をかぶり、外へ出て遊ぶ。 ・遊んでいたものを片づける。 ・きく組に戻る。	・片づけを呼びかけて、外（園庭）で遊ぼうと声をかける。 ・遊んでいたものを片づけるように呼びかける。 ・午睡中に絵を貼り（展示し）、おやつのときにみんなで眺める。

〈準備するもの〉　画用紙（22枚）
　　　　　　　　　クレヨン
　　　　　　　　　名札、留め具（名前があらかじめ書かれてあるものを使用、園で用意してある）

【保育所の全日実習時の日誌例 1】

10月4日（金） 天候　晴れ	3　歳児 きく　組	男児 11 名 女児 10 名 欠席 1 名	備考 全日実習

今日の実習のねらい	子どもたちに楽しんでもらえるような全日（責任）実習を行う。

時間	環境構成	子どもの活動	保育者の援助・留意点	実習生の動き・気づき
9:00	順次登園 自由遊び （室内・園庭）	・登園。あいさつをし、手ふきタオル、口ふきタオル、トイレタオル、連絡ノートを用意する。 ・室内・園庭で自由に遊ぶ。久しぶりに朝からの外遊びで、思いっきり遊ぶ。 ・手を洗って席に着く。 ・下着を着替える。	・保護者と子どもにあいさつをし、家庭での様子等を聞く。 ・子どもの視診をする。 ・子どもと遊ぶ。 ・子どもたちに片づけを呼びかけ、一緒に片づける。 ・子どもたちに席に着くように呼びかける。	・子どもと一緒に、外（園庭）で遊ぶ。 ・ブランコ押しをする。 ・片づけを呼びかける。 ・手を洗うよう声をかけ席につくように言う。
9:45	入室（朝の集まり）	・実習生のあいさつに応える。		・朝のあいさつをする。
9:55	絵画製作	・動物村のことを話しはじめる。 ・クレヨンを取りに行き、描きはじめる。 ・先生の助言により、描き出す。 ・Tちゃんはモルモットのほうが描きたいと言うのでモルモットを描く。 ・描き終わったら、外で遊ぶ。となりのクラスへ入っていってしまう子もいる。 ・Tちゃんが最後に残っているが、なかなか描き終わらない。	・子どもたちに、うさぎの特徴（色・形・耳など）を一人一人話しながら、テーブルをまわっていく。 ・Tちゃんに「ほかに好きなのある？」と声をかける。 ・外で遊ぶ子どもたちの様子を見守る。	・動物村の話をし、うさぎの話にしていく。 ・クレヨンを取りに行くように言い、描いてもらう。 ・各テーブルを見てまわる。 ・早く描き終わった子は、外で遊ぶように声をかけるが、うまく声がかからない。
10:30	外遊び	・園庭で自由に遊ぶ。固定遊具や砂場遊びをして遊ぶ。 ・フラフープを持ち、そこにボールを投げる遊びをする。	・子どもを見守りながら、一緒に遊ぶ。 ・大縄で、ゴム跳びのような遊びをする。 ・かけっこを一緒にする。	・子どもと一緒に遊ぶ。 ・Yちゃんとフラフープにボールを投げ入れる遊びをする。

時間	環境構成	子どもの活動	保育者の援助・留意点	実習生の動き・気づき
11:20	片づけ、手洗い、排泄、着替え	・使っていた遊具を片づける。 ・手を洗って、保育室に入り、着替え、トイレに行く。	・片づけを一緒にする。着替えを援助する。	・片づけを呼びかける。 ・片づけをする。
11:45	昼食（カレー、ハワイアンサラダ、スープ、梨）	・「いただきます」のあいさつをし、食べる。	・昼食の準備をする。 ・「いただきます」をして、食べる。 ・子どもと会話しながら食べる。	・昼食の準備をする。 ・「いただきますのごあいさつをしましょう」と言い、子どもと一緒に食べる。
12:10	歯磨き、口ゆすぎ	・「ごちそうさまでした」と言い、歯を磨く。口をゆすぎ、トイレに行く。	・「ごちそうさまでした」のあいさつを言う。 ・掃除をする。	・「ごちそうさまでした」と言い、食器を片づける。
12:20	絵本（3匹のやぎのがらがらどん）	・だんだんと話を聞かなくてはならないことに後方で騒いでいた子どもたちが気づく。	・実習生のうしろで見守る。	・手遊びをしなくても、注目してくれるかと思ったが、それは無理だった。 ・前方で座って待ってくれている子どもがいるのでやはり手遊びは必要となる。
12:30	午睡	・前のほうの子どもたちは待っている。 ・給食室の方にお礼を言い、ホールに移動する。 ・自分の布団に入り、眠る。	・なかなか並ばない子どもたちをまとめてくれる。 ・背中をトントンする。 ・連絡ノートに記入をする。	・子どもたちにホールへ行くよう声をかける。 ・給食室の方にお礼（「ごちそうさまでした」）を言う。 ・うさぎの絵に名札をつけ、壁に飾る。
14:30	起床 排泄、手洗い	・起きたら、布団をたたむ。トイレに行って、部屋に戻る。	・おやつの準備をする。テーブルをふき、おやつを配る。	
15:00	おやつ（プルーンジャムサンド・牛乳）	・「いただきます」のあいさつをする。 ・おやつを食べる。 ・うさぎの絵を眺める。	・子どもたちを注目させる。 ・一緒に食べる。 ・今日は、歯ブラシとコップを持って帰る日であることを伝える。	・「いただきます」のあいさつをして、グループで食べる。
15:15	歯磨き、口をゆすぎ、帰りの支度をする	・「ごちそうさまでした」のあいさつをする。 ・歯を磨いて、口をゆすぐ。トイレに行って帰りの支度をする。	・食器を片づけて運ぶ。 ・帰りの支度をするよう呼びかける。 ・ホールに連れて行く。 ・布団カバー入れの袋を出すのを手伝う。	・食器を片づける。 ・掃除をする。

時間	環境構成	子どもの活動	保育者の援助・留意点	実習生の動き・気づき
15:40	帰りのあいさつ	・「トンボのめがね」をうたい、実習生の話を聞く。 ・「おかえりのうた」をうたう。 ・先生からのお話を聞く。 ・「さようなら」のあいさつをする。	・S園のうさぎの話や遠足の話をする。 ・「さようなら」のあいさつをする。	・ピアノを弾く。 ・5日間のお礼をする。子どもたちもお礼の言葉を言ってくれる。 ・「さようなら」のあいさつをする。
16:00	外遊び 順次降園	・外で自由に遊ぶ。	・子どもたちを見守りながら、一緒に遊ぶ。	・子どもと一緒に遊ぶ。
16:50	片づけ	・遊んでいたものを片づけ、園庭の真ん中に集まる。	・片づけを呼びかけ、真ん中に来るよう声をかける。	・片づけを呼びかけ、一緒に片づける。 ・子どもたちの様子を見守る。
17:00	室内遊び	・プレイルームで遊ぶ。ぬり絵、パズル、絵本読みなどをして遊ぶ。	・一人一人、名前を呼んで室内に入る。	・Rくん、Kちゃん、Yちゃんに絵本を読み聞かせる。

〈感想・反省・考察〉

　全日（責任）実習を行ってみると、あらためて自分の未熟さに気がつきました。子どもたちが「描きたい」と思うような環境にすること、自分の立ち位置、子どもが話しかけてきたことへの対応（返事）の仕方などなど、もっと工夫して、もっと勉強していかなくてはならないことが山ほどあります。実習は今回で最後になるので、ぜひ今後のためにも、今日の反省点を生かしたいです。

　クラスの子どもたちには、5日間お世話になりました。終わりころになって、"遊ぼう"と声をかけてきてくれたりと、一人一人、やさしい気持ちをもち、明るいクラス（子どもたち）だなぁというのがこのクラスの印象です。

　また、感性が豊かな子が多く、私もどう対応（応えて）していけばよいのか困ったこともありました。子どもらしい、子どもだけの感性って、すごくまっすぐですてきだなぁと思いました。5日間という短い期間でしたが、温かいご指導ありがとうございました。

〈指導者の助言〉

　実習お疲れさまでした。きく組で5日間生活してもらいましたが、子どもたちとよく遊んでくれて、みんな先生のことが好きですよ。短期間の実習で、反省することもたくさんあったと思いますが、その反省をプラスにして、これから先頑張ってください。子どもの前で自分の話を聞いてもらうこと、とっても難しいことですけれど、いろいろやってみて、自分のものにしてください。保育者になりたい、その夢に向かってみんなで応援しています。

本書の目的は実習日誌の書き方を解説することにあるので、指導案の立案の仕方については、ここで詳しく述べることは避けるが、この実習生の指導案では、かなりの問題点や課題があるように思われる。というのも、この指導案は一日の生活の流れの記入が雑で、環境構成は皆無に等しい。また、予想される子どもの活動の読みも甘く、援助や留意点も簡略すぎる。この指導案で一日の保育を進めてしまったら、いろいろなアクシデントに対応するのはとても困難であろう。

　中心となる活動の細案も同様だが、取り上げた活動は前日の活動（動物村の体験）からつながるものとしては評価できる。ただ、3歳児にとって経験画という課題は年齢・発達に即していたであろうか。実習園では実習生が全日実習を経験することで、そのことの気づきがあることを期待してこの指導案を了承したのではないかと思われる。

　実習生が計画した活動がうまくいったか、いかなかったかはともかくとして、いずれにしても実習日誌には、指導案に沿って行った保育の記載、実施してどうだったかの考察がきちんと記入されることが求められる。

② この日の実習のねらいをしっかりおさえる

　実習日誌の今日の実習のねらいは、実習生自身がどう全日実習にのぞむかということを記入する欄である。とするならば、「子どもたちに楽しんでもらえるような全日（責任）実習を行う。」では具体性に欠け、目標が達成できたかどうかの検証もしにくいのではないだろうか。子どもたちが、「保育園に行くのが楽しい」と思えるさまざまな環境を整えることは当然大切なことだが、それはただ、おもしろおかしく過ごすということではない。3歳児の発達を理解したうえで、一人一人の姿を把握し援助することが求められる。情緒の安定はどうなのか、生活習慣は身につきつつあるのか、また、仲間関係はどうだろうか、などなどが挙げられる。

　また、目標が高すぎても、焦点がボケてしまうことがある。「一日の保育の実際を経験し、子どもへの理解や保育者への役割の理解を深める」というような大きな目標をもったときには、それとともに、サブテーマとして、たとえば「全日実習の実践を通して3歳児の発達を理解し、適切な援助の仕方を学ぶ」「子どもたちが快適に生活できるような環境を設定し、主体的に過ごせるようにする」など自分で考えてのぞむことが必要であろう。

　日誌例1の修正例（p.192～194）には、日誌の記述や中心となる活動の内容から考え、修正してあるので、参照してほしい。

（2）工夫や配慮、援助を具体的に記入しよう

　この実習日誌を見ると、前日までの日誌と記入がほとんど同じであった。全日実習であることを考えれば、次の4点は詳しく記入されたい項目である。

① 環境の構成を詳細に

　この実習日誌には、環境の構成がまったくといっていいほど記入されていない。保育所保育指針第1章総則1(4)保育の環境のなかに「こうした人、（中略）環境が相互に関連し合い、子どもの生活が豊かなものとなるよう、（中略）計画的に環境を構成し、工夫して保育しなければならない」とある。

　とするならば、環境の構成はなくてはならない項目である。指導案で立てた環境の構成と実践したときの違いを、よかった点、うまくいかなった点等も含めて実習日誌には詳しく記入しておきたい。

　見やすくするために、レイアウト図にしたり、より配慮した点は下線や波線を引いたり、太字にするなど独自の工夫があってもよいであろう。

　たとえば、自由遊びの活動が一日のなかに何回かあるが、そのときどきの環境は違ってくると考えられる。製作活動後の戸外遊びでは、大縄やボールの用意やかけっこの誘いなど保育者や実習生が意図的に環境整備をした場面も文面から読み取れる。192ページの実習日誌例1の修正例のように書き加えたい。

　主な生活の場面として、昼食と午睡の場面を読むと、どのような机の配置で一つのテーブルに何人の子どもが座り、どのテーブルに保育者がついていたかなどの記入がなされていない。午睡では、部屋の移動が読み取れる。絵本の読み聞かせ、帰りの集まりでは、子どもたちが集中して楽しんだり、話を聞けるような形態が構成されていたと考えられる。中心となる活動では、クレヨン、画用紙の用意、形態を記入しておきたい。

　このように、一日のなかでこれだけの環境構成が必要になるのであり、それを日誌のなかに記録しておく必要があるのである。しかし、先にも述べたが、まず指導案の段階で環境構成がしっかり記入されていなければ実施したときの環境構成との相違、工夫の必要性も見えてこないことを重ねて述べておきたい。

　修正例には、後日この実習生にその日の環境構成について聞き、加筆してある。全日実習時の日誌としてはこのくらいは記述してほしい。

② 大切にしたい養護の側面

　保育所は、子どもたちが日中の大半を過ごす場所であり、昼間の家庭といえるであろう。3歳児の保育の内容のなかには、食事、排泄、着脱、午睡、清潔等、生活

習慣に関する項目がいくつか挙げられている。身のまわりのことが一通りできるようになるといっても、個人差があり一人一人とていねいに関わり、生活習慣を確実なものへと導きたい。

　これらをおさえて、実習ではどのような配慮・援助をし、子どもの姿はどうだったのか、実習生はどう感じたかの記入が求められる。しかし残念なことに、この日の日誌ではそのことに関する記入が雑である。

　たとえば、朝のスタートで大切な健康観察であるが、保護者との対応は担任保育者が行うにしても、実習生なりに子どもと接するなかで感じたことを記入したい。ここでしっかり子どもの心身の状態を把握することで、活動の配慮も変わってくるといえるからである。朝の身支度でも、自発的に行う子もいれば促されて行う子もいるであろう。そのとき個々にどのような援助が必要か考えて関わったことを記入する。帰りの身支度も同様である。

　着脱では入室の場面で下着を着がえるところがあるが、もう少していねいに理由なども記入したい。排泄も同様、排便をした子はいなかったか、後始末は一人できちんとできていたか等が挙げられる。歯磨きは、多分3歳クラスになって始めたと思われる。年度当初からなのか秋口からだったのか始めた時期はいつかはわからないが、まだまだ子どもにすべてを任せられる段階ではない。保育所での歯磨きをどう考えるかによっても、援助の仕方は変わってくる。

　午睡は、保育所では休息という点からも日課のなかに組み入れられているが、不安になる子や寝つけない子もいるであろう。そのときの子どもの心をどう受け止め、向かい合ったか感じたことを記入することが大事である。たとえば、この日誌の午睡の記述には、子どもの活動に「自分の布団に入り、眠る。」、保育者の援助・留意点に「背中をトントンする。」としかない。実習生自身が子どもたちに対して、どのように関わったのかもわからなければ、保育者の援助である「……トントンする。」も誰に何のためにしたのかもわからない。このことを実習生に聞いてみると、「寝つけない子がいて、担任の保育者が背中をトントンとしてあげていた。そうすると子どもたちは寝つきやすそうだった。私は、いつも寝つきにくい子の隣で、少しでも安心できるように寄り添っていた」という。これだけの関わりがあるのであれば、やはり修正例に示したように書かれるべきであろう。

　食に関することもさまざまな考え方があると思うが、マナーを守り、楽しく食事をする援助が求められる。好き嫌いのある子にはどう対応したのか、それに対して子どもはどうだったのか考察が求められる。

　このように、保育所の一日は生活が大きく占めている。全日実習では、ともする

と中心となる活動の実践に意識がとらわれがちであるが、生活にも重きを置いて、修正例のように日誌を記入するようにしたい。

③ 中心となる活動の配慮・援助の考察

さて今回の全日実習の中心となる活動では、「動物村で見て触ったうさぎの絵を描こう」をねらいに細案が立案されている。

指導案に則して保育を実践していくわけだが、実習生なりのイメージで導入・展開・まとめとスムーズに進むことは考えにくい。実習生は、経験が浅く子どもたちとの関係もまだまだ希薄である。緊張してうまくいかないこともあるであろう。しかし、失敗は成功のもと、ここでしっかり分析する必要がある。

- 目的（ねらい）は、おさえられていたか
- 選んだ活動が年齢に適していたか
- 導入は子どもたちが活動への興味をもてるようにできたか
- 保育の方法（一斉活動）は適切だったか
- 展開では意図したことを子どもたちが経験できたか
- 子どもの予想される姿を考えられていたか
- アクシデントはなかったか
- それに対してどう対応したのか
- 一人一人に適切な援助ができたか
- まとめでは子どもの作品を生かして次への意欲を引き出すことができたか
- 目的（ねらい）は達成できたか

上記のように、考察するべきことはたくさんある。

たとえば、導入では「動物村でいろいろな動物がいたね」と声をかけ子どもたちにどんな動物がいたか問いかける。うさぎに関する絵本を読み、うさぎの絵を描くことを話す。展開では、うさぎの特徴や感触を子どもたちと確認し合いイメージをふくらませる。クレヨンを用意するように話す。画用紙を配る。各テーブルを見てまわり、子どもの様子に応じた援助を行う。まとめでは、描いたうさぎの絵を保育室に飾っておくことやお母さんに見せてあげることなどを話す。描き終わった子には外で遊ぶように声をかける。次の活動に移る際には、ほかのクラスへ行ってしまう子がいるので、具体的に「鬼ごっこをしよう」など遊びを提供する。

というように、実習生の援助や動きだけを考えても、このように具体的に考えられる内容はあったように思う。もし、このように実習を行うことができていれば、具体的に記述することもできたであろうし、それに応じた子どもの活動も自ずと書きやすくなっていたであろう。

後日、上記のようなことをこの実習生に話してみた。この実習生は実際、そこまでは実習を行えなかったと話してくれた。このような意識はやはりもてていなかったようだが、一つ一つ聞いてみると日誌に書くべきであろうことはまだまだあったようだ。うまく援助できなかったのであれば、どこがうまくいかなかったのかがわかるよう、日誌にはもっと具体的に記述しなければ、その後の実習に活きない。たとえば実習生の行動として「動物村の話をし、うさぎの話にしていく。」とあり、子どもの活動には「動物村のことを話しはじめる。」と書かれている。しかし、これだけではどんな言葉を子どもたちにかけたのか、どうやってうさぎの話へと進めていったのか、子どもたちはその話に対しどのような反応を示したのか等、まったく状況がわからない。修正例には、実習生からあらためて聞いたことをまとめて、加筆、修正した。この日もっとも重要となる実習場面の記録なので、このくらいは書き記してほしいものである。

　なお、この日誌の中心となる活動部分の「保育者の援助・留意点」の記述内容は、責任実習のとき、担任の保育者がその保育をどのようにサポートしてくださったのかがわかり、よいと思う。

④ 子どもの姿をどう受け止めたか

　全日実習を通して、さまざまな子どもたちの表情・反応・言葉・葛藤などが見られたと思う。子どもの姿に共感して何を思ったかをしっかり記録したい。

　たとえば、Tちゃんのことであるが、担任保育者によると描画は好まず、また、一斉に行う活動には躊躇する場面が多い子だということである。

　うさぎの絵ではなくモルモットを描きたいといったのは、苦し紛れの言葉だったとも考えられる。Tちゃんはまわりの子が描き終わっていき焦るがそれでも描けずさまざまな葛藤があったと思われる。その点を、おさえておきたい。

⑤ 記述の仕方・表記について

　それぞれの章に挙げられている日誌でも指摘されてきた部分で、細かいことではあるが、この日誌にも表記の仕方として修正すべき記述が見られるので、指摘しておきたい。

　まず1つめは、昼食後に実習生が中心となり、絵本を読む場面で、実演した感想だけで行動の記述が見られない。何をしたのか、どんな声をかけたのかは日誌には書き残してほしい。スペースなど可能なら、感想や反省は最後にまとめとして文章化したほうが望ましいように思うが、これでもよいだろう。

　2つめは、帰りの支度後、ホールへ向かうときの保育者の援助・留意点の記述に「ホールに連れて行く。」と書かれているが、やはりここは「ホールに行くことを伝

え、一緒に移動する。」という記述が好ましい。

　3つめは、帰りの集まりの場面の実習生の動きや気づきの欄に「子どもたちもお礼の言葉を言ってくれる。」と書かれているが、これは子どもの活動の欄に表記するか、その言葉を受けた実習生の気づきを書くべきである。

　修正例にはここに挙げた以外も含め表記を直しておいた。これらは些細なことと思うかもしれないが、些細なことだからこそ、日誌を提出する前には一度は見直し、間違いのない記述を心がけたい。

（3）全日実習を終えての自己評価をきちんと行おう

　時系列に沿った記録の後、一日の総括として感想・反省・考察といった欄があることが多いが、そこには下記の5つの項目はおさえて記入したい。

❶ 指導案と実際の保育の違い
❷ 子どもの発達段階を正しく理解していたか
❸ 中心となる活動のねらいは達成できたか
❹ 担任保育者とチームワークよく保育を進められたか
❺ 実習の目標は達成できたか

ところが、この実習生の記述は自分の未熟さということに留まっている。それはそれで、感じたことの一つとして率直に記入することは悪いことではないが、それだけでは次につながらないであろう。

　具体的には、たとえば、下記のような記載が求められる。

❶ の項目としては、全日実習を終えて自分の見通しの甘さに気がつきました。それは指導案が不十分だったこと、いろいろな場面の想定が不足していたことが原因と思われます。頭のなかで考えていたことと実際とはこんなにも違い、あわててしまうのだということも実感しました。どんな場面に出会っても、落ち着いて対処できるように子どもを見る目を確かなものとし、技術面も学ぶ必要性を感じました。

❷ の項目としては、3歳児の発達の特徴は理論では学んできたつもりでしたが、実習するなかで接した子どもたちを見ていると、重なる部分や個人差があることに気がつきました。

❸ の項目としては、中心となる活動では、3歳児にとっての課題としては難しかったことに気がつきました。経験画は、年齢としては年長児の活動だったと思います。動物村の経験を生かすのであれば、個々にふれあったなかの好きな動物を折るなどして、子どもたちの折ったものを保育者のほうで1つの大き

な紙に構成して貼るなどの方法もあったと思います。活動の選び方、立案が安易だったと痛感しました。

❹の項目としては、実習するなかで担任保育士が適切にカバーやフォローしてくれる場面や、子どもたちに援助する場面があり、とても助かりました。保育所は複数担任制が多く、低年齢であればあるほど人数が多くなります。複数の担任が、チームプレーで保育することで子どもたちが伸びやかに生活できることに気がつきました。

❺の項目としては、一日を振り返ると反省することばかりですが、保育を組み立てることの難しさ、楽しさはよくわかりました。今後この経験を生かしていきたいと思います。

以上のように、全日実習の日誌には、自分がその日実践したことの事実のみを記載するのではなく、実践したことを理論と照らし合わせたり、裏づけをとったりして、その内容までも含めて記載していくようにしたいものである。

なお、この実習生はこの日の日誌に実習全体を通しての感想・反省・考察を書いてしまっている。やはり、その日の日誌にはその日の実習に対しての感想・反省・考察を書き、全体を通してのことは実習全体のまとめのところで総括すべきであろう。

絵本の読み聞かせのレパートリーを増やそう！

部分実習を任された場合、「絵本の読み聞かせ」を実習内容に選ぶ実習生は多くいますね。急に部分実習を任されてしまう場合に、"できません"などということのないよう、絵本のレパートリーは充実させておきたいものです。下記にそのほんの一部を紹介します（年齢はあくまでも目安です）。自分自身でも子どもの発達を踏まえた絵本のレパートリーを増やすことを日ごろから心がけましょう。

◎乳児……『もこ　もこもこ』（作：たにかわしゅんたろう／絵：もとながさだまさ、文研出版）、『もうねんね』（作：松谷みよ子／絵：瀬川康男、童心社『赤ちゃんの本』シリーズ）
◎1～2歳児くらい……『きんぎょが　にげた』（作：五味太郎、福音館書店）、『もしもしおでんわ』（作：松谷みよ子／絵：いわさきちひろ、童心社）、『ねずみくんのチョッキ』（作：なかえよしを／絵：上野紀子、ポプラ社）
◎3歳児くらい……『ぐるんぱのようちえん』（作：西内ミナミ／絵：堀内誠一、福音館書店）、『ぐりとぐら』（作：なかがわりえこ／絵：おおむらゆりこ、福音館書店）、『わたしのワンピース』（作絵：にしまきかやこ、こぐま社）
◎4～5歳児くらい……『ごんぎつね』（作：新見南吉／絵：黒井健、偕成社）、『はじめてのおつかい』（作：筒井頼子／絵：林明子、福音館書店）、『かいじゅうたちのいるところ』（作：モーリス・センダック／訳：じんぐうてるお、冨山房）、『ないた　あかおに』（作：はまだひろすけ／絵：いけだたつお、偕成社）

【 保育所の全日実習時の日誌例1の修正例 】

10月 4 日（木） 天候　晴れ	3　歳児 きく　組	男児 11 名 女児 10 名 欠席　1 名	備考 全日実習
今日の実習のねらい	・3歳児の発達を理解し、適切な援助の仕方を学ぶ。 ・うさぎの絵を描くことを楽しむ。		

時間	環境構成	子どもの活動	保育者の援助・留意点	実習生の動き・気づき
9：00	順次登園 〈身支度コーナー〉 （図） 自由遊び （図）	○登園 ・挨拶をし、手ふきタオル。口ふきタオル、トイレタオル、連絡ノートを用意する。 ○自由遊び ・室内・園庭で自由に遊ぶ。久しぶりに朝からの外遊びで、思いっきり遊ぶ。 ○片づけ ・汗をかいた子は着替える。 ・手を洗って席に着く。 ○朝の集まり ・実習生の挨拶に応える。	・保護者と子どもに挨拶をし、家庭での様子等を聞く。 ・子どもの健康観察をする。 ・子どもと遊ぶ。 ・子どもたちに片づけを呼びかけ、一緒に片づける。 ・下着は汗をかいたり暑さを考えて、脱ぐよう促す。 ・子どもたちに席に着くように呼びかける。 ・支度をなかなか行えず、席に着かない子に声をかけ、一人でできないところは援助する。	・子どもと挨拶をかわすなかで、心身の状況を把握する。担任保育者より子どもの健康状態を聞く。 ・子どもと一緒に、外（園庭）で遊ぶ。 ・ブランコ押しをする。 ・次の活動に期待がもてるようにしながら、片づけを呼びかける。 ・支度に戸惑っている子に声をかけたり、見守る。 ・手を洗うよう声をかけ、きちんとふいているかまで確認する。 ・席に着くように声をかける。 ・朝の挨拶をする。
9：45	入室（朝の集まり）			
9：55 中心となる活動	絵画製作 ・画用紙（八つ切）、クレヨン（12色）の用意をする。 （図）	○絵画製作 ・昨日見た動物の名前を次々に言う。うさぎの名前も出るが昨日の話をはじめだす。 ・実習生の言葉かけに興味を示す子もいるが、違う動物の話に夢中な子もいる。 ・クレヨンを取りに行き、描きはじめる。 ・なかなか描きはじめない子がいる。 ・先生の助言により、描き出す。 ・保育者の言葉かけでTちゃんはモルモットのほうが描きたいと言うのでモルモットを描く。 ・描き終わったら、外で遊ぶ。となりのクラスへ入っていってしまう子もいる。 ・Tちゃんが最後に残っているが、なかなか描き終わらない。	 ・子どもたちに、うさぎの特徴（色・形・耳など）を一人一人に話しながら、テーブルをまわっていく。 ・Tちゃんに「ほかに好きなのある？」と声をかける。 ・外（園庭）で遊ぶ子どもたちの様子を見守る。	・「昨日の動物村にはいろいろな動物がいたね。どんな動物がいたかな？」と声をかける。 ・「うさぎさんがいたね。今日はそのうさぎさんの絵を描いてみようか」と話す。【話が広がりすぎてしまい、うさぎへの興味を引くことができなかった。活動が難しすぎたように感じている】 ・クレヨンを取りに行くように言い、描いてもらう。 ・各テーブルを見てまわる。個別にイメージがふくらむように声をかける。 ・絵を描かないTちゃんに「一緒に描いてみようか」と声をかけるが答えてくれない。 ・早く描き終わった子は、外で遊ぶように声をかけるが、うまく声がかからない。 ・「鬼ごっこしよう」など遊びの提供をし、再び声をかける。

保育所実習の全日実習時の日誌

時間	環境構成	子どもの活動	保育者の援助・留意点	実習生の動き・気づき
10:30	外遊び（園庭） ・フラフープや大縄を用意する。 鉄棒　ブランコ　すべり台 うんてい 砂場　バスケットゴール	○自由遊び ・園庭で自由に遊ぶ。固定遊具や砂場遊びをして遊ぶ。 ・フラフープを持ち、そこにボールを投げる遊びをする。	・子どもを見守りながら、一緒に遊ぶ。 ・大縄で、ゴム跳びのような遊びをする。 ・かけっこを一緒にする。	・子どもと一緒に遊ぶ。 ・Yちゃんとフラフープにボールを投げ入れる遊びをする。 ・片づけを呼びかける。 ・片づけをする。
11:20	片づけ、手洗い、排泄、着替え	・使った遊具を片づける。 ・手を洗って、保育室に入り、着替え、トイレに行く。	・片づけを一緒にする。着替えを援助する。	・着脱は裏返しや前後など、きちんと着ているか見る。 ・排泄は水を流す、紙でふく、スリッパをそろえるなどの援助をする。
11:45	昼食（カレー、ハワイアンサラダ、スープ、梨） ・机にランチョンマットを敷き、中央に花を置く。 ・台ふき、オシボリの用意、流しに歯ブラシの用意。	○昼食 ・「いただきます」の挨拶をし、食べる。 ・野菜の嫌いな子どもがいて、サラダを食べない。	・昼食の準備をする。 ・「いただきます」をして、食べる。 ・子どもと会話しながら食べる。 ・野菜の嫌いな子には、無理に食べさせるのではなく「このサラダ、パインも入っているよ」等声をかけ、嫌いなサラダに関心がもてるような声かけをする。	・昼食の準備をする。 ・「いただきますのご挨拶をしましょう」と言い、子どもと一緒に食べる。 ・よくかんで食べることを適宜知らせ、食材は何かなどを話しながら食への興味を広げる。
12:10	花　ランチョンマット　配膳 歯磨き、口ゆすぎ	・「ごちそうさまでした」と言い、歯を磨く。 ・歯磨きの習慣はついてきているが、きちんと磨けない子が多い。 ・口をゆすぎ、トイレに行く。	・「ごちそうさまでした」の挨拶を言う。 ・歯磨きは一人でやりたがる子の気持ちを大切にし、できないところは手をとって援助する。 ・掃除をする。	・「ごちそうさまでした」と言い、食器を片づける。 ・一人一人の歯磨きの仕方を見守り、必要に応じて援助する。
12:20	絵本（3匹のやぎのがらがらどん） 実 じゅうたん ○○○○○○○○ 必要に応じて椅子の用意	○絵本 ・だんだんと話を聞かなくてはならないことに後方で騒いでいた子どもたちが気づく。 ・前のほうの子どもたちは待っている。	・実習生のうしろで見守る。	・「これから絵本を読みます」と声をかけ、絵本を読む。 【手遊びをしなくても、注目してくれるかと思ったが、それは無理だった。前方で座って待ってくれている子どもがいるのでやはり手遊びは必要となる】
12:30	午睡（ホール） ＜午睡＞できるだけ家庭的な雰囲気のなかで眠れるよう仕切を設置。 ＜絵の展示＞ うさぎの絵 名前	○午睡、ホールへ移動 ・給食室の方にお礼を言い、ホールに移動する。 ・自分の布団に入り、眠る。 ・なかなか寝つけない子がいる。	・なかなか並ばない子どもたちをまとめてくれる。 ・寝つかない子の背中をトントンする。 ・連絡ノートに記入をする。	・子どもたちにホールへ行くよう声をかける。 ・給食室の方にお礼（「ごちそうさまでした」）を言う。 ・なかなか寝つけない子のそばに寄り添い、安心感をもてるようにする。 ・うさぎの絵に名札をつけ、壁に飾る。
14:30	起床 排泄、手洗い	○起床 ・起きたら、布団をたたむ。トイレに行って、部屋に戻る。	・おやつの準備をする。テーブルをふき、おやつを配る。 ・子どもたちが注目するように声をかける。	
15:00	おやつ（プルーンジャムサンド・牛乳） ・食事と同様の配置	○おやつ ・「いただきます」の挨拶をする。 ・おやつを食べる。 ・うさぎの絵を眺める。	・一緒に食べる。 ・今日は、歯ブラシとコップを持って帰る日であることを伝える。 ・食器を片づけて運ぶ。	・「いただきます」の挨拶をして、グループで食べる。 ・食器を片づける。 ・掃除をする。

時間	環境構成	子どもの活動	保育者の援助・留意点	実習生の動き・気づき
15:15	歯磨き、口をゆすぎ、帰りの支度をする。朝と同様だが、歯ブラシとコップ、布団袋を用意する。	・「ごちそうさまでした」の挨拶をする。 ・歯を磨いて、口をゆすぐ。トイレに行って帰りの支度をする。 ・持ち帰る歯ブラシとコップを忘れている子がいる。	・帰りの支度をするよう呼びかける。 ・もう一度「みんな歯ブラシとコップを持ったかな？」と声をかける。 ・布団カバー入れの袋を出すのを手伝う。 ・ホールに行くことを伝え、一緒に移動する。	・子どもたちが忘れ物がないか、支度を確認する。 ・一人でできないところを援助する。
15:40	帰りの挨拶 ㊙　[ピアノ] （子どもの配置図）	○帰りの集まり ・「トンボのめがね」をうたい、実習生の話を聞く。 ・子どもたちが実習生に5日間のお礼の言葉を言ってくれる。 ・「おかえりのうた」をうたう。 ・先生からのお話を聞く。 ・「さようなら」の挨拶をする。	・S園のうさぎの話や遠足の話をする。 ・「さようなら」の挨拶をする。	・子どもと一緒にホールに行く。 ・帰りの集まりでうたう歌のピアノ伴奏をする。 ・子どもたちに5日間一緒に過ごしたお礼の気持ちを伝える。 ・「さようなら」の挨拶をする。
16:00 16:50 17:00	外遊び 順次降園 片づけ 室内遊び 〈プレイルーム〉 （配置図：絵本、ソファ、パズル・ぬり絵、ブロック）	○順次降園、夕保育の子どもは自由遊び ・外で自由に遊ぶ。 ・遊んでいたものを片づけ、園庭の真ん中に集まる。 ・プレイルームで遊ぶ。ぬり絵、パズル、絵本読みなどをして遊ぶ。	・子どもたちを見守りながら、一緒に遊ぶ。 ・片づけを呼びかけ、真ん中に来るよう声をかける。 ・一人一人、名前を呼んで室内に入る。	・子どもと一緒に遊ぶ。 ・片づけを呼びかけ、一緒に片づける。 ・子どもたちの様子を見守る。 ・Rくん、Kちゃん、Yちゃんに絵本を読み聞かせる。

〈感想・反省・考察〉

　全日実習を終えて自分の見通しの甘さに気がつきました。それは指導案が不十分だったこと、いろいろな場面の想定が不足していたことが原因と思われます。頭のなかで考えていたことと実際とはこんなにも違い、あわててしまうのだということも実感しました。どんな場面に出会っても、落ち着いて対処できるように子どもを見る目を確かなものとし、技術面も学ぶ必要性を感じました。

　3歳児の発達の特徴は理論では学んできたつもりでしたが、実習するなかで接した子どもたちを見ていると、重なる部分や個人差があることに気がつきました。

　中心となる活動では、3歳児にとっての課題としては難しかったことに気がつきました。経験画は、年齢としては年長児の活動だったと思います。動物村の経験を生かすのであれば、個々にふれあったなかの好きな動物を折るなどして、子どもたちの折ったものを保育者のほうで1つの大きな紙に構成して貼るなどの方法もあったと思います。活動の選び方、立案が安易だったと痛感しました。

　実習するなかで担任保育士が適切にカバーやフォローしてくれる場面や、子どもたちに援助する場面があり、とても助かりました。保育所は複数担任制が多く、低年齢であればあるほど人数が多くなります。複数の担任が、チームプレーで保育することで子どもたちが伸びやかに生活できることに気がつきました。

　一日を振り返ると反省することばかりですが、保育を組み立てることの難しさ、楽しさはよくわかりました。今後この経験を生かしていきたいと思います。

〈指導者の助言〉　　　　　　　　……略……

2．全日実習時の日誌例2

　この全日実習の日誌例2（p.200～202）は、4歳児の製作活動を中心の活動とした全日実習の日誌である。この実習生は、全日実習当日はリーダーとして任されたという（担任の保育者がサブリーダーの関わりをしたという）。指導案（p.197～198）、細案（p.199）とも綿密に立案されていてとてもわかりやすく、担任の保育者の方も実習生の立てた指導案に基づき、その日一日を任せてくれたのであろう。しかし、実習生の立てた指導案のようにはなかなか保育が進むものでもなく、日誌にはその日の保育の様子がよくわかるように書かれている。また、ただていねいに時間をかけて書かれているのでなく、細案のコピーを使用して日誌としてまとめているやり方も、手間を効率よく省いており、参考にしてほしいところである。
　では、この日誌の具体的な記述を見てみよう。

（1）考えられた「実習のねらい」の記述

　この実習生の指導案立案時のこの日の実習のねらいは、中心となる活動にともなう「身近な物で製作を行い、手づくりおもちゃの楽しさを知る。」ということと、「戸外遊びを楽しむ。」ということであった。しかし、この日は雨天で「戸外遊びを楽しむ。」ということはできなかった。そこで、日誌の記述を見てみると、前者は同じだが、後者は「最後まで集中して物事に取り組み、やりとげる充実感を味わう。」と書かれている。実習生に聞いてみると、「雨天になってしまったことで、室内遊びが中心で製作活動の時間が多くなることを想定したので、当日の朝にねらいを変更しました」と言う。その日に合わせた的確なねらいを心がけていること自体評価できることではあり、さらにきちんと日誌に記述されているという点もとてもよい。天候や欠席者数など、当日、予定していた活動ができなくなり、考えたねらいと合わなくなることもあるはずである。そのようなときはこの実習生のように、日誌にも書き残せるようになってもらいたい。

（2）ただ事実を書くのではなく、その後に生きる内容を残す

　まず、この日誌には全体を通して、子どもに伝えた保育者および実習生の言葉や子どもの発した言葉が随所に記述されている。日誌には、生活の流れのなかで、ただ発しているだけの言葉を記述することはあまり意味があるとは思えないが、保育場面のなかで起こった象徴的な言葉を記述しておくことは、実習を振り返った際にもその場の様子がわかりやすくてよいと思う。たとえば、朝の集まりで歌をうたう

場面の子どもの活動に、「"いつもより歌が少ない""もっとうたいたい"と言う子がいる。」という記述がある。このような子どもの言葉を書き残すことで、歌が好きな子どもたちでいつも歌を楽しんでうたっていることが想像できるし、実習生のピアノの失敗で楽しみが途切れてしまった子どもたちの様子もうかがえる。実習の失敗はもちろん評価できることではないが、この日誌には、失敗に対するそのときの気持ちが素直に書き記され、このことを受け「ピアノは苦手でもっと努力しなければ」という内容の反省も〈感想・反省・考察〉の欄に書かれてきちんと振り返りが行われている。この日誌のように、ただ起こった事実だけを書くのではなく、そこから「どう感じ、どう生かしていくか」につながる記述を残すとよい。

　また、全日実習ではあるが、担任保育者のその日の動きやサポートを受けたことなどもよく記述されている。この実習生のように、保育所の長い時間を緊張のなか、リーダーとして過ごし、保育者の様子も見るということは難しいことかもしれないが、複数で子どもたちに関わる保育所の場合、ほかの保育者（サブリーダーなど）がどのように動いていたのかを理解しておくことはとても大切である。また、実習生としても、保育者が参考になる言葉かけをしていたら、一字一句同じでなくともこの日誌のように記述しておくと、後で読み返したときの参考になるので心がけてほしい。

　環境構成に関しても、わかりやすく図示されており、この日誌くらいに記述されていれば、どこでどのように子どもたちが活動していたのかがわかりよいと思う。

　よく書かれている日誌ではあるが、着替えや排泄等の生活の関わりについての記述があまりないのは残念なところではある。実習生でリーダーとしてその日の保育を行ったことを踏まえると、着替え等の援助はサブリーダーである保育者が中心に行ったのであろうから、この日の日誌の内容としては問題はないが、全日実習であっても一日全般を任されず中心となる活動部分のみが主な責任実習であった場合には、生活面での配慮なども気づく場面も多いと思うので、そうした場合にはもう少し詳細に記述されているほうがよいと思う。

（3）一日の振り返りと今後の目標を明確に

　〈感想・反省・考察〉の欄についても、全体を通しての感想と反省点、中心となる活動について、その日のねらいなど、実習を振り返り、おさえてほしいことについては、きちんとまとめられ考察されているといってよいだろう。また、最後に「一人一人の子どもに目の向けられる保育者に……」と今後の目標も書かれている点も好感がもて、このようなまとめ方でしめくくってほしい。

実習生が作成した全日実習指導案２

学校名　　　　　　　学年　　　　　　　氏名

日時：６月18日（水）　　対象児：４歳児（ばら組）30人
子どもの姿 ・朝、元気に登園する。保護者ともスムーズに離れ、進んで支度をし、遊んでいる。 ・歌をうたうのがとても大好きで、"おはじまり"や"おかえり"では、元気な声でうたっている。 ・給食は嫌いな物が出ても時間をかけて頑張って食べて、残すことはほとんどない。

・中心となる活動（経験する内容）……紙コップを使ってけん玉を製作し、自分でつくった物で遊ぶ。外で元気に遊び、友達との関わり合いを楽しむ。
・ねらい……身近な物で製作を行い、手づくりおもちゃの楽しさを知る。戸外遊びを楽しむ。

時間	環境構成	子どもの活動	保育者（実習生）の援助・留意点
8：45	〈保育室〉室内遊びが楽しめるように、遊具などを用意、点検しておく。 （保育室見取り図：ロッカー、ピアノ、棚、机、出入口、マット（絵本）、たたみ（ブロック）、本・おもちゃ、ままごとコーナー、積み木コーナー、テレビ、トイレ、押入）	○登園、支度をする。 ・シールを貼る。 ・タオルを出す。 ・防災ずきんをつけて椅子を用意する。 ○支度ができたら、室内で遊ぶ。 ・ままごと、ブロック、積み木など。 ・支度をしないで遊んでしまう。　→	・支度を促す。（シールを貼るところがわからない場合は教える） ・受け入れをする。 ・危険がないように目を配る。 ・子どもと一緒に遊ぶ。 ◎初めは声をかけて支度を促す。それでも遊んでしまう場合は一緒に支度をする。
9：30		○片づけをする。 ・片づけをしないで遊び続けている。　→ ・席に座る。 ○おはじまり ・リズム打ち、歌をうたう。 ・ライオンはみがき、大きな古時計、カエルのうた ・立って踊りながら元気にうたう。（おまつり、おはようの歌） ・リズム打ちのとき、当番はカスタネットを持って前に出る。 ・おしゃべりをしていてうたっていない。　→ ○出欠調べ ・名前を呼ばれたら返事をする。 ・先生の後について日にちの確認をする。 ・当番の紹介（当番は前に出て、自分の名前を言う。）	・片づけを促し、片づけをする。 ◎遊んでいる子どもの名前を呼んで片づけを促す。 ・席に座るよう促す。 ・ピアノを弾く、歌をうたう。 ・元気にうたえるように声が小さいときには声をかけたり、元気にうたえているグループを発表する。 ・「お当番さん戻っていいですよ」席に戻るように声をかける。 ◎うたっていない子どもに興味がもてるように声をかける。 ・出欠をとる。 ・「今日は６月18日水曜日天気は○○です」と発表する。
10：10		中心となる活動→別紙「中心となる活動の細案」参照	
10：45	〈園庭〉戸外遊びの遊具を用意したり、固定遊具を点検しておく。	○戸外遊び ・砂場、遊具、ボールなど。	・大部分の子どもがそろったら外に行く指示を出す。 ・子どもと一緒に遊び、危険がないようにする。
11：25	給食に必要なものを用意する。（テーブルふき、白衣、三角巾、トレイ、歯ブラシ、コップなど）	○片づけをする。 ○手洗い、うがいをしてトイレに行く。 ○給食 ・当番は前に出る。他の子は席に着く。 ・当番は手を消毒し、白衣に着がえる。テーブルをふく。	・片づけを促す。 ・手洗い、うがい、トイレを促す。 ・当番が困っているときには、スムーズに行くように援助する。

時間	環境構成	子どもの活動	保育者（実習生）の援助・留意点
		・給食を取りに行く。 ・当番以外の人は手を消毒する。 ・当番は給食を配る。配っている間は静かに待っている。 ・全員に配り終えたら、給食のメニューを保育者に続いて当番が発表する。 ・「いただきます」をして給食を食べる。 ・食べおわったら、食器を片づけて机をふく。椅子をしまう。パジャマに着替えて絵本を見て待っている。	・静かに待っているグループから呼ぶ。 ・給食をよそう。 ・配膳をする。 ・食べはじめる前に「食べおわったら、片づけをして歯を磨いて、着替えをして、絵本を読んで待っている」ことを確認する。 ・座り方や食べ方などを援助する。 ・食事が遅い子どもに声をかける。 ・机、床の掃除をする。 ・布団を敷く。
12：45	・紙芝居の用意をする。	○1か所に集まる。 ・手遊びをする。（キャベツ、ウルトラマン） ・紙芝居を見る。「みんなで作った土の山」	・子どもたちに集まるよう声をかける。 ・手遊び、紙芝居をする。
13：00 14：30	・布団を敷き、静かに眠れるように準備する。	○午睡 ・トイレに行き、戻ってきたら布団に入る。 ・起きてトイレに行く。 ・布団をたたんで押し入れまで持っていく。洋服に着替える。 ○シールノートをしまう。 ・手紙がある場合はたたんでしまう。 ・椅子を出す。	・全員きちんとトイレに行くよう促す。 ・子どもが眠れるように側につく。 ・子どもを起こし、着替えを促す。 ・布団と押し入れに片づける。 ・手紙がある場合は子どもに声をかける。
15：25		○帽子をかぶり、靴を履いてテラスに早いもの順で並ぶ。 ○戸外遊び ・砂場、遊具、ボールなど。 ○片づけをする。 ○手洗い、うがい、トイレに行く。 ・当番は前に出る。みんなは席に着く。	・大部分の子どもが揃ったら、外に行く指示を出す。 ・子どもと一緒に遊び、危険がないようにする。 ・片づけを促し、片づけをする。 ・手洗い、うがい、トイレを促す。 ・当番の仕事がスムーズにいくように援助する。
	・おやつに必要なものを用意する。	○おやつを取りに行く。 ・当番は手を消毒し、当番の仕事をする。 ・当番以外の人は手を消毒する。 ・おやつを配る。配っている間は静かに待つ。 ・おやつのメニューを発表して「いただきます」をしておやつを食べる。 ・食べおわったら食器を片づけて、帰りの支度をする。 ・コップ、タオルをバッグに入れて、バッグを外に出す。 ・支度をしないで遊んでいる。	・おやつを配膳する。 ・食べはじめる前に、おやつを食べ終わったら何をするか確認する。 ・片づけを促す。 ◎今は何をすべきなのかをしっかりと伝える。
16：15		○おかえり ・リズム打ち。歌をうたう。（ライオンはみがき、メダカの学校、カエルのうた） ・立って踊りながら元気にうたう。（おまつり、はなび、さよならの歌） ・保育者の話を聞く。 ・当番は呼ばれたら返事をする。 ・帰りのあいさつをする。	・ピアノを弾く、歌をうたう。 ・今日の1日について話をする。「今日はけん玉をつくったね。家に持って帰って遊んでね」など。 ・連絡事項がある場合は伝える。 ・明日の当番の発表（担当保育士に受け渡す）

全日実習指導案2【別紙】
中心となる活動「製作活動：けん玉づくり」の細案

子どもの姿	・しっかりと保育者の説明を聞き、製作活動をとても意欲的に行っている。 ・ハサミやのりの使い方も、事前に注意することを確かめることで正しく使うことができる。 ・月曜日にけん玉のボールの部分をつくったので、けん玉にとても興味をもちつくりたいと思っている。

・中心となる活動（経験する内容）……紙コップを使い、けん玉を製作する。自分でつくったものを使って遊ぶ。
・ねらい……けん玉について知り、自分でつくったもので遊ぶ楽しさを知る。製作を通し、指先を使った細かい作業をする。

時間	環境構成	子どもの活動	保育者（実習生）の援助・留意点
10:10	〈保育室〉製作6つのグループに分かれて、席に座る。 （保育室見取り図：マット、本・おもちゃ、たたみ、テレビ、トイレ、押入、出入口、使うものを用意しておく） 〈用意するもの〉 ・ハサミ30本 ・のり12個 ・紙コップ30個 ・クリップ30個 ・画用紙(型が書いてある)30枚 ・つくっておいたボール（玉）が入っているカゴ ・クレヨン ・のりをふく雑巾	・席に座って保育者の話を聞く。 ・保育者の投げかけに対し、受け答えをする。 ・トイレに行きたい人は行き、行かない人は座って待っている。 ・トイレから戻り席に座る。 ・つくり方の説明を聞く。（説明をしっかりと聞き理解する） ・使う物を取りに行く。 ・クレヨンをグループごとに取りに行く。 ・当番は人数を数えて、呼ばれたら1人1つずつハサミとグループにのりを2つ取ってくる。 ・製作を始める。 　1．画用紙の型をハサミで切る。（ペンギンの手、お腹、口ばし） 　2．ペンギンのお腹にリボンや星などをクレヨンで書く。 　3．クレヨンで紙コップにペンギンの目を書く。 　4．1.で切った物にのりを付けて紙コップに貼る。 　5．4.までできたら、切りくずをゴミ箱にすてる。ハサミ、クレヨンを片づける。グループで最後の人はのりも片づける。 　6．カゴから自分のつくったボールを探して、保育者のところへ持って行く。 　7．紙コップの底の穴にボールについている糸を通してクリップに結んでもらう。 　8．完成 ・できあがった子どもから、畳のところで遊ぶ。 ・できあがった作品を友達と見せ合う等して喜ぶ。	〈導入〉 ○子どもが早くつくって遊びたいと思うように話をする。 ・「月曜日には、玉の部分をつくっておいたから、その続きからつくろうね」 〈展開〉 ○トイレから戻って来たら、説明をする。（製作活動の1～8をわかりやすいように） ・ハサミの持ち方、使い方を確認する。 ・のりのつけ方を確認する。 ・使う物について話をする。 ・グループごとに呼ぶ。 ・クレヨンを全員が取ってきたら当番に、ハサミとのりを取りに行くように声をかける。 ・紙コップ、型の画用紙を配る。 ・各机に、のり、雑巾を出す。 ・全員使う物があるか確認する。 ○作業を始める合図をする。 ・ハサミを使うときには、とくに危険なので注意して子どもたちを見る。 ・製作中は子どもたちを見てまわり、様子を観察する。わからない子どもには声をかけて援助していく。 ・「6」まで終わった子どものけん玉に糸を通し、クリップをつけて結ぶ。 ・作業をしている子に対してほめたり、できあがるとどうなるか話すなどしてやる気をもたせていく。 〈まとめ〉 ・できあがった作品に対して「上手だね」「いい物ができたね」など声をかける。 ・遊んでいる子どもが多くなったら、まだつくっている子どもを1つの机に集めて、使わない机を片づけてスペースをつくる。 ・「何回連続で入れられる？」と聞いてみたり、けん玉がうまくできない子どもにやり方をアドバイスする。 ・遊ぶのにあきる子どもがたくさん出てきたらおわりにする。

【保育所の全日実習時の日誌例 2】

6月 18日（水） 天候　雨	4　歳児 ばら　組	男児　14名 女児　15名 欠席　1名	備考 全日実習（リーダーとして）

今日の実習のねらい	・身近な物で製作を行い、手づくりおもちゃの楽しさを知る。 ・最後まで集中して物事に取り組み、やりとげる充実感を味わう。

時間	環境構成	子どもの活動	保育者の援助・留意点	実習生の動き・気づき
8:45 9:45	順次登園 〈自由遊び（室内）〉 （室内レイアウト図：ロッカー、ピアノ棚、机、マット、本・絵本、たたみ（ブロック）、おもちゃ、出入口、机、机、テレビ、ままごとコーナー、積み木コーナー、トイレ、押入）	○登園、支度をする。 ・シール貼りなどの支度をすませる。 ・支度ができていないのに遊び出す子どもがいる。 ○室内遊び ・男児はブロック、女児は人形の着せ替えで遊ぶ子が多く、集中して遊んでいる。 ○片づけをする。 ・片づけずに遊ぶ子がいる。 ○おはじまり ・リズム打ち、歌を元気に楽しんでうたう。 ・「いつもより歌が少ない」「もっとうたいたい」と言う子がいる。 ・立って踊りながら元気にうたう。 ・リズム打ちのとき、当番はカスタネットを持って前に出る。 ○出欠調べ ・名前を呼ばれたら返事をし、日にちの確認をする。 ・当番の紹介（当番は前に出て、名前を言う）	・朝のあいさつをする。 ・保護者と子どもの様子について変わったことなどないかていねいに聞く。 ・受け入れ後、支度を見守り、遊びに誘う。 ・集中して遊んでいる子どもが多いため集中力を妨げないよう、子どもたちの遊びの仲立ちになるようにかかわる。 ・声をかけてもなかなか席に着かない子を援助する。 ・子どもの「もっとうたいたい」の声に「○○先生（実習生）、"雨降り"の歌もうたいましょうか」と声をかけてくれる。 ・どこで返事をしていいのかわからなくなっている子にそっと順番を伝える。	・元気に朝のあいさつをし、保育者の横で子どもの健康状態をみる。 ・遊んでいる子に「お支度してから遊ぼうね」と声をかける。 ・声をかけても遊び出す子とは一緒に支度をする。 ・子どもと一緒に室内遊びを楽しむ。【戸外遊びしか考えておらず、雨の日の指導案も立てるべきだった】 ・遊んでいる子には名前を呼んで声をかける。 ・席に座るよう促す。 ・ピアノを弾き一緒に歌をうたう。【うまく曲が弾けず子どもたちへの声かけができなかった。「もっとうたいたい」という声に戸惑ってしまった】 ・「お当番さん戻っていいですよ」席に戻るように声をかける。 ・出欠をとる。 ・きちんと返事のできた子に「よく聞こえるお返事ね」などの言葉をかける。 ・「今日は6月18日水曜日、天気は雨です」と発表する。
10:10　絵画製作		中心となる活動→別紙「製作活動：けん玉づくり」貼付		
10:50 11:25	 〈給食〉 （配膳レイアウト図：配膳台、コップ、歯ブラシ） 当番はエプロンと三角巾を用意する。	○室内遊び ・つくったけん玉で遊ぶ子が多く、半分くらいの子はボールを入れられる。 ・入れられると違う遊びへと移っていく子が多い。 ・Rちゃんはボールを入れられずくやしそう。 ・朝の遊びのつづきをする子もいる。 ○片づけ ・違う遊びを始めたばかりの子は片づけが進まない。 ・手洗い、うがい、トイレに行く。 ○給食（カレーライス、サラダ、ゼリー） ・当番は白衣に着替えテーブルをふき、給食を取りに行く。 ・当番が給食を配っているときは静かに待っている。 ・「いただきます」をして、みんなと楽しく話しながら食べる。 ・食べおわったら、食器を片づけて机をふく。	・「短くして」という子のけん玉のひもの長さの調節をする。 ・けん玉以外の遊びをしている子どもたちの様子も見守る。 ・違う遊びを始めた子どもたちと一緒に遊ぶ。 ・なかなか片づけない子に「給食の時間になるよ。一緒に片づけよう」と声をかける。 ・給食の配膳をする。 ・子どもの食べてる様子を見守り「今日はみんながんばってけん玉つくったし、給食おいしいね」などの声かけをしながら楽しく食べる。	・子どもと一緒につくったけん玉で遊ぶ。 ・うまくできない子には「あんまり力を入れずにやってごらん」とやってみせながら声をかける。 ・入れられた子には「すごーい」などの声かけをする。 ・Rちゃんに「もう1回やってみよう」と声をかける。 ・片づけて、手洗い、排泄をするよう促す。【なぜ片づけなければならないのかをきちんと伝えなかったため、スムーズに片づけられなかった】 ・当番が困っているときには、スムーズにいくように援助する。 ・静かに待っているグループから呼ぶ。 ・給食をよそい、配膳をする。 ・食べはじめる前に"食べ終わったら、片づけをして歯を磨いて着替えをして、絵本を読んで待っている"ことを確認する。 ・楽しい食事になるよう「けん玉」の話などをする。

時間	環境構成	子どもの活動	保育者の援助・留意点	実習生の動き・気づき
12:45	〈手遊び・絵本〉 カーペット	・椅子をしまいパジャマに着替えて絵本を見て待っている。 ○手遊び・紙芝居を楽しむ。 ・なじみのある手遊びと新しい手遊びで集中する。 ・紙芝居「みんなで作った土の山」を集中して見る。	・食事がおわり絵本を読んでいる子の様子を見守りながら、午睡の準備を始める。 ・排泄の様子を見守る。	・座り方や食べ方などや食事が遅い子どもに声をかける。 ・机、床の掃除をし、布団を敷く。 ・子どもたちに「楽しいこと始めていいかな？」と声をかける。 ・手遊び、紙芝居をする。 ・全員きちんとトイレに行くよう促す。
13:00	布団	○午睡 ・トイレに行き、戻ってきたら布団に入る。	・なかなか眠れない子に「早く寝て、起きたらいっぱい遊ぼうね」などの声をかける。	・子どもが眠れるようにそばにつく。
14:20		○起きて、トイレに行く。 ・布団をたたんで押し入れまで持っていき、着替え。 ・シールノート、手紙をしまう。	・手紙のある子には、きちんと入れているか確認する。	・子どもを起こし、着替えを促す。 ・布団を押し入れに片づける。 ・手紙がある場合は子どもに声をかける。 ・製作の準備、説明をする。
14:35	〈七夕飾り製作〉 ロッカー ピアノ 棚 マット(絵本) 机 机 本・おもちゃ (ブロック) たたみ 出入口 ままごと けん玉 テレビ トイレ 押入 七夕飾り製作に必要なものを用意 製作がおわったら、室内遊びを十分に楽しめるように、スペースを用意しておく。	○七夕飾りの製作 ・説明を聞き、ハサミ、のりを用意し製作を始める。 ・製作活動の好きなY君は、飾りをたくさんつくる。 ・1つつくると、すぐほかの遊びを始める子どももいる。 ○おわった子から室内遊び ・人形遊び、ままごと、ブロック、けん玉で好きな遊びをする。 ・けん玉ができなかったRちゃんが「先生、できた！」と大喜びで言ってくる。	・製作が進まない子には「一緒につくってみようか」と声をかける。 ・ほかの遊びを始めた子どもと一緒に遊ぶ。 ・ブロック遊びをしている男児とかかわる。「何ができるのかな」などの声をかける。 ・全体の遊びの様子を見守る。 ・おやつの準備をする。	・Yくんに「すごいね。たくさんできたね」と声をかける。【午前、午後と製作活動が続いたためあきている子も多く活動内容をもっと考えるべきだった】 ・室内遊びが続いているので、遊びが広がるように声をかける。 ・Rちゃんに「すごい！がんばったもんね」と努力をほめ認めるように声かけをする。 ・片づけることを伝え、手洗い、うがい、トイレを促す。
15:30		○片づけ、手洗い、うがい、排泄 ○おやつ（フルーツヨーグルト、ビスケット） ・当番はおやつを取りに行き、おやつを配る。配っている間は静かに待つ。 ・食べおわったら食器を片づけ、帰りの支度をする。 ・コップ、タオルをバッグに入れて、バッグを外に出す。	・なかなか片づけない子には声をかける。 ・「このフルーツ何かな」など声をかけ、子どもとのやりとりを楽しみながらおやつを食べる。 ・支度の援助をし、忘れ物がないか確認する。 ・連絡事項をあらためてきちんと確認する。	・当番の仕事がスムーズにいくように援助する。 ・おやつを配膳する。 ・食べ始める前に、おやつを食べ終わったら「帰りの支度」をすることを確認する。 ・食べるときには、「おいしいね」など話しながら食べる。 ・片づけを促す。 ・ピアノを弾く、歌をうたう。
16:15	〈帰りの集まり〉 ○○○○○○○	○おかえり ・リズム打ち、歌をうたう。 ・踊りながら元気にうたう。 ・保育者の話を聞く。 ・帰りのあいさつをする。	・降園する子どもには「また明日もいっぱい遊ぼうね」と声をかけ帰りのあいさつをする。	・今日の1日について「今日はけん玉をつくったね。家に持って帰って遊んでね」と話す。 ・連絡事項をきちんと伝える。 ・明日の当番の発表をし、あいさつをする。

〈感想・反省・考察〉

　今日は全日実習でリーダーとして過ごし、保育者の大変さを痛感する一日だったが、保育者のやりがいも強く感じることができた。今日一日でまず反省としてあげられるのが指導案についてである。雨が降ったことに対する指導案を何も用意しておらず、室内遊びの環境を十分に整えることができなかった。午後にも七夕飾り製作をしてしまい、午前、午後と製作ばかりで、午後の製作ではつまらなそうにしている子も見られ、雨天用の指導案を立てていればもう少し考えられたのではと反省している。また、朝の集まりで歌をうたうとき、苦手なピアノで多く失敗し、子どもたちが十分に楽しめなかったと思う。余裕がないと、子どもたちをきちんと見ることはできず、ピアノはもっと努力しなければいけないと感じた。中心となる活動のけん玉づくりは、全体的にはスムーズに進行できたと思うが、初めの準備の際、全員がそろってからを考えすぎ、待ってばかりの子どもも多かったように思う。様子を見て準備ができた子どもから始めてもらってもよかったように思う。けん玉の糸の長さについても、まったく考えておらず、長すぎたためうまく入れられない子が多く出てしまいとても焦ってしまった。担任の先生のアドバイスで、糸を短くしみんな少しずつできるようになり、製作への配慮の未熟さを感じた。けん玉を一生懸命練習していたRちゃんが午後になり、「先生、できた！」と言いに来てくれたときは、とてもうれしく自分のことのように感じた。そのほか手遊びを行った場面でも、新しい「ウ

ルトラマン」の手遊びもとても楽しんで集中してくれたので、次の紙芝居も子どもたちは充実して見ることができたように思う。また、さまざまな場面で担任の先生に助けていただき、勉強にもなったが、リーダーとサブリーダーのチームワークの大切さも学ぶことができたように感じる。緊張し、反省も多くあるがとても充実した一日だった。実習のねらいも失敗はあったが、おおむね達成できたのではないかと思う。そして、今日の実習で失敗したことや学んだことを今後に生かせるようこれからも努力し、一人一人の子どもに目の向けられる保育者になりたいと思う。

〈指導者の助言〉

製作の「ねらい」がしっかりと達成できていたと思います。子どもたちは自分でつくったものに大満足し、大喜びで繰り返し遊んでいましたね。事前にけん玉のボールの部分をつくっておいたことで、製作をスムーズに行うことができ、また、子どもたちの意欲も十分に引き出すことができました。リーダーとして先へ先へと進めつつも、全体を捉えて、子ども一人一人に対し、ていねいな対応ができていました。

【別紙】中心となる活動「製作活動：けん玉づくり」の細案のコピーを使った日誌

時間	環境構成	子どもの活動	保育者（実習生）の援助・留意点
10:10	〈保育室〉製作 6つのグループに分かれて、席に座る。 （部屋見取り図：ロッカー、ピアノ、棚、机、マット、本・おもちゃ、たたみ、テレビ、トイレ、押入、出入口、使うものを用意しておく。） 〈用意するもの〉 ・ハサミ 30本 ・のり 12個 ・紙コップ 30個 ・クリップ 30個 ・画用紙（型が書いてある）30枚 ・つくっておいたボール（玉）が入っているカゴ ・クレヨン ・のりをふく雑巾 ・糸が長すぎたためボールを入れられない子が多い。 ・「糸を短くして」と次々に保育者のところへ行く。 ・糸を短くしたことで、ボールを入れることができる子が出てくる。	・席に座って保育者の話を聞く。 ・保育者の投げかけに対し、受け答えをする。 ・トイレに行きたい人は行き、行かない人は座って待っている。 ・トイレから戻り席に座る。 ・つくり方の説明を聞く。（説明をしっかりと聞き理解する） ・使う物を取りに行く。 ・クレヨンをグループごとに取りに行く。 ・当番は人数を数えて、呼ばれたら1人1つずつハサミとグループにのりを2つ取ってくる。 ・製作を始める。 　1．画用紙の型をハサミで切る。（ペンギンの手、お腹、口ばし） 　2．ペンギンのお腹にリボンや星などをクレヨンで書く。 　3．クレヨンで紙コップにペンギンの目を書く。 　4．1．で切った物にのりを付けて紙コップに貼る。 　5．4．までできたら、切りくずをゴミ箱にすてる。ハサミ、クレヨンを片づける。グループで最後の人はのりも片づける。 　6．カゴから自分のつくったボールを探して、保育者のところへ持って行く。 　7．紙コップの底の穴にボールについている糸を通してクリップに結んでもらう。 　8．完成 ・できあがった子どもから、畳のところで遊ぶ。 ・できあがった作品を友達と見せ合う等して喜ぶ。	〈導入〉 ○子どもが早くつくって遊びたいと思うように話をする。 ・「月曜日には、玉の部分をつくっておいたから、その続きからつくろうね」 〈展開〉 ○トイレから戻って来たら、説明をする。（製作活動の1〜8をわかりやすいように） ・ハサミの持ち方、使い方を確認する。 ・のりのつけ方を確認する。 ・使う物について話をする。 ・グループごとに呼ぶ。 ・クレヨンを全員取ってきたら当番に、ハサミとのりを取りに行くように声をかける。 ・紙コップ、型の画用紙を配る。 ・各机にのり、雑巾を出す。 ・全員使う物があるか確認する。 ○作業を始める合図をする。 ・ハサミを使うときには、とくに危険なので注意して子どもたちを見る。 ・製作中は子どもたちを見てまわり、様子を観察する。わからない子どもには声をかけて援助していく。 ・「6」まで終わった子どものけん玉に糸を通し、クリップをつけて結ぶ。 ・作業をしている子に対してほめたり、できあがるとどうなるか話をするなどしてやる気をもたせていく。 〈まとめ〉 ・できあがった作品に対して「上手だね」「いい物ができたね」など声をかける。 ・遊んでいる子どもが多くなったら、まだつくっている子どもを1つの机に集めて、使わない机を片づけてスペースをつくる。 ・「何回連続で入れられる？」と聞いてみたり、けん玉がうまくできない子どもにやり方をアドバイスする。 ・遊ぶのにあきる子どもがたくさん出てきたらおわりにする。 ・担任の保育者の方が「糸を短くするといいよ」と糸を短くしてやってみせる。 ・「短くして」と言いにくる子どもたちにボールが入りやすいように糸を調節し、短く結び直す。

・用意を待っている子がいる。

6章 まとめの日誌

　まとめの日誌とは、実習が終わろうとするとき、あるいは実習を終了した直後に書く日誌である。ここでは、反省会の日誌と実習終了時のまとめの日誌（総括した振り返りの日誌）について解説する。

　実習の反省会は園によってその方法は異なるが、園の職員がテーマを出して実習生がそれに答え、担当保育者（指導者）からコメントを受ける方法や、関わった職員が実習についての評価や配慮点を伝える方法などがある。実習最終日ころに1回開かれる場合と、実習中に何回か開かれる場合がある。

　このときの記録が「反省会の日誌」である。担当保育者をはじめ、各年齢クラスの担任や、ときには看護師が一堂に集合して、実習生のために約1時間くらい話し合う時間をもつ場である。実習生にとっては、学校の講義で聞いたことを実際に実習の場で体験し、それについてのアドバイスを受けるよい機会である。事前に質問内容をまとめ、反省会にのぞむことが好ましい。そうすることにより、端的にポイントをつかんだ質問と記録が可能になる。

　「まとめの日誌」は、実習終了時に自分の実習を振り返りながら書く日誌である。つまり、見学・観察実習、部分実習、全日実習などが終了しそれらをまとめて総括し記入する。みなさんは、実習において多くのことを学ぶはずである。それらが「自分にとってどのような意味をもつのか」、さらに、これからの学習に「どのように生かしていくのか」を考えながら、実習の体験を整理し、その後の学習に意図的につなげていくことが大事である。そうなって初めて、実習の体験が価値をもつといえる。

幼稚園実習の まとめの日誌

1. 幼稚園：反省会時の日誌

　これは幼稚園実習の最終日に行われた反省会の記録である。反省会における話の内容も実習日誌のなかに記録しておくことが大切であるが、どのように記録したらよいのだろうか。次ページのこの実習生の日誌を見ながら解説していく。

（1）先生方からの助言を簡潔、明瞭に記録する

　反省会は、実習中の姿勢、子どもとの関わり、責任実習など実習における自分を振り返り考える貴重なときである。自分のよさを認識しさらにのばしたり、自分に何が足りないのか、幼稚園教諭になるためにさらに学ぶべきことは何かといった、これからの課題を見いだしたりすることができる。このとき、先生方一人一人から多くの助言をいただくことになる。貴重な助言を受け止めこれからの自分に生かしていくためにも、この実習生のように助言をしっかりと記録しておくことが必要である。

　この実習生の日誌には、どの先生からどのような助言をいただいたのかが、簡潔、明瞭にまとめられていて、読みやすく、大変よいと思う。

（2）反省会を終えて感じたこと、考えたことを書く

　先生方の助言を記録したら、さらにその助言を受けて感じたこと、考えたことも一言添えておきたい。この実習生の日誌には最初〈反省会を終えて〉の文章はなかった。けれども先生方の助言を受けてどう思ったか話を聞いてみると、大切な気づきを得ていたのでそのことについてこのように書き加えてもらったのである。

　この実習生が書いているように反省会は「自分では気づくことのできなかった自分の良いところ、悪いところを知る」貴重な機会である。自己評価と先生方からの評価とのズレを確認し、自分では気づくことのできなかった自分を受け止めて文章にし整理しておくとよいだろう。また、そこから今後の自分の課題を見いだし書きまとめて、次の学びへとつなげていきたいものである。反省会を終えて、改めて自分を振り返り、感じたこと、考えたことを一言添えておくようにしよう。

【 幼稚園の反省会時の日誌例 】

6月20日金曜日　15：30～17：00　天候：晴れ
場所：S幼稚園　職員室
参加者：H園長先生、K先生、Y先生、T先生、W先生、本人（実習生）

○自分自身の反省
- 子ども一人一人とかかわることに精一杯で周囲が見えていなかった。
- 部分実習ではクラスをまとめることのむずかしさを知った。紙芝居では子どもが騒がしくなりどうしてよいかわからずに終わってしまった。

○H園長先生
- 初日は緊張のあまり笑顔が見られず心配したが、2日目からは徐々に笑顔が見られよかったと思う。子どもたちにとって保育者の笑顔はとても大切なので、いつでも笑顔でいられるよういろいろな経験を積んで心豊かな人になってほしい。

○K先生（主任）
- やさしく、穏やかな雰囲気があり、ゆったりと子どもたちを受け止めかかわっていてよかった。
- 全体的に声が小さかったので、大勢の子どもたちにも聞こえる大きな声も出るとよいと思う。保育のなかではいろいろな場面によって声の大きさも工夫し調節することが必要である。○○さん（実習生）の場合は、もう少し大きな声を出すことができるようになるとよい。

○Y先生（もも組3歳児クラス担任）
- 子ども一人一人とていねいにかかわることができていてよかったと思う。どの子どもにも声をかけ、やさしく接していたので、子どもたちに好かれていた。
- 着替えや身のまわりの始末など、子どもができることも手伝ってしまうことが多かった。「やってみようか？」「上手だよね」と子どもが自分でやってみようと思えるような言葉かけを工夫してみることが必要だった。

○T先生（ゆり組4歳児クラス担任）
- 子ども一人一人を受け止め、ていねいにかかわっていてよかった。けれども活発な男児たちに対しては受け止めるというより、子どもの言うままに振りまわされているという感じがあった。子どもの思いを受け止めることは大切だが、自分の思いも伝えていくことが必要だと思う。

○W先生（ひまわり組5歳児クラス担任）
- 子どもの様子をよく見てから、声をかけたり手伝ったりしていた点はよかったが、ときには子どもたちのなかにもっと入り込んで遊びを楽しむとよかったと思う。
- 3回の部分実習を行ったが、内容をよく考え、指導案もよく書けていた。紙芝居では子どもの発言を受け止めすぎて、紙芝居の話が中断されてしまうことがあった。受け止めることも大切ではあるが、中断されない程度に気をつけたほうがよい。ピアノは間違えてもやめないで最後まで弾き続けていたのでよかった。

〈反省会を終えて〉
　この反省会を通して自分を客観的に捉えることができたと思います。この実習で反省することはたくさんありますが、自分では気づくことのできなかった自分の良いところ、悪いところを知ることができてよかったと思います。声の大きさについては、自分では気をつけて大きな声を出しているつもりでしたが、それでもまだ大勢の子どもの前では自分の声が小さくて聞こえづらいことを認識することができました。声を出す練習をしたいと思います。また、子どもの思いを受け止めることと、子どもの思いどおりに動くことを混同していたことを改めて認識し、考えさせられました。きっと自分の考えがなかったのだと思います。子どもにとってどうすることがよいのかということを考えることが大切なのだと思いました。

2．幼稚園：まとめの日誌

（1）幼稚園：まとめの日誌例1

　次ページの日誌例1は、幼稚園実習における全体のまとめとしての実習日誌である。大変具体的な記述であり、一見よく書けているようにも思えるが、全体のまとめとしては根本的な事柄が抜けている。

　それでは全体のまとめとしての日誌にはどのような点をどのように書いたらよいのか、この実習生の日誌をもとに解説していく。

① 実習で学び得たことについて書く

　この実習生の日誌は、実習での感動的な体験がその情景も思い浮かぶくらいによく書けている。実習中は机の上の勉強とは異なり、多くの感動的な出来事に出会うことがあるだろう。子どもと真剣にふれあい、熱心に取り組んだ実習生であればなおさらである。その感動を記録しておくことはとても大切である。

　しかし、ただ「うれしかった」「涙がこぼれた」「感動した」と、感動物語で終わってしまったのでは、何のために実習したのかわからない。あくまでも幼稚園教諭として必要な知識や技術について実践を通して学ぶことが実習の目的である。全体のまとめとしての日誌には、何を実習で学び得たのか書くことが必要である。感動したことを書いてもよい。しかしそれだけで終わってしまうのではなく、そこから何を学び得たのかしっかりまとめておくことが大切である。

② 実習を通して見いだした今後の課題について書く

　○○ができなかった、○○すればよかった、というように、実習を振り返り反省することもあるはずである。その反省から今自分には何が足りないのか、これから何を学ぶ必要があるのか、今後の課題を見いだすことができる。実習で学び得たことを整理したら、さらに成長するためにその学びを土台に、これから何を学ぶことが必要なのか、今後の課題もまとめておきたいものである。実習を終えた今、幼稚園教諭となるために今後何を学ぶ必要があるのか、一人一人の課題が見えてくる。実習を通して見いだした今後の課題について日誌にまとめ、この実習を次の学びへとつなげていこう。

【 幼稚園のまとめの日誌例 1 】

〈実習を振り返って〉
　今回の実習は、私にとって初めて子どもと関わる実習だったので非常に楽しみでしたが、子どもに受け入れてもらえるかという不安も大きかったです。初日の朝は緊張のあまり笑顔も忘れていたと思います。子どもに何と声をかけたらよいのか迷っていると、すぐに子どもたちのほうから「誰？」「一緒に遊ぼう」と声をかけてきてくれました。子どもたちのおかげで不安もなくなり実習を行うことができたと思います。
　実習中も子どもたちに助けられることがたくさんありました。部分実習でピアノを弾いたとき、間違えてしまった私に「大丈夫だよ」「がんばって」と励ましてくれた子もいます。緊張のあまり何度もつっかえながら読んだ絵本でも「おもしろかったよ」「ありがとう」と言ってもらい、涙が出そうになりました。
　感動する出来事もたくさんありました。なかでもA君がうんていを最後まで渡ることができたときの感動は今も心のなかに残っています。私が実習に入る前から男の子たちはうんていを最後まで渡りきることに挑戦していたようでした。男の子たちは次々とできるようになっていきましたが、A君はいつも真ん中あたりまでくると落ちてしまいました。とうとうできないのはA君だけになってしまいましたが、それでもA君はやめませんでした。実習も後2日で終わりという日の朝、A君はまたうんていにぶらさがっていました。でもいつもとは違い、A君はうんていの真ん中を過ぎても落ちないでがんばっていました。友達もたくさん集まってきて、みんなで応援をしました。最後まで渡ることができたとき、A君は本当に満足そうな顔をしていました。このような感動的な場面に出会うことができ、保育という仕事は本当にすばらしいと思いました。
　実習最終日には、○○組でお別れ会を開いていただきました。私に内緒で子どもたちがプレゼントまでつくってくれていました。「また来てね」「勉強がんばってね」「行かないで」と子どもたちが言ってくれたときは、がまんしていた涙がこぼれてしまいました。先生方にもいつも温かな励ましのお言葉、助言をいただき、心から感謝しています。この実習を終えて、保育者になりたいという思いを強くしました。保育者になるためにこの実習で得られた課題に取り組み、もっと勉強していきたいと思います。

（2）幼稚園：まとめの日誌例2

　次ページに挙げる日誌例2もまた、幼稚園実習における全体のまとめとしての実習日誌である。この実習生の日誌は、全体のまとめが大変よく書けており、ぜひ参考にしてほしいものである。それではどのような点を参考にしたらよいのか解説しておく。

① 実習の目標が達成されたか検討する

　この実習生の日誌を見ると、全体のまとめを書くにあたって、まずこの実習において自分は何を目標としていたのか振り返っている。そしてその目標が達成できたかどうかを一つ一つていねいに検討している点がよい。自分はこの実習で何を学びたかったのか、それについてどのように行動しどのような学びを得たのか、この実習生の日誌のようにしっかりまとめておきたいものである。

② 実習体験から気づき、学んだことを整理する

また、この実習生の日誌は、どのような実習体験から自分が何に気づき、何を学びとったのかということを具体的にしかも整理して大変わかりやすく書いている。実際に自分の身体や頭を動かして学ぶのが実習である。〇〇が大切である、〇〇を学んだ、というように結果のみを箇条書きで整理した記録を見ることが多いが、どのようなプロセスを経てそのような学びを得たのかということが大切なのではないだろうか。そのプロセスとはまさに実習体験であり、体験のなかで起こるさまざまな心の葛藤や思考である。そうした心の葛藤や思考も含めた実習体験から気づき、学んだことを整理することが大切である。実習での学びは、自らの体験に基づいた活きた学びとして記録しておきたいものである。

③ 実習で学び得た事柄をさらに深める

さらに、「……しかし、実習を終えた今、改めてよく考えてみると、常に子どもたちの様子に目を配っていたとしてもすべてを把握することはできません。……」と書いているように、この実習生の日誌には実習で体験し学んだことについて実習を終えた段階でもう一度自分なりに考え、考察を深めた記述が見られる。実習での一つ一つの体験はそのものが学びとなるが、そうした単純な学びで満足するのではなくそれらの学びを総合的にもう一度あたため直し、また学校で学んだことと合わせてじっくり考えてみると、そこからあらたな深い学びが得られるものである。実習を終えたら、学び得た事柄をさらに深めて日誌に書きまとめておこう。

【 幼稚園実習のまとめの日誌例 2 】

〈実習を振り返って〉
　前回、春の実習では目の前の子どもと関わることだけで精一杯で、クラス全体の様子を把握することができませんでした。また、子どもや保育者の行動の意味を一つ一つていねいに考え、理解することに欠けていたように思います。今回の実習ではこうした反省を踏まえて実習にのぞむことが目標でした。
　クラス全体の様子を把握することは難しいことでした。泣いている子、けんかをしている子、何かを要求してくる子、一人一人に対応しているとなかなか全体を見ることができません。逆に全体を見渡すことに専念してしまうと子どもたちと遊ぶことができなかったりして、傍観者になってしまうことがありました。それでも少しずつですが慣れてくると、クラス全体の様子が見えてくるようになりました。すると、自分がどの子どもとどのように関わったらよいのかということも考えなければならないことに気づきました。それまでの私は何も考えず、ただ自分を求めてくる子どもとばかり関わっていました。また、今まで見えていなかった子どもたちの姿が見えてきたように思います。ほとんど一緒に遊んだことのなかったM君は、遠くのほうからいつも私を見ていました。前回の実習では私を叩いたり、遊ぼうと誘っても逃げていってしまったので嫌われていると思い、M君と関わることに消極的になってしまっていました。でも実は私に興味をもっていてくれたので

はないかと思い直し、逃げられても根気強く声をかけ続けたり、M君が興味を示しそうな遊びに誘うようにしてみました。そのためかどうかわかりませんが、実習後半にはM君とすっかり仲良くなることができました。その他、いつもけんかばかりして乱暴に見えていたN君が小さな子にやさしくしていたり、しっかりしていて何でもできるUちゃんがT先生には甘えていたり……私の知らない子どもの姿を知ることができ、子どもたちへの自分の関わりについても考え直し、変えていくことができたと思います。当たりまえのことかもしれませんが、私の目の前で示す子どもの姿がすべてではないことを知ることができたことは私にとって大きな学びでした。

　目の前の出来事だけでなく視野を広くして全体を見ようとしたことは、一つ一つの事柄の奥にある意味を捉えることにもつながったと思います。今、自分が関わっている子はその前にどのようなことがあったのかということを知っているとやはりその関わりも違ったものになってきます。帰りの集まりのときK君がふてくされて参加しないことがありました。いつもの私だったらすぐにK君のそばにいって注意をしたりすると思います。でもK君がその前に仲良しのT君と大げんかをしていた様子を遠くから確認していたので、まだ気持ちをもち直していないのだろうと思いそっとしておくことにしました。K君のけんかに関わっていたT先生もK君の様子をうかがいながら注意せずに見守っているようでした。K君が帰りの集まりに参加しないでいることだけを見ると困った子というように思えてしまいますが、その前の出来事を考えるとK君の気持ちがよくわかります。子どもの一つ一つの行動には意味があり、その意味を捉えることが大切なのだと思いました。また、そうした子ども一人一人の状況に合わせて援助を考えることが大切なことを改めて感じました。

　しかし、実習を終えた今、改めてよく考えてみると、常に子どもたちの様子に目を配っていたとしてもすべてを把握することはできません。私の知らないところでいろいろなことがあるのだと思います。また表面に表れないこともたくさんあるでしょう。子どもが困ったなと思うことをしたとき、すぐに悪いと決めつけて注意することは危険なことだと改めて考えました。言葉のうえでは理解していたことですが、実際の場面では子どもの心を読み取るまえに注意ばかりしていたことがずいぶんあったのではないかと今になって思い返され反省します。クラス全体の様子を把握しながら子ども一人一人ともじっくり関わり、その内面を理解するよう努めることが大切であると思います。そして、その理解はあくまでも一つの見方に過ぎないということを心にとめておくことが必要ではないかと思いました。

　今回の実習のもう一つの目標は全日実習でした。保育の計画を立案し、保育の準備から実際の保育をすべて自分一人で行うことは考えている以上に大変なことでした。しかし実際にやってみて気づいたことがたくさんありました。計画の段階では、子どもの発達や興味をよく理解していなかったことに気づかされました。また子どもが楽しめる活動のアイディアが思い浮ばず苦労しました。学校の勉強はもちろんのことそれ以外にもいろいろなことに興味をもって意欲的に取り組むことが大切だと思いました。準備の段階ではハサミで切るところをわかりやすくマジックで線を描いたり、のりづけの位置に印をつけたりするなど、子どもが自分の力でできるよう配慮することが必要なことを学びました。実際に保育をしてみると計画どおりに進まないことが多く、あわててしまったり、適切な対応ができなかったりしました。でもだからこそ計画の段階でいろいろと子どもの姿を思い浮かべ予想しておくことが大切なのだと思います。また、予想するには普段から子ども一人一人をよく見て、発達や興味、性格などを理解しておくことが必要なのだと思いました。

　ここに書ききれないほど学び得たことはたくさんあります。でも一番心に刻まれたことは、保育の奥深さと魅力です。保育は決まった答えがなく難しいですが、子どもとともに生活し成長できるこの仕事は本当にすてきだと思いました。実習中、私を励まし続けてくださった先生方、子どもたちに心から感謝します。

保育所実習の まとめの日誌

1．保育所：反省会時の日誌

（1）ポイントを押さえて記入する

　反省会の日誌は、ポイントを押さえて記入することが必要である。掲載した反省会の実習日誌の例を参照していただきたい（p.212～213）。

　日時、場所、出席者に加えて、とくにこの実習日誌のよい点は、各担任の先生から受けた「評価内容」や、実習生がそのときにたずねた「質問」、質問に対する「答え」（解説）等のポイントを押さえて明確に記録している点である。

　今回この実習生は3歳、4歳、2歳、1歳、乳児という順番でそれぞれ2日間ずつ、計10日間、見学・観察実習をした。

　この日の反省会は見学・観察実習の途中9日目の午後2時から実施されたため、乳児（0歳）クラスについての内容のなかには、担当保育士からは、半日だけでは、評価や指導は十分に伝えられないため、実習生に対する今後の期待が込められていることがうかがえる。

　反省会はかならずしも実習終了日に実施されるわけではない。そのため、この反省会の日誌のように記録しておき、後日実習終了後に乳児クラス担任から指導されたこと、疑問に感じたことを別紙に書きとめておくことをおすすめする。この実習生に後日聞いたところ、乳児クラス担任と話したことを次のようにまとめて記録していたので、参考に掲載しておく。

（評価内容）乳児の個々の発達の様子をじっくり把握しようとしていた点がよかった。声のかけ方も大きくも小さくもなくちょうどよい。
（質問）職員の人数が多いために配慮されている点等あれば教えてほしい。
（答え）看護師やアルバイトも含む5人の大人が保育担当するため、とくに健康面や、離乳食等の伝達を確実にすること、コミュニケーションを円滑にすること等に気を配っている。

他の実習生の日誌を見ていると、実習反省会後の様子が抜けていることがあるが、以上のように記録しておくと、次回の実習時にはとても参考になる。

（2）事前に質問を準備しておく

この実習日誌でさらによい点は、実習生が各クラスに入ったときに疑問に感じたことをメモしておき、あらかじめ質問を準備してから反省会にのぞんだことである。自分で気づいたこと、疑問に感じたことはどんな小さなことでも「メモ書き」することが大事であると、これまでの章でもたびたび述べてきたが、あえて再度書き加えたい。この実習生のように、事前に自分の質問を用意し、反省会に出席すれば、緊張して質問内容を忘れて話せなくなるようなことはない。また、自分が反省会の内容を記録するときに、保育者の解答のみを書きとめればよいので、保育者の助言などをしっかりと記録する作業ができることにつながる。

以前、反省会の当日、緊張のあまりに泣き出した実習生がいた。事前に自分の質問を用意し、一度声に出して練習しておくと緊張がやわらぎ、記録のメモも取りやすいと思う。

（3）各クラスの特徴を捉えた質問をし、その答えや評価を記録する

クラスごとに評価を受けた点を明確に書くことで、短い内容のなかにも、そのクラスの様子を実習生が後日想起しやすくなり、次回の実習で活用すべき点が見えてくるはずである。

この実習生の各クラスの特徴を捉えた質問と、それに対する担任保育者からの答えもまたとても重要なことばかりである。たとえば、障害児を含んだチーム保育や統合保育のことにふれた3歳児クラスの例や、男児の数が女児の数より多い4歳児クラスに対して、自分や他人に対する意識をどう育んでいくか、けんかに対しての対応等、質問の仕方が発達年齢を押さえている点など、評価できる。また乳児クラスでは、言語発達の過程や、それに対する保育者の関わり方、愛着（アタッチメント）の重要性等も書いてあり、全体的に保育所での実習ならではの反省会の様子がよく伝わってくる。

これは各年齢の発達を実習生がきちんと押さえているからで、そのうえで反省会にのぞんでいることがうかがわれる。反省会は各年齢のクラス担任が集合するため、学校での学習を実践に生かす格好の機会である。反省会前日には、再度自分の実習した日々を振り返り、子どもの発達について確認し、質問を的確にできるよう、まとめておきたい。

【 保育所の反省会時の日誌例 】

反省会の記録　平成○年5月13日火曜日
- 時間：14：30～15：15　場所：事務室
- 出席者…園長先生、主査担当先生、乳児～4歳クラス担当先生各1名　合計7名
- 実習したクラス順から評価をもらい、質問に答えていただく。

○3歳クラスについて
（評価内容）
- 自然と子どものなかに溶けこんで遊んでいた。
- 子どもの目線に立って、言葉づかいなども子どもに合わせて、乱暴だったり命令口調にならずに話をしていた。
  （質問）障害のある子どもが4名いて、4名の先生がそれぞれ担当しているなかで、他の子どもが甘えたいときなどは、どこまで受け入れて、どのように対応しているのか。
  （答え）たとえば、食事中はかならず4名とも援助が必要になるが、子どもたちはよく見ていて、そういうときは自分たちである程度がんばってやっている。でも他の場面で甘えてきたときは、全部援助するのではなく、少し援助し、後は一緒にやってみよう……など声をかけて、自分でできることの喜びや達成感を得られるようにしている。なるべくどの子どもにも関われるよう、4名での「チーム保育」を大切にし、連携をとりながら、誰がこうすると決めないで、臨機応変に対応できるよう心がけている。

○4歳クラスについて
（評価内容）
- 以前にボランティアで接していて、たまにクラスに入っていたこともあり、子どもには慣れていてよく関われていた。
  （質問）男児10名、女児4名と男児が多いなかで、トラブルやけんかの際、自意識が強まり、仲間意識が強まった分、けんかも激しくなったりするが、どのような点に気をつけて対応しているのか。
  （答え）男児は、口だけだったり、まだ自我も強く、うまく関わり合えない面があるので、興奮していたら落ち着かせて、互いの言い分をまず聞く。それから互いの気持ちについて、足りないところを代弁しながら、「こう思ってるみたいだけど、どう思う？」などと気持ちの橋渡しをしてあげる。女児については、人数が少ないので、5歳クラスの協力などで、朝保育後の1時間ほどを4、5歳のクラスをフリーに遊べるようにし、異年齢での女児同士の関わりを大切にしている。また女の子特有の内面での葛藤や複雑な思いで、けんかしてその場で仲直り、というふうにいかないものもある。言葉でのやりとりでトラブルを起こすなど。その際は、「もっとこういうふうに言ってみない？」などと声をかけて、言い方などについて話してみるようにしている。

○2歳クラスについて
（評価内容）
・以前ボランティアとして1階の幼児クラス中心に入られていたため、2階にいた子どもと新入園児で関わりは少なかったと思うが、子どもたちにうちとけて、散歩の際も自然の遊びをよく知っていた。
・実習生というより、新人保育士が入ってきたようで、よく動き、質問もしていた。
・ふだんはがんばってしまいがちな高齢児が甘える姿が見られて、子どもにとってはうれしかったと思うし、たまにはよいなと思えたので、甘えさせてもらってよかったと思う。
　（質問）物の取り合いなどの場での言葉のかけ方や対応は、その場と状況によって違うと思うが、どのような点に注意して対応すればよいのか。
　（答え）言葉のやりとりなどが出てきて間もないために、子ども同士、手が出るときは保育者が止めて、いけないことをきちんと話したり、互いの気持ちを代弁したりする。また、同じものが複数あるのに取り合うこともあるので、「こっちにもあるよ」と声をかけたり、それでもおさまらなかったら、「後で貸してあげようか？」などの言葉をかけている。

○1歳クラスについて
（評価内容）
・2日間を通じて子どもたちと自然に関わり合いをもっていた。
　（質問）月齢の差によって、言葉を使いこなして自分の気持ちを表現できる子と、まだ言葉でうまく表現できずに手が出てしまったりする子との関わり方について、個人差や月齢差で互いに意思の疎通がうまくできない場合の保育士の対応として気をつけている点があるか。
　（答え）まだ言葉が出ない子どもも、言葉が出る子どもと接することでよい刺激になる。またぶつかり合ったときなど、やはり互いの気持ちを理解してくみとって、代弁してあげたり、「こうなんじゃないかな」とわかりやすく話してあげたりする。そうやって関わっていくうちに、言葉がどんどん出てくると思う。

○乳児クラスについて
　・担任の先生より……まだ午前中しか入っていないので、2日間で職員がどのように動いているか、連携について見てください。
　・園長先生より……日誌も細かく書いてあり、よく観察しています。来月は健康に留意して、今度は部分実習などを取り入れて、がんばってください。
　・主任の先生より……年齢ごとの発達に合わせて自分なりに視点を当ててよく観察しています。幼児クラスでは友達との関わりと保育士の働きかけについて、乳児クラスでは言語発達にいたるまでのプロセス、保育士の働きかけやアタッチメントの重要性についてふれられていてよかったと思います。来月の実習もがんばってください。

○来月の実習について
　予定では、乳児クラス、4歳クラスで各5日間ずつ実習する。各クラスで、担任の先生と相談、検討して部分実習を取り入れる。

2．保育所：まとめの日誌

（1）時間の経過とともに、率直に気づいたことを書く

　まとめの日誌は、反省会の日誌同様、ポイントを押さえて記入することが必要であり、時間の経過とともに、素直に気づいたことを書いておくと、後日とても参考になる。次ページより掲載したまとめの実習日誌の例を参照していただきたい。

　この実習生は前回、同園で見学・観察実習を終え、今回は部分・全日実習を10日間行い、前半は2歳児クラスで、後半は4歳児クラスで実習を行った。

　そのときの子どもの様子や、子どもの心の変化をていねいに捉えて記述している。たとえば、2歳児クラスでは、「1人遊びもじっくり楽しみつつ、友達との関わりが少しずつ芽生え、言葉を使ったやりとりも見られた。」という記述や、「先生がそっと寄っていってやさしく話しかけている姿を見て、言葉をかけるタイミングや、その場の状況に応じた働きかけ、援助をすることが大切だということと、日々の生活のなかでの子ども同士、保育者との人間関係の構築の重要さを感じた。」という記述のところは、よく観察されており、それを自分のなかに取り入れ、生かそうとする積極的な姿勢が感じられる。なぜなら、その後に、子どもたちとの関係が深まっていったことや、子どもが実習生を試すような姿等が、実に細かくていねいに記述されているからである。保育者自身の気持ちやあり様がストレートに子どもに伝わることを、この実習生は身をもって感じていることがうかがえる。

（2）実習の目的に対する反省・考察

　まとめの日誌は実習の目的に対し実習生自身は、どのように関わられたのか、反省・考察し記録しておくことが大切である。

　この実習生の日誌には、実習の目的である、次の①〜④等のことに気づいている記録がある。

　① どのように保育活動をしているのか
　② 子どもから何を得られるのか
　③ 保育者の役割、仕事内容
　④ 人的、物的環境の影響力

　さらに幼稚園と保育所の違いにもふれており、大変評価できるところである。

　環境には、子どもの心を癒したり、励ましたりするような心のよりどころとなる人的環境と、一人一人の発達を促す物的環境とがあるが、その両方に配慮していくことが大切である。これらのことに気づき、部分実習の前に絵本の棚にそっと子ど

もたちに気づいてほしい絵本を並べておいたことが効果的であったことを、実習生自身、反省・考察するなかで発見したようだ。

　保育は人間性に大きく影響を与える仕事であることに気づき、そのことを記述している点も評価できる。また保育所ならではの、乳児から6歳までの異年齢が関わる生活の場というのは、一つの家庭を見るように感じられたことも大切な気づきである。

　子どもの心を育むやりがいのある保育の仕事に携わる人として、素直に自分を見つめ、自分の全実習を振り返り、記入していくことをすすめたい。

　これからの社会は地域も巻きこんで家庭の子育てを支援し、次世代を育成支援していくというあり方が求められている。当然保育所にも要求されることが多い。保育所は信頼関係を育む基盤ともいえる小集団であり、異年齢交流のなかでは思いやりやルールが培われていく。また家庭的な雰囲気もあわせもつことも大事である。実習生にはそれらをすべて大切にできる保育者になってほしいものである。

　保育所は、保育を必要とする乳幼児を保育する児童福祉施設である。家庭との連続性をもった24時間まるごとを受け止め、乳幼児が楽しく、安心できる生活と発達・学びを保障する場である。最近ではひとり親家庭の子、外国籍の子、さまざまな困難を抱えた家庭の子も増えており、多様な保育ニーズに対応することも求められている。しかし、職員は多忙を極め、労働過多になってきているのが現状である。

　そのようななかでも実習生を受け入れ、多くの保育や福祉の現場では「後輩たちのために実習指導をしたい」と待ち受けてくれている。その好意を無にしないように、実習生自身がしっかりとした意識と態度でのぞみたい。そして、このまとめの日誌のなかにもかならず一言、感謝の意を表したいものである。

【 保育所のまとめの日誌例 】

実習を終えて　―感想・反省―
10日間の保育実習を通じて、前回の見学・観察実習と同様、たくさんのことを園の先生、子どもたちから学ぶことができた。前回の実習は乳児から5歳まで各クラスに入る形だったが、今回の実習は5日間ずつ1つのクラスに入り、継続して子どもと関わることができて、より細かな部分が観察でき、そのなかで子ども同士の関わり、保育者と子どもとの関わりのなかで、子どもたちは日々身体が成長するだけでなく、心の成長もしていっているということがよくわかった。2歳児クラスでは、月齢や個々によって発達の差は幼児クラスより大きいものの、1人遊びもじっくり楽しみつつ、友達との関わりが少しずつ芽生え、言葉を使ったやりとりも見られた。

しかし、まだうまく自分の気持ちを言葉で表すことができなかったりしたときに、先生がそっと寄っていってやさしく話しかけている姿を見て、言葉をかけるタイミングや、その場の状況に応じた働きかけ、援助をすることが大切だということと、日々の生活のなかでの子ども同士、保育者との人間関係の構築の重要さを感じた。

　2歳児クラスに私はたった5日間しか一緒にいなかったが、日を増すごとに子どもたちとの関係が少しずつだが深まっていっているように思えた。甘えが素直に表せる子どもははじめから甘えてきたが、自分の思いを普段表に出さなかったり、私に対してははじめは「この先生はどういう人なんだろう？」と様子をうかがう眼差しだった子どもが、4日目ぐらいに飛びついてきておしゃべりをしてくれたときに、毎日ちょっとでもその子どもに話しかけ、関わろうとして働きかけてきたことが子どもに伝わったように思えてうれしかったのと、こちら側の姿勢の持ち方によって子どもたちは素直に反応するのだとも感じた。

　それは部分実習でも感じ、「かえるのうた」のパネルシアターを用意していたので、2日目ごろから「かえる」を知っているか、歌もうたったことがあるのかを観察した。絵本を用意し棚に並べ、紙芝居のなかでもかえるが出てくるものを読み聞かせたり、かえるとびを子どもと一緒に演じうたったりすると、私自身がまねして楽しんでいたのが、子どもたちにこんなにストレートに伝わるのだと驚いた。それと同時に毎日の生活のなかでの生活習慣（身のまわりのこと）、人との関わり方、遊具の使い方、遊びの提供など、保育者の働きかけが子どもにとってとても大きく影響してくるのだと思った。

　以前から、乳幼児期の環境はその人の一生に関わる非常に大切な時期であり、その時期にどれだけのことを感じ取り吸収しているかによって、人格形成やその後の人としての人間性に大きく影響してくると思っていて、それは良くも悪くもさまざまな形で大人になってから出てくると感じていた。それ故に保育者として子どもの発達成長過程に関わる立場としての自覚をもつこと、日々自分と向き合い子どもと接すること、保育者という職務、立場の重要性を認識していくことが大切なのではないかと思えた。

　4歳児クラスでは、全面的な担任の先生の協力により、大がかりな創作活動につながり、普段の生活のなかだけでは見られなかった一面を見るチャンスをいただき、とてもよい勉強になった。子どもたちの発想の豊かさにはこちらの想像をはるかに超えるものがあり、また一つ保育者という仕事がやりがいのある仕事だと強く感じた。また子どもに働きかけていくことの難しさも感じることができて、今後の実践をしていくうえで部分・責任実習で学んだことを生かしていきたいと思った。

　ボランティアとして参加させていただいた経験があったので、子どもの名前と顔をすぐに覚えられ、子どもの生活に近づいて実習できたことがうれしい。保育所は幼稚園に比べると混合クラスになることが多く、日常のなかで自然にきょうだいのように遊び合う姿があり、一つの家庭を見るような場面も多く経験させていただけて幸せである。ますます保育者になりたいと強く感じている。また外国籍の子も何人かいて文化の違いに気づけたこともよいチャンスであった。

　今回の実習では園長先生をはじめ、先生方が自由にしてよいと私の意向を受け入れてくださったので、今の自分の力や試してみたいことが十分にでき、心より感謝しています。20日間の経験をむだにすることにならないよう自分のなかにしっかり刻み、今後の学習に生かせるようにしていきたいと思います。

編者

相 馬 和 子（淑徳短期大学　名誉教授）

中 田 カヨ子（東京成徳短期大学　名誉教授）

執筆者

（執筆順）

中 田 カヨ子	序章
相 馬 和 子	〈PART 1〉1章
遠 藤 良 江（元 東京成徳大学　教授）	〈PART 1〉2章
小 櫃 智 子（東京家政大学　教授）	〈PART 2〉1〜3章、6章（幼稚園）
寺 田 清 美（東京成徳短期大学　教授）	〈PART 2〉1〜3章、6章（保育所）
福 山 多江子（東京成徳短期大学　教授）	〈PART 2〉4、5章（幼稚園）
菅 野 陽 子（練馬区保育計画調整課運営支援担当係長）	〈PART 2〉4、5章（保育所）

〈装丁〉レフ・デザイン工房

幼稚園・保育所実習
実習日誌の書き方

2004年5月15日　初版発行	編　者ⓒ　相　馬　和　子
2017年4月01日　第17刷	中　田　カヨ子
2018年4月27日　第2版1刷	発　行　者　服　部　直　人
2023年4月01日　第2版5刷	発　行　所　㈱萌文書林

〒113-0021 東京都文京区本駒込6-15-11
TEL（03）3943-0576　FAX（03）3943-0567
URL　https://www.houbun.com
e-mail　info@houbun.com

印刷／製本　シナノ印刷（株）

〈検印省略〉
ⓒ2004 Kazuko Souma,
Kayoko Nakata, Printed in Japan
ISBN 978-4-89347-297-7 C3037

○定価はカバーに表示されています。
○落丁・乱丁はお取り替えいたします。
○本書の内容の一部または全部を無断で複写（コピー）することは、法律で認められた場合を除き、
　著作権者及び出版社の権利の侵害になります。
○本書からの複写をご希望の際は、予め小社宛に許諾をお求めください。